다문화 현상의
인문학적 탐구

김영순

박병기

진달용

임재해

박인기

오정미

다문화
인문학
총서02

yeon
doo

다문화 인문학 총서 02

다문화 현상의 인문학적 탐구

다문화 인문학 총서 01

다문화 사회의 인문학적 시선

서문
: 다문화 현상의 인문학적 탐구

다문화 사회란 다양성과 혼종성이 교차하여 존재하는 사회를 이르는 말이다. 그런데 우리 사회에서 다문화라는 말은 하나의 '차별의 언어'로 자리매김했다. 그도 그럴 것이 다문화를 이주민의 유입과 관련하여 사용해왔기 때문이다. 본질적으로 다문화는 성, 인종, 민족, 언어, 종교, 계급의 다양성에서 기인하는 문화를 의미한다. 다시 말해 문화의 특수성으로 발생하는 다양성을 상대론적 관점으로 이해하고 공감해야 할 필요가 있다.

인류가 지구상에 존재하면서 현재에 이르기까지 전쟁과 테러는 줄곧 진행되어 왔다. 물론 이를 통해 인류가 발전해왔다고 주장하는 학자도 존재한다. 그러나 전쟁과 테러는 인류의 재앙임은 틀림없다. 이러한 비극이 존재하는 이면에는 다양성의 이해를 차단하게 하는 선민적 인식과 타자에 대한 배타적 시선이 개입한다.

이런 맥락에서 인하대 다문화융합연구소는 지속 가능한 다문화 사회 실현을 기치로 설립되었다. 특히 다문화 사회의 시민들이 지녀야 하는 상호 문화성과 타자 지향성 함양을 위하여 인하대 다문화융합연구소에서는 다문화 인문학 시민 강좌 시리즈를 기획하였다. 본 저서는 바로 시민 강좌를 통해 발표되었던 강연자들의 글 아홉 편을 묶은 결과물로, 교양 저서로서 세상에 내놓는다.

1장 '다문화 사회의 상호 문화 소통과 세계 시민 교육'에서는 다문화란 용어를 포괄하고 있는 다문화 교육 정책을 비판적으로 살펴보고 상호문화주의에 입각한 교육학적 해법을 모색하고자 타자 지향적 세계 시민 교육 방안을 제시하였다. 즉 상호문화 역량을 넘어서 학습자를 세계 시민으로 키우는 것을 상호문화주의에 입각한 교육으로 본 것이다. 특히 세계 시민 교육의 세 가지 개념을 인지적 차원, 사회정서적 차원, 행동적 차원으로 구분하고, 세계 시민이 갖추어야 할 역량을 비판적 사고, 성찰, 대화, 참여, 협동, 협력, 문제 해결 능력으로 상정하였다.

2장 '다문화 사회의 문화 번역과 상호문화주의 한국어 교육'은 상호문화주의를 기반으로 한 한국어 교육 패러다임을 구성하기 위해 문화 번역 개념을 가져왔다. 문화 번역은 다른 나라의 문화를 번역자의 문화로 옮기는 단편적인 과정이 아니라 두 문화 간의 차이나 갈등을 다양성이라는 차원에서 이해하고 이를 재구성하는 과정이다. 이러한 과정은 언어적 층위에서만 발생하는 것이 아니라 인류의 삶에 속한 많은 다양한 영역에서 일어난다. 즉 문화 번역이라는 과정을 통해 그 속에 담긴 정치적 의미를 드러내는 것으로 상호문화주의에 기반한 한국어 교육이 필요하다고 주장한다.

3장 '폭력의 극복과 평화 정착을 위한 불교의 지혜'는 특정 권력과 한국전쟁, 제주 4.3 사건과 같은 역사적 폭력 속에 있던 한국인이 폭력을 어떻게 인식하고 또 극복하여 평화를 정착할 수 있을지에 대하여 불교의 지혜를 통해 살펴보고 있다. 특히 다문화 상황 속에서 우리가 일상적으로 마주치는 낯설음은 쉽게 적대감이나 폭력으로 이어질 수 있고, 이때 폭력은 물리적인 차원에서뿐 아니라 정신적인 차원에서도 인간다운 삶을 근본적으로 위협하는 원인이 된다. 따라서 '타자와의 공존'이라는 다문화 인문학의 핵심 개념을 현실 속에서 구현하고자 할 때 먼저 고려해야 하는 것이 내 내외부에 있는 폭력의 인식과 이에 대한 극복임을 제시한다.

4장 '다문화 사회에서의 에스닉 미디어의 발전과 역할'은 주류 사회의 언어가 아닌 소수 민족의 언어로 제작, 배포되는 미디어를 의미하는 에스닉 미디어 현황과 변화에 대한 논의를 통해 다문화 사회에서 에스닉 미디어가 가진 주요 사회문화적 기능에 대해 논의를 전개한다. 첫 번째 사회문화적 기능은 이주민들의 기초적인 네트워크로의 역할로, 필요한 정보 제공과 이주민 사회에서 필요한 공론장으로서 역할이다. 두 번째는 상업 기관으로서의 역할이다. 이처럼 에스닉 미디어는 현재 공론장으로서 역할과 상품으로서 기능 사이에서 갈등을 하고 있으며, 둘 사이에서 적절한 균형을 유지하는 것이 매우 중요하다.

5장 '고조선 문명의 민족적 정체성과 세계적 보편성'에서 환웅의 신시 문화를 주목한 것은 한갓 복고적 상고사 이해나 민족의 뿌리 찾기 작업에 목적을 둔 것이 아니다. 고대사 연구 목적의 시제는 과거형이 아니라 현재형이자 미래형이다. 그러므로 고대사 연구를 제대로 할수록 미래 세계에 대한 전망이 더 오롯하게 열리게 된다. 이러한 관점에서 신시 문화는 민족 문화의 유전자로서 현재형으로 살아 있을 뿐 아니라 인류 문화의 미래형으로 추구해야 할 보편성을 지녔다고 할 수 있다. 고조선 문명은 지금 우리 사회에서 계승해야 할 삶의 양식이자 바람직한 미래 구상의 문화적 자산이다.

6장 '포스트코로나 시대 생활 세계의 변화 인식과 전망'에서는 코로나 19의 창궐로 지구 생태계가 살아나는 현실을 객관적으로 직시하고 그 생태학적 순기능을 포착해야 함을 강조한다. 먼저 바이러스의 지구적 창궐이 전 세계의 인류가 유기적으로 이어져 있는 하나의 공동체라는 사실을 자각하게 한다. 그리하여 기존의 콘택트 사회의 변화는 언택트 사회가 아니라 뉴콘택트 사회를 의미한다. 미래는 새로운 콘택트 사회 또는 콘택트 다양성 사회로 갈 것이라고 하는 것이 더 정확한 전망이라 하겠다. 콘택트 사회의 지배 세력인 기득권이 해체되고 세대 차에 따른 노소의 능력이 전도되며, 도농의 입지가 투기에서 거주 대상으로 바뀌며, 강대국 중심의 선후진국 우열이 역전될 것이다.

7장 '디아스포라 현상과 문학의 상호성'에서는 디아스포라를 하나의 역동적 '세계'로서 인식하고 접근해야 한다고 주장하면서 디아스포라를 '현상'으로 본다. 여기서 현상은 디아스포라 세계를 '살아 움직이는 작용태'로 보려고 했을 때, 드러날 수 있는 디아스포라의 존재 방식이다. 이때 문학은 디아스포라의 총체적 현상으로부터 문학적 감수성을 발휘하고, 그 현상을 작품으로 형상화함으로써 디아스포라를 재현하고 재발견하게 한다. 역으로 디아스포라 현상은 문학을 통하여 그 현상을 기록의 체제로 반영하고 문화의 차원을 확보한다. 또한 디아스포라 현상은 작품화된 텍스트가 됨으로써 다채롭고 풍성한 해석의 그물을 갖게 된다.

8장 '코리안 디아스포라 정체성과 문학적 반영'에서는 코리안 디아스포라에 대한 일반적이고도 보편적인 양상과 가치를 통찰할 문학적 관심을 우리 문단이 그동안 기울이지 못했다는 점을 지적한다. 구체적 한인 디아스포라 현상을 한국 문학의 입지에서 개성적으로 그린 작품으로 김영하의 『검은꽃』(2003)과 김숨의 『떠도는 땅』(2020)을 선정한다. 대한민국은 코리안 디아스포라의 지향점으로, 민족주의와 세계주의 조화를 이념적으로 포괄하는 '세계 속 한민족 공동체'라는 명제를 강조한다. 이는 코리안 디아스포라가 나아가고자 하는 미래 가치와 밀접한 상관을 갖는 개념으로, 디아스포라의 가치와 더불어 디아스포라 문학의 미래 가치를 이제 모색해야 할 때다.

　9장 '설화의 다문화 교육적 가치와 의미:설화의 문화 교육 효과를 바탕으로'에서는 설화가 가진 다문화 문학으로서의 교육적 가치에 대하여 문화 교육의 효과를 통해 구체적으로 밝히고 있다. 설화를 통해 문화 교육을 받은 후의 글쓰기인 '문화적 글쓰기'를 고안한 후 문화 교육 전과 후 글쓰기의 비교 결과, 설화의 문화 교육 효과는 총 세 가지다. '현대와 전통 문화에 대한 폭넓은 이해', '상호 문화 교육 차원의 한국 문화의 이해', 아울러 학습자가 자신의 가치관에 따라 한국 문화를 고찰하고 비판하며 수용하는 '서사를 통한 자기 주도적 문화 교육'을 확인하였다.

　이 책은 다문화 사회를 인문학적으로 탐구하기를 시도하고자 하는 모든 연구자와 시민을 독자로 한다. 앞서 밝힌 바와 같이 각장은 인하대 다문화융합연구소의 다문화 시민 인문학 강좌에 초청된 강연자들의 원고로 구성된 것이다. 제각기 다른 전공 분야에서 바라보는 다문화 사회의 인문학적 시선은 다양하지만, 그 지향점은 통합과 공존이다.

우리 인간은 평화로운 삶을 원한다. 그 누구와도 갈등하지 않고 혐오하지 않으면서 살아가길 희망한다. 그래서 공존을 위한 타자 지향적 시선과 상호 문화적 인식이 요구된다. 저자들은 다문화 사회를 살아가는 모든 시민이 타자를 세계 내 '공동존재'로 위치시키는 연습이 필요하다고 밝히고 있다. 이 책은 바로 이 연습을 실현하는 데 적합한 계기를 마련해줄 것이라고 본다.

2022년 3월, 봄꽃처럼 다시 돌아오기를 희망하며
대표 저자 김영순 삼가 적음

1장

—

다문화 사회의
상호 문화 소통과
세계 시민 교육

김영순

1. 다문화 교육의 문제[1]

최근 교육 현장에서 가장 화두가 되는 것 중 하나는 바로 '다문화'란 용어다. 다문화란 말 그대로 '여러 문화', '다양한 문화'로 이해되며, 문화 다양성Cultural Diversity의 개념과 연관된다. 주체인 나를 중심으로 나와 다른 성, 인종, 민족, 언어, 계층, 종교 등의 다양성을 포괄하는 단어가 바로 문화 다양성이라고 볼 수 있다. 그러나 우리 사회에서는 다문화란 용어가 문화 다양성을 뜻하는 것이라기보다 이주민의 집단 정체성을 일컫는 말로 사용되며, 심지어 사회적 소외 혹은 사회적 혐오를 내포하는 부정적 뉘앙스를 갖게 되었다. 다문화 교육 현장에서 만나는 다문화 가족 구성원 분들이 연구자인 필자에게 "다문화란 말을 없애주세요."라고 건의한다. '다문화' 용어에는 한국인의 내면에 깊이 자리한 다문화 가정에 대한 편견이 자리한다. 이렇게 다문화란 용어가 본질과 다르게 우리의 생활 세계에서 오해를 받는 배경에는 한국인이 가진 단일 문화적 사고가 자리하고 있다고 본다.

[1] 본 장은 필자의 저서 『공유된 미래 만들기』(2018), 『다문화 교육의 이론과 이론가들』(2019), 『다문화 사회와 리터러시 이해』(2020), 『시민을 위한 리터러시 이해』(2021) 나온 내용을 발췌한 것임.

이 글에서는 다문화란 용어를 포괄하는 다문화 교육 정책을 비판적으로 살펴보고 상호 문화주의에 입각한 교육학적 해법을 제시하고자 한다. 우리가 다문화 교육을 교육 현장에 들여와 시도한 첫 출발은 2006년 교육부의 다문화 가정 학생 지원 방안을 기점으로 시작된다. 당시에는 이주 배경 학생들의 학교 적응을 적극적으로 지원하는 정책에 중심을 두었다. 이후 정부의 사회 통합 정책의 변화에 따른 다문화 교육 정책도 해를 거듭하면서 세련된 모습으로 진화하였다. 2015년 이후부터 다문화 교육의 방향이 문화 다양성 교육을 지향하고, 최근 들어서는 세계 시민 교육으로 전환하는 등 바람직한 방향의 교육 정책이 실천되고 있음은 우리 다문화 사회의 지속 가능성을 내다볼 수 있는 바로미터다.

그러나 아직까지 다문화 교육이라 하면 소수의 이주 배경을 지난 학생들의 문제에 맞춰진 것이 사실이다. 선행 연구들에 따르면(최영준, 2018; 황정미, 2010; Choi&Kim, 2021), 다문화 교육의 대상 측면에서 이주민에 대한 교육과 내국인에 대한 교육이 분리되어 있고, 이주민 내부에서도 결혼 이주 여성과 그 자녀라는 특정 대상에 편중되어 있음을 지적한다. Banks(2008)은 다문화 교육은 "어떤 시민을 길러낼 것인가"의 문제가 핵심이라고 지적하였다. 그러나 현재의 다문화 교육은 다문화 인구가 몇 명인지, 다문화 가정 학생 수는 얼마이고 증가율은 어떻게 되는지, 이들이 겪는 문제는 어떠한지에만 초점을 맞추고 있다. 정작 다문화 사회의 시민에 대한 논의는 전무한 상황이다.

필자는 이런 다문화 교육에 관한 '신화적인 뻔뻔함'에 도전하고자 한다. 그간 다문화 정책이나 사회 통합 정책이 시행되어 왔는데도 우리 사회가 이주민을 대하는 인식과 태도의 변화가 느린 것은 무슨 이유일까? 이 글에서는 바로 이런 문제에 천착하고 이를 극복하기 위한 타자 지향적 세계 시민 교육 방안을 제시하고자 한다.

이런 맥락에서 필자는 "나는 그 사람이 아프다."라는 문장을 제시한다. 이 언어적 표현은 현실에서 불가능한 이야기겠지만, 정말 주체인 내가 그 사람의 아픔을 느낄 수 있는 것만 같다. 이 문장 "나는 그 사람이 아프다J'ai mal à l'autre."는 프랑스 비평가 바르트Roland Barthes가 사랑하는 연인에 대한 단편적 글들을 에세이 형식으로 모아 발표한 『사랑의 단상A Lover's Discourse』 (1977)에서 소제목으로 사용한 문장이다. 이 문장을 들었을 때 사랑하는 사람에 대한 가슴이 뜨거워짐을 느낄 것이다. 이 표현은 사랑하는 사람을 자신의 신체의 일부로 동일화함으로써 기존의 사랑의 아픔에 대한 관조적 공감을 걷어낸 일체적 연민의 표현이라 하겠다. 사랑하는 사람이 지닌 영혼의 아픔까지 온몸으로 기억해내려는 단 하나의 진실한 문장이기에 우리가 감동 받을 수 있다.

그러나 바르트는 "그 사람이 느끼는 것처럼 우리가 그를 느낀다고 가정한다면—쇼펜하우어가 연민compassion이라 부르는 것 혹은 더 정확히 말한다면 고통 속에서의 결합, 고통의 일치라 할 수 있는 것"을 경험할 수 있을지도 모른다. 그러나 바르트는

"사랑의 힘이 어떠하든 간에 이런 일은 결코 일어나지 않는다."
라고 냉소적으로 말한다. 그는 "사랑하는 사람들이 괴로워하는
모습을 보는 일은 끔찍한 일이기에 나 또한 동요하며 괴로워하
지만, 동시에 냉담하며 젖어들지 않는다. 나의 동일시는 불완전
한 것이다."라고 결론 짓는다. 그래서 연민은 그저 연민으로 끝
나고 말 것이다. 그러나 사랑하는 그 사람의 영혼의 아픔마저 온
몸으로 느끼고자 하는 이 신체적 비유는 탁월하다.

　필자가 이 문장을 가져온 것은 주체와 타자의 문제를 이야
기하고자 해서다. 상호 문화 소통의 메커니즘을 이해하기 위해
서 타자 지향성 개념을 이해해야 하기 때문이다. 타자 지향성은
현상학을 주창한 후설Husserl의 철학을 통해 만날 수 있다. 우리
가 다른 사람을 공감하고 이해하는 것은 자신과 타인이 이미 공
유하는 세계에 주의를 기울여야 한다는 의도성을 포함한다. 타
자에 대한 논의는 인식 주체가 어떻게 타자의 마음을 이해하는
지에 초점이 맞춰진 것이 아니라 타자가 단순히 물리적 대상이
아닌 자신과 같은 동등한 인식 주체로 파악하는 데 맞추어져 있
다. 그래서 타자 이해를 위해서는 타자의 경험을 함께 나누려는
의지가 필요하다. 이렇게 각 주체가 타자에 의해 형성된 주관적
경험인 공동 마음common mind이 상호 주관성이다.

　후설에 따르면 내 지각들은 내게만 존재하는 것이 아니라
모두에게 실재하는 존재로서 주관성을 제시하고, 이는 대상들,
사건들, 행위들을 내 사적인 것이 아닌 공공의 것, 함께 경험하
는 것으로서 상호 주관성을 설명한다. 즉 상호 주관성은 개인적

의식 혹은 자아가 아닌, 공동체적 의식 혹은 공동체적 자아를 의미한다. 그뿐 아니라 그는 인간을 출생과 동시에 상호 주관적 존재로 설명한다. 우리는 타자 없이 존재할 수 없는 상호 주관적 존재이기에 당연히 상호 문화성을 공유하게 된다. 상호 문화성의 실제적이고 행동적 발화의 표면에는 주체와 타자 간의 이해, 공감, 소통, 협력, 연대가 등장한다.

상호 문화성 구상은 초국적 이주자들에게도 적용된다. 이주자들이 모국과 한국 사이에서 사회적 유대 관계를 형성하고 유지, 발전시키며 자신들의 사회적 지위와 정체성을 재구축해 나갈 수 있도록 제도적 지원 체계를 마련해야 한다. 우리나라에 들어와 있는 많은 외국인은 '초국적 이주'의 형태를 취하며, 제3의 초국적 정체성을 형성하고 있다. 다시 말해 초국적 이주자들이 우리 문화를 자신의 출생국에 전파하는 상호 문화 소통의 적극적인 협력자라는 이야기다. 이들의 국적은 한국이라도 민족성은 그들 본국에 두기 때문에 초국적 소통은 불가피하다. 그뿐 아니라 초국적 이주자들은 그들이 지닌 문화를 이민국에 노출함으로써, 그들의 언어를 사용함으로써 그들의 생활 방식을 고수한다. 그럼으로써 우리에게 문화 다양성 교육의 장을 열어주어 정주자의 상호 문화성을 높이는 학습 원천이 된다. 또한 세계를 이해하는 창을 제공하는 세계 시민 교육의 가능케 하는 기회를 제공한다. 더불어 이들은 한국어와 그들의 나라 언어 사용의 경계를 넘는 이중 언어 화자로서 우리 사회에 이중 언어에 관한 긍정적 마인드를 갖게 할 것이다.

다양한 문화를 가진 개인 간의 만남이 늘어나면서 타인에 대한 단편적인 지식보다는 타인과 원만한 관계를 형성할 수 있는 능력이 중요해지고 있다. 이제는 타자에 대해 '말하는' 것이 아니라 타자와 함께 '행동할' 줄 알아야 한다. 타자와의 원만한 관계 형성에서 가장 중요한 것은 자기중심주의, 자문화중심주의, 그리고 자민족중심주의에서 탈피해야 한다(Abdallah-Pretceille, 1999). 그러므로 빠르게 다문화 사회로 변화하는 한국 사회에서 '다름'에 대해 상호 문화적으로 접근해야 할 것이다. 상호 문화적 접근 방식은 타인과 원만한 관계를 맺기 위한 역동적인 과정이다. 이러한 접근 방식의 핵심은 원만한 관계의 출발점을 타인이 아니라 자기 자신에서 찾는 것이다.

2. 상호 문화 소통 역량과 모델

　앞에서 논의한 타자성은 "나는 그 사람이 아프다."에서와 같이 상호 문화주의에 핵심이 되는 사유다. 상호 문화주의는 개인 간의 관계, 즉 주체와 타자 간의 평등성을 추구한다. 주체가 다른 주체를 이해하고, 공감하며, 소통하고, 협동하고 연대하는 것에 관해 중점을 둔다. 이는 나아가 상호 문화 역량과 관계를 갖는다. 상호 문화 역량은 다른 문화권 사람들과 성공적으로 소통할 수 있는 역량을 의미한다. 상호 문화 역량은 어린 나이에도 존재할 수 있으며 의지력과 역량으로 개발되고 개선될 수 있다. 상호 문화 역량은 모든 상호 작용을 위한 기본 능력으로 필요하다. 특히 다문화 사회에서 원활한 상호 문화 소통을 위해서는 사회적 기술뿐 아니라 다른 가치관, 견해, 삶과 사고방식에 대한 민감성과 이해력이 요구되는데 이는 타인을 이해하고 존중하게 하는 상호 문화 역량의 개발을 통해 가능하다.

　21세기 들어서 상호 문화 역량Intercultural Competence은 모든 영역에서의 핵심 자질로 강조된다. 이는 다양한 상황이 보이는 사회 집단과 교육 기관에서 이루어져 있다. 특히 외국인 유학생이 있는 대학원의 경우, 상호 문화 역량 증진을 커리큘럼이나 가치관이 강화된다. 특히 지난 수년간 대학원의 특성으로서 '글로벌 시민 정신'에 관한 논쟁은 더욱 확대되고 있다. 다른 정의와 이해를 이끌어낸 많은 연구가 이 분야에서 착수되었다.

상호 문화 역량은 특정 태도, 상호 문화 지식, 기술과 반성에 근거하여 상호 문화 상황에서 효과적이고 적절하게 상호 작용할 수 있는 역량이며, 이 역량들은 다음과 같이 다양한 범주를 구성한다.

연구자	구분 내용
Bayram(1997)	언어 능력, 사회 언어 능력, 담화 능력, 상호 문화 능력
Chen & Starosta(2005)	개인의 태도(자아 노출, 자아 인식, 자아 개념, 사회적 이완), 의사소통 기술(메시지 기술, 사회적 기술, 융통성, 상호 작용 관리), 심리적 적응(좌절, 스트레스, 소외감, 모호성), 문화 인식(사회적 가치, 사회적 관습, 사회적 규범, 사회적 체계)
Fantini(2000)	언어와 문화가 다른 상호가 관계를 맺고 그것을 유지하는 능력, 최소한의 오류로 소통할 수 있는 능력, 상호적 관심이나 요구를 수행하기 위해 협력할 수 있는 능력
Deardorff(2006)	지식, 기술, 태도

상호 문화 역량 개념의 범주화

표에서 볼 수 있듯이 첸과 스타로스터(1999)는 상호 문화 역량을 특수한 물리적이나 상징적인 환경을 지닌 사람 간의 적절하고 원만한 상호 작용을 가능하게 하는 것이라고 주장한다. 바이람(1997)의 상호 문화 역량에 대한 정의에 의하면 상호 문화 역량은 문화적 배경이 다른 사람들과 상호 작용하는 능력, 상호 문화 소통에 대한 지식, 낯선 것에 관심과 공감을 가진 태도, 해석, 관련 그리고 발견 기술 등을 포함하며 문화적 차이를 극복하고 문화 간의 접촉을 즐기는 능력이다.

파제 외(1999)는 상호 문화적 현상에 관한 지식(문화적응 단계, 문화 충격, 상호 문화 개발, 문화 학습, 문화적 정체성, 문화적 소외 등), 상호 문화 행동 기술(문화 학습 전략, 스트레스 관리 전략, 상호 문화 소통 역량, 상호 문화적 관점 취하기, 문화 적응 가능성 그리고 초문화적 능력 등), 문화 보편적 차원의 태도(상이한 문화에 대한 긍정적인 태도, 문화 학습에 대한 긍정적인 태도, 문화 차이에 대한 민족상대주의적 태도 등)에 대한 이해와 적용 능력을 상호 문화 역량이라고 설명한다(김순임 · 민춘기, 2014). 상호 문화 역량의 일반적인 의미보다 언어적인 의미를 강조한 판티니(2000)에 따르면 상호 문화 역량은 언어적이나 문화적으로 서로 다른 사람들과 효과적이고 적절한 상호 작용을 하는 데 필요한 역량이다.

디어돌프(2006)에 있어서 상호 문화 역량은 자기 자신이 가진 상호 문화적 지식, 기술과 태도를 바탕으로 하여 상호 작용, 즉 상호 문화적인 상황에서 원활한 상호 문화 소통을 할 수 있는 역량이다. 또한 토마스(2003)는 상호 문화 역량을 오해를 피하거나 문맥화하는 방식으로 상호 작용 과정을 형성하는 한편, 모든 관련자가 받아들일 수 있고 생산적인 방식으로 협동적 문제 해결을 위한 기회를 창출하는 능력으로 정의한다.

상호 문화 역량에 대한 유네스코(2013)의 정의에 따르면 상호 문화 역량이란 특정 문화에 대한 적절한 지식뿐 아니라 다양한 문화의 구성원이 상호 작용할 때 발생하는 문제에 관한 일반적인 지식과 함께 다양한 기술을 가진 사람과의 접촉을 유지하는 데 도움이 되는 수용적 태도를 유지하는 것을 의미한다. 상호 문화 역량에 대한 여러 학자의 다양한 정의를 종합해보면 다음과 같다. 첫째, 상호 문화 역량은 문화가 다른 문화와 접촉할 때 효과적이고 적절한 상호 작용을 위해 요구되는 능력을 의미한다. 둘째, 상호 문화 역량은 문화적 측면에서뿐 아니라 언어적 측면에서도 필요한 능력이다. 상호 문화 역량은 원활한 의사소통을 마련하기 때문이다.

상호 문화 소통 역량Intercultural Communication Competence:ICC에 관한 연구는 1980년대부터 이루어져 왔다. 상호 문화 역량은 상호 문화 대면 상황에서 상이한 의미와 기대를 충족시키는 대인 사이에 고도의 소통 역량을 말하며 상호 문화 소통 역량이란 성공적인 목표 충족을 위해 필요한 효과적인 상호 작용 또는 맥락에 적절한 방식의 상호 작용할 수 있는 역량을 의미한다(민춘기, 2015). 위에서 논의한 바와 같이 상호 문화 소통 역량의 개념은 다양한 이론적 렌즈를 통해 연구되어 왔다.

상호 문화 소통 관점에서 상호 문화 역량의 다음과 같은 모델은 잘 알려져 있다. 이는 상호 문화 감수성 발달 모델(Benett, 1986), 불안/불확실성 감소 모델(Gudykunst, 1993, 1995, 2002; Stephan, Stephan & Gudykunst, 1999), 정체성 협상 모델(Ting-Toomey, 1993), 상호 문화 역량 모델(Spitzberg, 1997), 상호 문화 역량의 차원적 모델(Byram, 1997), 상호 문화 역량의 피라미드 모델(Deadorff, 2004), 상호 문화 역량의 과정 모델(Deadorff, 2006), 상호 문화 소통 역량의 통합 모델(Arasaratnam, 2006), 상호 문화 역량의 차원 모델(Fantini, 2000, 2005, 2006) 등을 포함한다. 디어돌프(2004)는 상호 문화 역량의 피라미드 모델을 개발하였다. 다음과 같다.

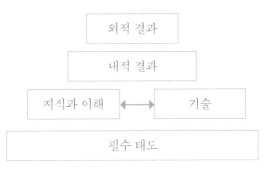

상호 문화 역량 개념의 범주화

　

피라미드 모델에 나타난 첫째 요소는 외적 결과며, 이 결과는 상호 문화 지식, 기술, 태도에 근거하여 자신의 목적을 어느 정도 달성하기 위해 효과적이고 적절하게 행동하고 소통하는 것을 의미한다. 둘째 요소는 내적 결과다. 이 결과의 준거는 적응 능력(다른 의사소통 방식, 행동, 새로운 문화 환경), 융통성(적절한 의사소통 방식과 행동 선택, 인지적 유연성), 민족상대주의적 관점, 공감 등의 요소를 포함한다. 셋째, 지식과 이해다. 이는 문화적 자기 지각, 문화에 대한 깊은 이해와 지식(문화의 맥락,

역할과 영향 그리고 다른 사람들의 세계관 포함), 특정 문화의 대한 지식, 사회언어학적 지각을 포함한다. 넷째, 사회적 기술이다. 듣고, 관찰하고, 해석하기(민족중심주의를 확인하고 최소화하기 위한 인내를 사용하여 문화적 단서와 의미를 찾는다), 분석하고, 평가하고, 관련짓기(분석의 비교 기술을 사용하여 연계, 인과 관계를 찾는다) 등으로 구성되어 있다. 다섯째, 필수 태도다. 이는 존중(다른 문화와 문화적 다양성에 대한 가치 인정), 개방성(상호 문화에 대한 배움과 다른 문화권에서 온 사람에 대한 판단 보류), 호기심과 발견(모호함과 불확신성에 대해서 용인함) 등을 포함한다. 디어돌프에 따르면 태도란 배웠던 지식이나 기술을 존중이나 개방성 또는 호기심 등 태도를 통해서 활용하는 것을 의미한다.

이처럼 지식, 기술과 태도는 융통성 있고, 적용 가능하며, 공감 얻는 법을 배우고 친척 관계의 관점을 채택하는 개별 학습자의 내적 결과로 이루어진다. 이러한 특성은 개인의 관찰 가능한 행동과 의사소통 스타일을 나타내는 외적 결과에 반영된다. 그들은 개인이 상호 문화적으로 유능한지 또는 배우고 있다는 가시적인 증거다. 다시 말하자면 배운 지식이나 기술 또는 태도는 행동을 통해서만 실천에서 이루어진다. 실천에서 볼 수 없고 내부적으로, 즉 머릿속에서만 있는 지식, 기술과 태도는 존재한다고 할 수가 없다. 상호 문화 역량 형성을 위해 내부와 외부 결과가 동시에 요구되기 때문이다. 따라서 상호 문화 역량은 우리가 사는 다문화 사회에서 필수적으로 요청된다. 상호 문화 역량은 유전적으로 얻는 것이 아니라 후천적으로 교육을 통해서 배워가는 것이다. 상호 문화 역량을 함양하는 교육은 상호 문화 교육이라고 칭하며 이 교육의 목적은 상호 문화 역량을 넘어서 학습자를 세계 시민으로 키우는 데 있다.

디어돌프(2006, 2009)는 상호 문화 역량 발달하기 위해 피라미드 모델을 토대로 하여 다음에서 제시한 과정 모델을 개발하였다.

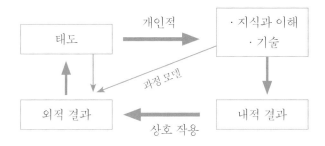

상호 문화 역량의 과정 모델 (Deardorff, 2006, 2009)

과정 모델의 구성 요소는 피라미드 모델과 동일하다. 하지만 이러한 요소 간에 발생하는 이동 과정과 방향을 더욱 자세히 설명한다. 이 모델은 개인 수준에서 대인 수준(상호 문화 상호 작용)으로의 이동을 나타낸다. 피라미드 모델에서와 마찬가지로 태도와 기술, 지식을 외적 결과에 직접적으로 적용할 수는 있지만, 결과의 적합성과 효율성의 정도는 전체 사이클이 완료될 때보다 높지 않은 상태로 다시 시작할 수도 있다. 내적과 외적 결과의 고유한 요소는 이 과정 모델에서 유지 관리되며, 실제로 개인은 내부적인 성과를 완전히 달성하지 않고도 다양한 상황에서 적절하고 효과적으로 행동하고 의사소통하는 외적 결과를 얻을 수 있다. 그러나 내적 성과가 달성된 경우보다 적절성과 효과성의 정도가 더 제한적일 수 있다.

디어돌프(2009)가 제시한 상호 문화 역량의 과정 모델은 다음과 같은 성과를 가져올 수 있다. 첫째, 자국 문화와 다른 문화권 사람들의 다양함을 이해하고 존중하게 한다. 둘째, 이런 사람들과 상호 작용할 때 효과적이고 원활한 의사소통을 제공하게 한다. 셋째, 이런 다양한 문화권 사람들과 긍정적인 대인 관계를 형성하게 한다. 넷째, 상대방의 다양함을 파악하고 차이점을 인정하며 존중하게 한다.

따라서 상호 문화 역량은 우리가 사는 다문화 사회에서 필수적으로 요청된다. 상호 문화 역량은 유전적으로 얻는 것이 아니라 후천적으로 교육을 통해서 배워가는 것이다. 상호 문화 역량을 함양하는 교육은 상호 문화 교육이라고 칭하며 이 교육의 목적은 상호 문화 역량을 넘어서 학습자를 세계 시민으로 키우는 데 있다. 이처럼 상호 문화 소통이란 둘 이상 문화적인 다른 배경을 가진 사람 간의 소통하는 것을 의미한다. 우리가 사는 21세기에는 상호 문화 소통을 피할 수 없다. 해외에 굳이 가지 않더라도 타문화권 사람을 쉽게 만날 수 있고 문화와 문화의 접촉이 이루어질 수 있기 때문이다. 따라서 상호 문화 소통 역량이 현재 시대의 필수적인 역량이자 성공의 열쇠라고 할 수 있다. 상호 문화 소통 역량을 키우기 위해서는 상호 문화 소통 교육이 필요하다.

3. 다문화 사회의 상호 문화 소통

　서로 다른 문화적 배경을 가진 사람 간의 원활한 상호 문화 소통을 마련하기 위해 상호 문화 소통 역량이 요구되며 이런 역량을 키우는 교육이 상호 문화 소통 교육이다. 상호 문화 소통 교육은 자국과 타문화를 충분히 이해하고 다양한 언어와 문화를 존중하여 배려할 수 있는 지식, 능력, 태도, 인식을 개발하는 데 중요한 역할을 한다.

　상호 문화 소통 역량에 인지적 차원, 감정적 차원 그리고 의사소통 행동적 차원이 있으며 상호 문화 소통 교육의 목표는 세 가지, 즉 인식적 목표, 정서적 목표 그리고 행동적 목표가 있다(Herbrand, 2002). 상호 문화 소통 교육의 각각의 목표를 세분화해서 살펴보면 다음과 같다. 첫째, 인지적 목표는 자국 문화와 타문화의 공통점과 차이점에 대한 지식을 가지고 양 국가의 문화를 이해하는 데 초점을 둔다. 둘째, 정서적 목표란 자기와 타문화의 차이점에 대한 평가와 해석 또는 다른 문화에 대한 관심이나 공감을 키우는 것을 말한다. 셋째, 행동적 목표는 자국과 타문화에 대해서 배웠던 지식을 실천에서 활용하고, 상호 문화 소통을 할 때 있어서 어떤 문제가 생기면 이것을 긍정적으로 해결할 수 있는 능력을 키우는 데 기여를 한다.

바이람(1997)은 상호 문화 역량의 평가를 위해 포트폴리오를 제안한다. 그는 상호 문화 소통 역량을 평가할 수 있는 'AIE : Autobiography of Intercultural Encounters'를 제시하는데 이는 자기와 타인의 상호 문화 소통 역량을 평가 가능하게 한다. 현재 AIE는 유럽 공통 참조 기준, 유럽 언어 포트폴리오에서 널리 사용된다. AIE 평가에서는 다른 문화적 배경을 지닌 사람들과 만났을 때 경험한 사건 중에서 하나를 선택하여 이 사건이 그에게 어떤 의미를 갖고 있는지를 질문을 통해서 파악한다. 학습자가 질문에 대답을 하면서 자기가 경험한 사건을 머릿속에서 분석하고 이런 문화적 접촉 상황에서 더 효과적인 상호 문화 소통을 위해 무엇이 부족했고 앞으로 무엇을 배워야 할지를 알 수 있다. 이런 관점에서 봤을 때 AIE는 자기의 상호 문화 역량을 평가할 수 있는 도구인 뿐 아니라 이를 통해서 상호 문화 소통 역량을 함양할 수 있는 학습이기도 하다.

AIE의 질문은 학습자가 상호 문화 소통 경험 중에서 하나를 선택하여 이 사건에 대해서 깊이 생각하고 답할 수 있게끔 구성되어 있다. 아울러 AIE의 질문 내용은 바이람이 제시한 상호 문화 소통 역량 모델의 네 가지 요소인 지식과 마음가짐과 느낌, 인식 그리고 실행 등에 기반을 둔다. AIE 평가의 질문에 대한 세분화된 내용은 다음과 같다.

첫째, 지식과 기술은 다른 문화 구성원들에 대한 지식, 지식 발견, 해석과 연관 그리고 비판적 상호 문화 소통 등으로 구성된다. 다른 문화권 사람들에 대한 지식이란 자국 문화와 다른 문화권 사람들이 속한 사회, 생활 양식이나 사고방식 또는 특징을 말한다. 지식 발견은 문화적 배경이 다른 사람을 만났을 때 지식을 토대로 한 기술을 실제로 사용하는지를 의미한다. 해석과 연관은 상호 문화 소통을 하는 사람 간의 서로가 가진 공통점이나 차이점을 발견하고 '다름'을 '다양함'으로 파악하며 존중하는 것을 뜻한다. 그리고 비판적 상호 문화 의식이란 다른 문화권 사람들에 대해서 가진 고정관념이나 편견을 지식을 통해 없애고 자국과 타문화에 대해서 충분히 인식하여 설명할 수 있는 것을 의미한다.

둘째, 태도는 유연함과 소통하는 방법에 민감해지기 등으로 구성된다. 유연함은 타문화권 사람과 상호 문화 소통을 할 때 있어서 주어진 상황에 따라 적절하게 태도를 취하거나 행동할 수 있는 것을 말한다. 소통하는 방법에 민감해지기는 상대방의 소통 방식에서의 다양성을 존중하고 인정하는 것을 의미한다.

셋째, 마음가짐과 느낌은 타문화권 사람들의 정체성을 인정, 타자성의 존중, 감정이입의 태도, 애매모호함, 관용 등을 포함한다. 상호 문화 소통을 하는 사람은 자기와 상대방이 지닌 정체성을 인정하고 존중해야 한다. 더불어 다양함에 대한 호기심이나 관심을 가지고 이것을 실제로 보여주어야 한다. 그뿐 아니라 상호 문화 소통을 할 때 있어서 감정이입의 태도가 요구되는데 이는 상대방의 입장이 되어 상대방의 입장해서 생각해보는 것을 의미한다. 아울러 효과적 상호 문화 소통을 위해서 긍정적이거나 부정적인 감정이 필요하며 이것을 예전에 알게 된 지식이나 태도와 연관시켜야 한다. 그리고 타문화권 사람들도 자기와 동일하게 입장에서 신념이나 가치를 가지고 있으며 이를 인정해줘야 한다.

넷째, 실행은 앞에 제시된 모든 것의 결과라고 볼 수 있다. 그러므로 상호 문화 소통 능력이 발달하는 데 많은 기여를 한다. AIE는 9개의 질문과 조언으로 구성되어 있으며 맨 처음에는 자기소개('Who I am? / 나는 누구인가?')라는 항목이 나오는데 거기에다가 자기 자신과 타인에 대한 가지고 있는 생각을 서술해야 한다. 그 다음에 상호 문화 소통 평가를 위한 질문 또는 조언이 본격적으로 시작된다.

AIE 평가가 속한 질문이나 조언 내용의 구체적인 설명은 다음과 같다.

항목	제목	내용
1	상호 문화 만남 상황	학습자는 상호 문화 소통 경험 중에서 하나를 선택하여 이 상황의 제목을 붙이고 이 사건을 선택한 이유를 구체적으로 설명한다. 그리고 이 사건이 일어난 날짜와 장소에 대한 정보도 요구된다.
2	다른 사람	상호 문화 소통을 하는 상대방에 대해서 서술한다. 이런 만남을 통해 상대방에 대한 어떤 생각이 들었고 그(들)이 입고 있었던 옷이 어떻고 그들의 모습은 어떠한지 또는 그(들)의 나이, 성별, 국적, 인종, 종교 등이 그들에게 중요하다고 여겨지는 것에 대한 생각을 기술한다.

3	여러분의 느낌	상호 문화 소통이 이루어진 그 당시에 자신의 감정이나 느낌이 어떻고 생각이 어떤지를 서술한다. 더불어 그 당시 일어난 사례를 예로 들면서 이런 상황에서 여러분이 무엇을 했는지에 대해서도 기술해야 한다.
4	다른 사람의 느낌	자기 자신을 다른 사람들의 입장이 되어 생각해본다. 그 당시 그(들)이 느꼈던 어려움을 상상해보도록 노력해보면 어떤 기분이 들까? 행복함 아니면 화가 남? 이 상황이 벌어졌을 때 상대방의 생각을 주어진 예시를 보충하면서 생각해본다.
5	같음과 다름	상호 문화 소통을 하면서 학습자가 느낀 것과 생각했던 방식의 공통점과 차이점에 대해서 생각해본다.
6	서로 이야기하기	학습자가 소통했을 때 학습자가 어떻게 이야기하고 또는 상대방과 소통이 어떻게 이루어지는 것에 대해서 생각해본다. 아울러 상대방에게 말하거나 썼을 때 조절했는지를 기술한다.
7	상호 문화 만남 상황	학습자는 상호 문화 소통 경험에서 좀 더 많이 알아내기 위해 어떻게 했는지를 서술한다. 만약에 그 후에 대답을 찾았다면 무엇을 어떻게 했는지를 기술한다.
8	비교를 통해서 이해하기	보통 사람들이 다른 집단이나 문화에 속한 것을 자신의 공통적인 것과 대조한다. 그러므로 학습자는 주어진 상황에서 어떻게 하고 자국 문화와 비교하면 이럴 때 어떤 일이 일어나며 이것을 파악하는 데 도움이 되었는지를 서술한다.
9	되돌아 생각하고 앞서 예견하기	뒤로 바라보면 상호 문화 소통 경험에 대한 결론을 유추할 수 있는지, 그 결론은 무엇인지를 서술한다.

AIE 평가 내용(Council of Europe, 2007: 김옥선, 2011)

지금까지 AIE 평가에 대해서 살펴봤다. 이러한 평가를 통해 학습자의 상호 문화 소통 역량을 평가할 수 있을 뿐 아니라 평가를 통해 학습자가 상호 문화 소통에서 자신의 부족한 점을 알게 되고 이런 점을 보완할 수 있다. 그러므로 AIE 평가는 학습자의 상호 문화 소통 역량을 함양할 수 있다는 점에서 가치가 있다.

4. 상호 문화 교육에서 세계 시민 교육으로

　　다문화 시대의 우선적인 교육 구상은 상호 문화 소통을 확대하는 상호 문화 교육으로 설정할 수 있다. 상호 문화 교육은 상호 문화주의를 실천하는 교육적 기제며, 타자지향적 인간의 삶을 요구하는 교육의 본질이다. 이와 같은 상호 문화 소통 역량을 함양하는 상호 문화 교육의 궁극적인 지향점은 무엇인가?

　　필자는 이에 대한 답으로 세계 시민으로의 확장성을 이야기하고자 한다. 우선 시민을 세계 속에 위치하게 하는 세계 시민 교육의 세 가지 개념적 차원을 살펴보도록 하자. 첫째, 인지적 차원이다. 이 차원에서는 세계적, 지역적, 국가적, 지엽적 문제, 서로 다른 국가와 인구의 상호 연관성과 상호 의존성에 대한 지식, 이해와 비판적 사고를 습득한다. 둘째, 사회정서적 차원이다. 이 차원에서는 인류 공동에 대한 소속감, 가치와 책임감, 공감, 연대에 대한 공유, 차이와 다양성에 대한 존중이 중요한 이슈다. 셋째, 행동적 차원이다. 이 차원에서는 평화롭고 지속 가능한 세계를 위해 지역, 국가와 세계 차원에서 효과적이고 책임 있게 행동하기가 요구된다.

　　또한 우리는 세계적 도전에 대한 가치와 태도를 정리해야 할 필요가 있다. 가치는 신념과 한 사람들이 다른 사람들과 그들의 환경에서의 모든 활동과 어떻게 관련이 있는지를 나타낸다. 가치는 사람들이 생활하는 곳, 가족과 중요 인물의 삶의 영향을 받으며 중요하다고 생각하는 것에 생겨난다. 사람들이 아이디어나 행동의 가치를 평가할 때, 그들은 가치의 일반적인 규칙과 규범을 사용한다. 태도는 사람들이 다른 사람들과 자신의 환경에서 하는 모든 활동과 관련된 방식을 의미한다. 태도는 정착되는 경향이 있는 감정과 생각의 조합이다. 태도는 다른 사람들과 사건에 대한 사람들의 반응, 어떻게 생각하고 느끼는지에 영향을 미친다. 사람들의 태도는 그들의 경험과 다른 사람들의 영향으로 바뀔 수 있다.

아울러 세계 시민이 갖추어야 할 역량들은 다음과 같다. 첫째, 비판적 사고다. 이 사고는 글로벌, 지역, 국가, 지역 차원에서 서로 다른 국가는 물론, 인구의 상호 연관성과 상호 의존성을 파악하는 관점이며, 나아가 기존의 관점으로부터 다른 관점, 각도, 차원에서 바라보는 것을 의미한다. 둘째, 성찰이다. 학생들은 자신과 다른 사람들의 입장을 고려하고 시간을 내서 관찰한다. 그들은 철저하고 신중하게 사물을 생각한다. 셋째, 대화다. 학생들은 효과적인 대화를 나눈다. 서로를 주의 깊게 경청하고, 다양한 이해 관계자와 이야기하며, 생각들을 민감하고 이해할 수 있도록 나눈다. 넷째, 참여, 협동, 협력을 들 수 있다. 이것은 공동의 목적을 위해 함께 일하고 행동하며, 참여하고, 나누는 것이다. 학생들은 토론하고 함께 도전하며 서로 듣고 생각과 아이디어를 나눈다. 다섯째, 문제 해결 능력이다. 학생들은 해결책을 찾기 위해 여러 각도에서 사물을 생각한다. 함께 일하고 행동한다. 예를 들어 시뮬레이션을 교육하거나 학습 시나리오로 사용하면 현실감이 생겨 모든 연령대의 학습자가 참여하고 동기를 부여하게 된다. 시뮬레이션은 추상적인 개념을 가르칠 수 있는 구체적인 방법을 제공한다. 그들은 지역 사회가 직면하는 현실적인 문제를 해결하고 커리큘럼과의 관련성을 높이 사며, 이와 더불어 사고 능력을 향상시킨다. 여섯째, 창의성이다. 이 창의성은 다양하고 혁신적인 방식으로 솔루션을 찾는 것에 관한 것이다. 세계 시민 교육은 드라마, 연극, 음악, 디자인, 그림을 사용하여 창의력을 자극하고 대안적인 미래를 그리기 위해 종종 예술을 사용한다.

세계 시민 교육은 한마디로 세계 시민을 양성하는 교육이라고 볼 수 있다. 세계 시민은 우리가 이해하는 법적, 제도적 차원의 시민권의 개념과는 유별하다. 시민권의 개념은 시간이 지남에 따라 진화했다. 역사적으로 시민권은 모든 사람에게 미치지 못했다. 예를 들어 남성이나 재산 소유자만이 시민이 될 수 있었다. 지난 세기 동안 시민권 운동, 사회 정치적 운동에 영향을 받아 시민권에 대한 포괄적 이해를 향한 점진적 운동이 있었다. 국가 시민권에 대한 현재의 시각은 국가마다 처한 사회 정치적 맥락에 따라 다양하다.

세계화는 글로벌 차원에 대한 것뿐 아니라 의미 있는 시민권을 구성하는 것에 대해 의문을 제기하고 있다. 시민권에 대한 개념이 국가 차원을 넘어서는 것은 새로운 일이 아니다. 하지만 예를 들어 국제 협약과 조약의 수립, 초국적 기구, 기업과 시민 사회 운동의 성장, 국제적인 인권 발전과 같은 세계적 맥락에서의 변화는 세계 시민성에 대한 중요한 함의를 제공한다. 세계 시민성의 개념에 대한 관점이 다르다는 점을 인정해야 한다. 예를 들면 국가의 관점에서 정의된 전통적인 시민성을 확장하고 보완하는 범위 또는 이 개념과의 경쟁 정도를 포함한다.

세계 시민성이란 넓은 공동체와 공통의 인류에의 소속감을 말한다. 그것은 정치적, 경제적, 사회적, 문화적 상호 의존성과 지방, 국가, 그리고 세계와의 상호 연관성을 강조한다. 세계 시민성에 대한 관심이 커짐에 따라 시민 교육 분야의 글로벌 차원에서의 관심과 정책, 커리큘럼, 교육과 학습에 대한 시사점이 커졌다. 세계 시민 교육은 이에 대한 다양한 정의와 해석에 공통되는 세 가지 핵심 개념 차원을 수반한다. 유네스코에 의해 제시된 이러한 핵심 개념 차원은 이 분야의 기술 상담, 최근의 연구뿐 아니라 세계 시민 교육에 관한 선행 연구, 개념적 틀, 접근 방식, 커리큘럼에 대한 검토를 끌어낸다. 이 개념적 차원은 세계 시민 교육의 목적, 학습 목표와 역량, 학습 평가, 평가의 우선순위를 정의할 수 있는 기반이 된다. 이 핵심 개념적 차원은 앞서 논의한 세계 시민 교육의 세 가지 개념적 차원인 인지적, 사회정서적, 행동적 영역에 기반을 두고 영향을 받았다.

세계 시민 교육은 학습자가 포괄적이고 공정하며 평화로운 세상에 기여할 수 있도록 지식, 기술, 가치, 태도를 구축하는 것을 목표로 한다. 또한 세계 시민 교육은 인권 교육, 평화 교육, 지속 가능 발전 교육, 국제 이해 교육을 포함한 다른 분야에서 이미 적용된 개념과 방법론을 사용하여 다방면에 걸친 접근 방식을 취하며 공동의 목표를 발전시키는 것을 목표로 한다. 세계 시민 교육은 유년기부터 시작하여 모든 교육 수준을 거쳐 성인기에 이르기까지 평생 학습 관점을 적용한다. 또한 공식과 비공식 접근 방식, 교과와 교외, 전통과 비전통적 참여 경로가 필요하다.

세계 시민 교육의 학습 콘텐츠를 학습의 차원, 학습 결과, 학습자 특징, 학습 주제, 학습 목표 등으로 구분하여 제시하면 다음 설명과 같다. 우선 학습의 차원이다. 세계 시민 교육은 세 가지 차원으로 구분된다. 인지적 차원에서는 세계와 이 세계의 복잡성을 이해하기 위한 지식과 사고 능력이 있어야 한다. 사회 정서적 차원에서는 타인을 존중하며 평화롭게 함께 살아갈 수 있는 가치, 태도, 사회성이 요구된다. 행동적 차원에서는 일상생활에서의 세계 시민성의 수행, 실행 적용과 참여가 필요하다.

둘째, 세계 시민 교육의 학습 결과를 인지적, 사회 정서적, 행동적 차원에서 도출할 수 있다. 인지적 차원의 경우 세계와 이의 복잡성을 이해하기 위한 지식과 사고 능력, 비판적 사고, 분석 능력을 갖추게 한다. 사회 정서적 차원에서는 인권 의식에 기반한 인류 사회의 소속감, 가치와 책임에 대한 공유, 공감, 연대, 차이와 다양성에 대한 존중의 태도를 함양할 수 있다. 행동적 차원에서는 평화롭고 지속 가능한 세계를 위해 지역, 국가, 세계 차원에서 효과적이고 책임 있게 행동하기가 필요하다. 아울러

이 행동하기를 할 수 있는 동기와 의지도 중요한 관건이 된다.

셋째, 세계 시민 교육의 학습자가 가진 특징은 세 가지로 볼 수 있다. 정보를 기반한 비판적 지식인, 사회적으로 연결되어 있고 다양성을 존중하는 학습자, 윤리적으로 책임감 있고 참여하는 학습자로 나타난다.

넷째, 세계 시민 교육의 학습 주제다. 세계 시민 교육이 목표로 하는 학습자의 특징에 따른 세 가지 학습 주제를 제시한다. 정보에 기반한 비판적 지식인은 지역, 국가, 세계의 시스템과 구조를 이해해야 한다. 지역, 국가, 세계 차원에서 지역 사회의 상호 작용과 연계성에 영향을 미치는 문제를 파악해야 한다. 또한 기본 전제와 권력의 역학을 이해할 줄 알아야 한다. 사회적으로 연결되어 있고, 다양성을 존중하는 학습자는 정체성의 다양한 측면을 이해하고, 사람들이 소속되어 있고 연결된 다양한 지역 사회를 파악해야 하며 차이와 다양성에 대한 존중감을 지녀야 한다. 또한 윤리적으로 책임감 있게 참여하는 학습자는 개인적으로 또는 집단으로 취할 수 있는 행위를 할 줄 알아야 하며, 윤리적으로 책임감 있는 행동을 해야 하고, 참여와 행동하기를 생활화해야 한다.

세계 시민 교육은 해당 집단에 맞게 구체적인 학습 목표를 제시할 필요가 있다. 특히 집단의 복잡성에 따라 학습 목표를 제시하는 목적은 세계 시민 교육의 개념과 관련하여 나선적인 커리큘럼적 접근을 통해 심화 학습이 가능하기 때문이다. 하지만 교육 시스템, 교육 수준, 학생 연령 그룹이 국가마다 다르므로 이 그룹은 단지 지표일 뿐이다. 사용자, 즉 교수자는 특정 국가의 콘텍스트, 학생 준비에 따라 적절한 방식으로 학습 목표를 선택, 조정, 구성을 할 수 있다.

2장

—

다문화 사회의 문화 번역과
상호 문화주의 한국어 교육

—

김영순

이 글은 김영순, 최유성(2019)이 제시한
「상호 문화 한국어 교육 패러다임」에 관한 논의를 정리한 것임.

1. 문화 번역의 개념과 경향

　다문화 사회에서 다양한 언어적 배경을 가진 구성원과 교류
하고 소통하기 위해서는 그의 언어를 이해해야 하는 기회가 증
가하고 있다. 이 경우에 문화적 맥락을 이해하는 것은 중요하다.
언어 소통에 있어서 문화적 맥락의 이해는 사회언어학, 화용론
적 연구, 텍스트 언어학적 연구의 주요 연구 주제다. 언어 소통
에 있어서 문화 이해는 이미 학문적으로 증빙되었을 뿐 아니라
상식적 수준에서도 잘 알려져 있다. 다음의 세 사람 간 대화를
살펴보도록 하자.

　　A: "애비야 술 먹고 늦게 다니지 마라.

　　　　이 애미 죽는 꼴 봐야겠니?"

　　B: "엄마는 직장 생활하려면… 그렇지 뭐!"

　　A: "그래도 아이들과 철수 애미 봐서라도 좀 일찍 다녀…."

　　C: "저 이가 우리 생각하는 줄 아세요.

　　　　주구장창 술 마시고 늦게 들어와요."

　위 보기에서 배경 문화를 이해해야만 대화의 의미는 물론

대화에 참여한 화자들의 사회적 관계를 파악할 수 있다. 위 대화들은 가족 드라마에서 들을 수 있는 것들이다. 적어도 한국어 화자인 경우 이 대화의 등장인물인 A, B, C의 가족 관계와 사회적 역할을 충분히 짐작할 수 있다. 만약 한국어를 어느 정도 할 수 있는 외국인이 드라마 장면을 보지 않고 이 대화만을 들었다고 가정하자. 이 경우 대화 참가자들의 관계 파악은 어려울 것이다. 그뿐 아니라 외국인 입장에서 어머니가 결혼한 아들을 지칭하는 '애비'를 'father'로 이해한다면 정말 웃긴 일이 될 수밖에 없다.

이런 맥락에서 문화 번역의 중요성이 제기될 수 있다. 번역에 있어서 원저자의 해당 문화를 고려하지 않고 단어와 문장을 기계적으로 대입해 번역하게 된다면 제대로 된 번역을 기대할 수 없다. 제시된 대화 텍스트에서 나타난 '애비'의 번역을 순수하게 언어적으로 번역한다면 맥락상 오역이 될 수밖에 없다. 문화 번역은 다른 언어 텍스트를 번역자의 모국어로 번역하는 전통적 번역과는 다르다. 문화 번역이란 언어뿐 아니라 문화도 함께 번역하는 것이라고 할 수 있다. 이 견해는 다문화 사회의 도래로 그 사회에 여러 언어가 사용됨으로 번역의 중요성을 배경으로 나왔다. 그뿐 아니라 특정 언어를 배우기 위한 언어 교수법 차원에서 문화 번역을 활용하는 데서 비롯된 것이다.

대략 문화 번역은 다음의 세 가지 정도로 이해한다. 첫째, 위의 대화와 같이 언어 번역할 때 원본 언어의 문화를 이해하는 것. 둘째, 역으로 번역할 때 번역될 언어를 둘러싼 해당 문화권의 문화를 이해하는 것. 셋째, 앞의 두 경우를 아우르는 것으로서 번역할 때 원본의 문화와 번역본의 문화를 고려하는 상호 문화적인 접근이다. 또한 전통적인 번역학의 입장에서 문화 번역은 어떤 나라의 문화에 대해 작가가 속한 나라의 언어로 번역하는 경우를 말한다. 여행의 경험을 적은 여행기 등이 여기에 해당한다. 그러나 앞에서 거론한 언어 교육을 위해 문화 번역을 활용하는 입장과 전통적인 번역학에서 이해하는 문화 번역은 진정한 문화 번역의 본질을 단순하게 혹은 범위를 좁게 하여 이해한 것이다.

최근 들어 한국어 교육은 한국의 경제적 성장, 세종학당의 확장, 한류 열풍 등으로 힘입어 날로 발전하고 있다. 이런 한국어 교육의 외적 발전에 부응하여 한국어 교육에 관한 학문적 발전도 큰 성과를 나타내고 있다. 이를테면 한국어 교육 관련 다수의 학회 설립, 이들의 대내외적 활발한 활동, 한국어 교육 관련 학과 증설과 한국어 교사 지원자 증가, 한국어 교육에 관한 논문 편수의 증가, 해외 대학의 한국학과 설립 증가, 한국어 교육 프로그램 지원자 수 증가를 들 수 있다. 이러한 성과들은 유행처럼 번지는 한국어 교육의 열기를 말해준다. 한국어 교육의 르네상스라고 일컬을 만큼의 성장 기점에서 우리는 바람직한 한국어 교육의 철학적 패러다임에 대해 진중하게 성찰할 필요가 있다. 나아가 한국어가 학습자 측면에서는 외국어 교육이 될 수 있기에 외국어 교사가 문화 번역자여야 한다는 문화론적 입장에서 성찰할 기회를 가질 수 있다.

이 글은 상호 문화주의를 기반으로 한 한국어 교육 패러다임을 구성하기 위해 최근의 문화 연구Cultural Studies 학문 분야에서 뜨거운 감자로 논의되어 온 문화 번역 개념을 가져오고자 한다. Hall(1996)과 Baldwin 외(1999)이 밝힌 문화 연구는 "일상적인 것이 정치적인 것이다."라는 명제를 내세우고 무엇보다 일상생활을 주요한 연구 대상으로 삼았다. 따라서 학문적 영역으로서 문화 연구에서 보는 문화는 단순히 고상한 예술이나 지식만을 의미하지 않는다. 오히려 일상생활 여러 분야에 영향을 미치는 다양한 의미를 내포한다. 그러므로 문화 연구의 학문적 범위는 지구화 담론으로부터 문화대중주의 비판에 이르기까지 광범위하며, 이론도 중시하지만 실천에 무게를 두고 있다. 국내에서는 문화 연구 전공자들이 소수이기는 하지만, 언론정보학과 등에서 비판적 저널리즘, 미디어 비평 등의 영역에서 연구 활동을 벌이고 있다. 문화 연구에서 문화 번역은 고정된 의미를 지닌 개념으로 보지 않는다. 그뿐 아니라 서로 다른 문화 간의 번역만을 의미하는 것이 아니라고 강조한다(정혜욱, 2015). 기존의 번역은 의미의 등가성과 충실성을 강조한다. 반면 문화 번역은 번역물을 생산해내는 메커니즘이라 볼 수 있다. 더불어 문화 번역은 문화 간이나 문화 내부 또는 문화 너머의 타협 불가능한 차이를 간과하지 않고 이 차이를 어떻게 세계와 연결하는 데 집중한다(Bhabha, 2004).

문화 번역은 식민국의 문화를 변화해서 새로운 문화의 장을 형성하게 유도하고 새로운 문화를 창조하고자 하는 일종의 문화 저항 운동이다. 바바의 의미에서 문화 번역은 문화 교환의 새로운 양상으로써 기존의 문화를 깨트려 탈안정화시키고 새로움에 대한 감수성을 창조하는 도구인 셈이다. 또한 기존의 동일성에 기반을 두고 있는 정체성을 변화해서 새로운 문화 정체성을 만들고자 하는 활동이다. 이런 주장을 하는 일련의 학자들을 탈식민주의적 문화 연구론자들이라 한다. 이들에 따르면 번역은 단지 서로 다른 언어로 된 문화 간 소통이라는 이차적인 역할만을 담당하는 것이 아니라는 것이다. 또한 번역은 근본적이면서 일차적이고, 재현을 통해서 억압되고 보이지 않는 것으로 여겨지는 것을 보이게 하는 활동이며, 보이지 않기 때문에 없는 것으로 여겨지게 된 것을 보이는 것으로 드러내는 활동이다.

이처럼 문화 연구에서 논의되는 문화 번역의 개념은 다분히 상호 문화적일뿐 아니라 어떤 면에서는 소수자 측면을 옹호하는 경향으로 구성되어 있다. 만약 한국어 출발 국가로서 한국이 문화 지배국이며, 한국어를 배우는 외국인 학습자들은 문화적 소수자라고 가정하자. 이때 문화 번역 개념이 작동될 수 있다. 이런 맥락에서 한국이 한국어 교육에 있어 문화제국주의적 입장을 갖고 있다는 문제의식에서 이 글이 시작되었다고 봐도 과언이 아니다.

문화 번역이 일반적인 번역과 같이 언어적 호환성이나 등치성을 갖지 않는다. 오히려 사회 문화적 맥락을 고려하는 개념으로 이해할 수 있다. 여기서 우리는 초기 문화 번역에 영감을 제공한 벤야민과 야콥슨을 거론할 수 있다. 우선 윤성우(2007)가 소개한 벤야민의 번역론을 살펴보도록 하자. 벤야민은 번역을 번역의 원전에 의지해 있으면서 번역자의 모국어를 통해 원전을 이해할 수 있게 하는 하나의 과제로서 파악한다고 한다. 벤야민은 실제로 번역 작업을 통해 서로 다른 언어 사이의 유사성이 의미론적 등가 관계로 이해될 수 없다고 했다. 그래서 번역자는 원전의 언어와 번역자 자신의 모국어 사이의 친화력을 찾아내어 번역어로 표현해야 하는 숙제를 안고 있다고 본다. 다시 말해 번역자는 번역되어야 할 매체로서의 원어와 자신의 모국어 사이에 존재하는 근본적인 언어적 친화성을 밝혀내야 한다.

벤야민의 번역론에 근거하면 전통적 의미에서 의역에 바탕을 둔 번역과는 달리, 진정한 번역은 번역자의 모국어를 원전의 언어로 확장하고 변용해야 한다고 본다. 이것이 바로 벤야민이 의미하는 번역의 생산적 기능이다. 그렇다면 번역의 목적은 원전의 의미를 의역을 통해 번역자의 모국어로 기술하는 것이 아니라는 점이다. 또한 번역이 의미 이해의 차원에서 원전의 언어와 번역자의 언어에 드러나는 피상적인 유사성에 기반을 두고 이루어지는 작업도 아니다. 번역은 외국어를 번역자의 모국어로 재현하는 것에서 의미를 갖게 된다. 이처럼 벤야민은 역자의 모국어를 원전의 언어를 향해 확장하고 변형하는데 번역의 과제와 생산적 기능이 있음을 강조한다(정윤길, 2010).

또한 벤야민은 원어와 번역어 사이의 상호 소통성에 근거해 이 두 언어 사이에 순수 언어의 존재를 유추한다고 본다. 다시 말해 한 언어를 다른 언어로 옮기는 것과 그에 따른 이해의 과정이 번역이라는 것이다. 그래서 번역은 두 언어가 순수 언어를 향해 가도록 하는 작업으로 간주한다. 그에게 순수 언어란 추상적 의미를 지닌 언어가 아니라 단지 일상생활과 긴밀하게 연결된 실제적인 언어로 존재하는 언어를 가리키는 것이다(정윤길, 2010).

문화 연구가 일상생활에 뿌리를 두고 학문적 영역을 구축해 온 만큼 벤야민의 번역에 관한 순수 언어적 논의는 문화 연구론 자들의 호감을 살만한 좋은 소재였을 것이다. 나아가 벤야민이 시도한 텍스트 내 순수 언어 찾기는 언어 자체적으로 지닌 파괴 기능으로 가능하다고 본다. 번역은 원본만큼 독자적 지위를 갖 게 되며 결단코 원본에 구속되지 않을 뿐 아니라 원본 역시 번역 이라는 재창조를 통해 원본이 지닌 가치를 유지하고 그 삶을 지 속한다.

번역에서 문화 번역으로 이행하는 과정에서 우리는 야콥슨 의 번역이론을 만날 수 있다. 야콥슨에 따르면, 번역은 대체로 세 가지 유형으로 구분된다. 언어 내 번역intralingualtranslation, 언 어 사이의 번역interlingual translation, 기호 사이의 번역intersemiotic translation으로 구분할 수 있다(1959). 여기서 '기호 사이'의 의미 에 대해서는 많은 다양한 견해가 있다. 이에 대한 견해에는 언어 의 기호로 한정해서 해석하는 시각과 소설을 영화로, 영화를 드 라마로 옮기는 매체 번역으로까지 확장해서 적용하려는 시각도 있다. 번역에서 문화 번역으로 옮겨가는 것은 이와 같이 단순하 게 그 대상을 언어에서 문화로 확장하는 것만을 의미하는 것은 아니다. 언어 간 혹은 문화 간 번역이란 그들의 관계에서 발생하는 근본적인 비대칭성 문제를 포함해야만 한다. 그런 의미에서 모든 번역 작업은 사실상 번역을 하는 번역 작가와 그를 둘러싼 세계나 체제에 관련한 정치성을 내포할 수밖에 없다.

벤야민과 야콥슨의 논의에서 주목할 것은 바로 번역에서 문화 번역으로의 이행 단계다. 이 단계는 단순하게 그 대상을 언어에서 문화로 확장하는 것만을 의미하는 것이 아니다. 언어 사이 또는 문화 사이의 번역이란 그 관계에서 발생할 수 있는 근본적인 비대칭성의 문제를 포함한다. 또한 영화와 같은 영상 매체나 일상생활의 더 큰 기호 체계로 대상을 확장하면 번역의 정확성 문제보다 '번역 가능성'의 문제를 고민해야 한다(이희은, 2014). 문화 번역에서 등가성은 비대칭성으로 대치되고, 번역의 정확성은 번역 가능성의 문제로 대치된다.

전통적인 번역론에서 강조하는 번역의 등가성과 정확성에 따르면 번역 과정에서 발생하는 오역이나 실수는 번역자의 무지이거나 타문화의 이해 결핍에서 벌어지는 오류로 평가한다. 그러나 문화 번역의 입장에서, 더 중요한 것은 오역이나 실수를 지적하는 것이 아니라 그 과정에 어떤 정치적이고 문화적인 힘과 조건들이 개입하였는가를 파악하는 것이다. 이런 정치적 맥락과 활동이 번역을 재구성할 수 있기 때문이다. 그러므로 문화 번역의 관심은 번역의 재구성이 어떻게 수행되었는가를 확인하는 것이다(이희은, 2014). 이런 번역의 재구성은 비한국어권 화자들에게 한국어 배움의 일방적인 강요가 아니라 그들의 문화를 고려한 상호 문화주의 기반 한국어 교육 패러다임을 토대로 진행해야 한다.

어떤 학문적 이념을 바탕으로 하느냐에 따라 문화 번역에 관한 개념이 진화해왔듯이 국내의 학계에서도 이와 같은 변화의 내용을 포함하는 연구들이 등장하기 시작했다. 실제로 국내의 논문 검색 사이트에서 '문화 번역'을 키워드로 검색하면 소논문들이 10편 남짓 검색되며, 단행본 역시 도서 검색 사이트에서 2편 성도만 찾을 수 있다. 문화 번역을 다룬 논문들과 도서들의 수는 적지만, 이들 문헌에서 기술된 문화 번역의 연구 동향을 개괄할 수 있다.

국내 연구들의 유형을 살펴보면 크게 두 가지 유형으로 구분할 수 있다. 하나는 문화 번역의 초기 논의를 담고 있는 것이며, 다른 하나는 탈식민주의적 문화 연구론적 연구 경향을 포함한다. 우선 문화 번역의 초기 논의의 중심은 언어 텍스트가 담고 있는 문화와 번역 작품의 해당 문화권의 문화를 고려한 논의들이다. 대표 연구는 박진임(2004), 김정현(2009), 한미애(2011), 이승재(2012), 이형진(2016) 등에 의해 수행되었다.

박진임(2004)은 문학 작품 번역에 있어서 번역 대상 텍스트가 내포하는 해당 사회가 가진 문화적 특수성과 번역된 텍스트가 받아들여질 사회의 문화적 특성에 대한 이해가 얼마나 중요한가를 실제적인 예를 들어 확인하고자 하였다. 김정현(2009)은 번역이 상호 문화성의 이해를 위한 매개체로 가장 적절하다고 주장하면서, 번역가의 언어와 모국어 사이를 끊임없이 교류하는 번역이 가진 성격으로 번역이 자문화와 타문화 사이의 올바른 관계의 성찰을 위한 여러 가지 자원을 제공한다고 하였다. 이승재(2012)는 아무리 단순한 번역이라 할지라도 단지 다른 언어로의 변환이라고 단정할 수 없으며, 복잡한 과정이 연관되어 있다고 했다. 이와 같이 문화 번역의 초기 논의를 담은 논문들은 넓은 관점에서 문화이론을 차용해서 번역에 접근하였으며 문화적인 시각에서 번역의 언어학적인 측면을 다루었다.

둘째, 탈식민주의적 문화 연구론 경향을 담은 국내 연구들을 거론하면 정윤길(2012), 신지은(2014), 이희은(2014), 박소연(2015), 이진아(2012), 정혜욱(2015), 전영선(2017) 등이 있다. 이 연구들에서는 탈식민주의적 문화 연구론의 핵심적인 번역이론인 비판적 번역학을 기초로 해당 이론들을 설명하거나 특정 번역 텍스트의 사례를 기술하였다. 이 연구 중 의미 있는 진술을 담고 있는 연구물은 다음과 같다.

정윤길(2012)은 벤야민의 번역론과 바바의 번역론을 통해 탈식민주의적 글쓰기에서 나타나는 다양한 전략이 언어와 언어 사이의 번역 문제에서 어떻게 구체적으로 나타나고 있는지를 살펴보았다. 신지은(2014)은 삶의 다양한 영역이 윤리적 전환을 모색하는 데서 발생하는 사회적 갈등을 은폐하는 것을 비판하였다. 아울러 타자와 로컬 문화를 어떻게 번역할 것인가에 관한 문제를 제기하고 이에 대한 해답을 찾고자 하였다. 이희은(2014)은 문화 번역을 전 지구화 과정에서 발생하는 이동과 변환으로 정의하였다. 그리고 전통적인 번역이론이 문화번역이론으로 옮겨가야 할 필요성에 대해 논의하였다. 이와 더불어 다양한 학문적 주제의 교류로 이루어진 문화 번역의 관점을 이론적으로 재검토하였다.

또한 단행본의 경우 김현미(2005)와 마정미(2014) 등을 들수 있다. 김현미(2005)는 문화 번역이 문화적 차이에 대한 의미있는 해석을 만들어내는 행위라고 주장하며 글로벌 시대에 살아가는 한국인들이 타문화권 사람들과 어떻게 문화적 협상을 벌여나가는가에 주목한다. 마정미(2014) 역시 글로벌 사회의 형성과 관련해 문화 번역의 지평 확대를 논의하면서 문화 번역이 언어, 상징 체계, 생활 양식, 사유 양식 등 특정 시공간적 맥락과 문화적 행위자에 대한 이해를 수반하는 총체적 과정임을 주장한다.

앞서 제시한 국내 문화 번역 연구들의 공통적인 경향은 문화번역이론과 개념들의 변화를 설명하고 있으며, 전통적 번역이론에서 출발하여 문화 연구에 기반을 둔 탈식민주의적 문화 번역론으로 마무리하고 있다. 그뿐 아니라 탈식민주의적 문화 번역을 기반으로 한 문학 작품 번역을 비판적으로 다룬 연구들도 찾아볼 수 있으며, 문화 번역의 본질을 토대로 통일의 패러다임을 구안한 연구들도 있었다. 그렇지만 문화 연구를 토대로 한 문화 번역 이론가들이 관심을 가질 만한 한국어 교육과 관련한 논문은 전혀 없다.

위에서 논의한 국내 문화 번역 연구들이 주는 시사점은 첫째, 번역된 텍스트를 단지 상호 문화 이해를 감안한 언어적 변환만으로 보지 말고 번역 텍스트와 번역 활동 내에 내포된 정치적 의미를 파악해야 한다는 점을 들고 있다. 둘째, 번역이 단지 원본 저작물이나 저자를 둘러싼 의도나 문화를 파악하는 것뿐 아니라 번역본이 선택한 모국어의 의미와 이것이 지니는 독자 수용적 맥락을 파악해야 한다는 점이다. 셋째, 문화 번역을 다룬 국내 연구물들에서 등장한 글로벌 시대 문화 번역의 개념은 한국어 교육에 상호 문화주의가 결합되어야 한다는 근거를 제공한다고 가정할 수 있다. 문화 번역을 다룬 국내 연구물에서의 시사점들은 한국어 교육이 비한국어 화자들에게 평등한 의미의 언어 교환이 아니라 정치적 함의를 갖는 행위라는 가정을 성립한다. 그렇다면 반드시 문화 연구를 바탕으로 하는 성찰적 연구가 필요하다고 본다. 이는 바람직한 한국어 교육 패러다임을 정립하는 데 상당히 기여할 것으로 판단한다.

2. 문화 번역과 상호 문화주의의 관계

문화 번역 용어를 처음 사용한 대표 학자는 기어츠Clifford Geertz 다. 그는 인류학자로서 타문화를 기술하는 작업에서 연구자가 특정한 문화적인 편견을 가지고 해석할 수밖에 없다고 자신의 민속지학적 경험을 통해 강조한다(1973: 1983). 민속지학적 경험이란 연구자가 자신의 문화와 구별되는 현지에서의 참여 관찰과 심층 인터뷰에서 얻는 경험을 말한다. 특히 민속지란 타문화에 대한 글쓰기라고 말할 수 있다. 이는 연구자에 의해 구성된 것이라고 볼 수 있다. 다시 말해 민속지 연구자는 관찰자 혹은 연구자라기보다는 문화 번역자라고 간주한다. 기어츠는 자신의 생각을 통해 번역이라는 언어적 행위가 실제로는 번역가라는 인간의 수행력에 크게 의존된다는 점을 나타낸 것이다. 이를 통해 번역은 어떤 문화 현상을 정확하게 기술하는 활동이라기보다 번역가가 지닌 문화적 이해나 지식이 개입된 번역 텍스트의 재구성 행위로 인식되는 발판을 마련한다.

이희은(2014)은 기어츠의 논의를 빌려 번역 행위가 여전히 타자의 문화를 가져오는 것으로 설명한다. 낯선 타자의 문화를 모국어로 번역할 때, 번역가는 타자의 문화에 대해 아주 제한된 지식과 이해만을 갖고 있어서 적절하게 자신의 모국어로 표현하기가 힘들다는 것이다. 기어츠가 고민한 여전히 연구자, 즉 번역자가 원본(타문화)을 표현하는 것에 대한 어려움이었다. 다시 말해 번역가가 원본에 포함된 타자와의 상황과 관계를 진지하게 고민한 것으로 파악한다. 이런 기어츠의 논거는 타자 이해를 궁극적인 목표로 하는 상호 문화주의와 맥을 같이한다.

프렛세일레Abdallah Pretceille(1999)에 따르면 상호 문화주의는 상호 작용 개념을 핵심으로 삼는다. 그는 다문화주의가 단순히 타문화 간의 다양성을 인정한 것에 그쳤다면, 상호 문화주의는 문화 간의 상호 작용에 그 중점을 두고 있다. 또한 집단성이 아닌 개별성을 기반으로 하며, 서로 다른 문화보다는 그 안에 있는 각 개인이라는 견해를 밝히고 있다. 이때 각 개인은 문화의 산물이 아닌 문화 생산자로 이들이 문화를 이해한다고 하는 것은 상호 간의 이해와 존중 그리고 그러한 절차를 실행하는 것이다(안희은, 2015; 조영철, 2018). 이처럼 인류학적 문화 번역의 기본 입장과 상호 문화주의는 유사한 철학적 개념을 갖는다.

그렇다면 문화 번역이 어떻게 상호 문화주의와 닮은 꼴로 되었는지 그 과정을 살펴보도록 하자. 번역학이 하나의 독립적인 학문의 영역으로 자리매김하기 시작한 것은 1980년대 무렵으로 볼 수 있다(Venuti, 1998; 2007). 번역학이 기존의 틀인 언어와 문학에서 지니는 번역의 도구적 역할에서 벗어나 비판이론과 문화 연구 등과의 연계를 통해 학문적 패러다임이 변화된다. 이를 번역학의 문화론적 전환이라고 말할 수 있다. 이런 전환을 가

저온 인물이 바로 르페브르André Lefevere다. 그는 1976년에 '번역학'이라는 명칭을 처음 제안하였고, 이는 곧 번역이 학문의 지위를 얻는 선포 의미를 갖는다(2002). 이 선포는 번역이 중립적이고 기계적인 언어의 변환이 아닌 제국의 정복·점령이 이루어지는 핵심적인 계기로 작동했다. 언어학, 문학, 역사학, 인류학, 심리학, 경제학 등의 다양한 학문 분야가 번역학이 학문으로 자리잡는 데 영향을 미쳤다(정혜욱, 2011).

번역의 문화론적 전환 이전에 번역학에서는 번역된 텍스트의 투명성과 번역가의 비가시성이 강조되었다. 이런 특성이 있는 번역을 '좋은 번역'으로 간주하였다. 다시 말해 좋은 번역이란 자신의 나라 언어처럼 자연스럽게 번역되었다는 생각이 들게 하는 번역을 의미한다. 그러나 현대의 번역학에서는 이러한 언어의 등가성이나 번역가의 불가시성이 근본적으로 불가능할 뿐 아니라 바람직하지도 않다는 의견을 주장한다. 이러한 결정적인 전환에 큰 역할을 한 인물이 비판적 번역학자인 베누티Lawrence Venuti다. 그는 번역이 가지는 임무란 원작이 가진 이국성을 나타내는 것이라고 말하면서, 동일성이나 원작의 투명성보다는 혼질성과 원저자성을 더 강조한다(Venuti, 1998; 2007). 더불어 텍스트의 투명성이란 실제로는 불가능한 환상이라고 지적한다(이희은, 2014).

현대 번역학에서 문화 번역의 개념은 번역이 원저자의 텍스트로 환원 불가능하며, 번역자의 새로운 창조물이며, 원저자를 둘러싼 문화와 번역서를 대하는 독자 간의 상호 문화적 소통을 가능하게 하는 도구라고 이해할 수 있다. 이는 프렛세일레 (1999)가 주장한 상호 문화주의의 핵심 가치인 문화 간의 상호 작용과 그 맥락을 같이하고 있다. 인류학적 문화 번역 개념에서 우리는 한국어 교육과 문화 번역 개념에 관한 다음의 가정을 생각해볼 수 있다. 비한국어권 화자들에게 한국어 교육의 교수 행위는 원저작물로서 한국어를 전달하는 것이 아니라 그들의 문화에 비추어 상호 문화적으로 접근이 가능해야 한다. 이 가정은 상호 문화주의 기반 한국어 교육 패러다임 형성에 동기가 될 것이다.

후기구조주의자들의 등장 이후로 근대적 번역관에 반기를 드는 움직임이 시작되었다. 이들은 언어가 가진 근본적인 기능이었던 재현과 지시 기능에 의문을 제기하고, 중립적이라고 믿었던 가치나 범주도 구성된 것임을 주장한다. 언어 자체가 투명성을 전제하지 않기 때문에 번역이 중립적이고 객관적이라는 주장은 불가능하다는 것이다. 이러한 논의로 번역학은 탈식민주의와 만나게 되었다. 번역이란 새롭게 쓰기가 아니라 '다시 쓰기'의 과정이라고 할 수 있다. 후기구조주의의 논의로 이러한 번역 과정에 번역가의 의도와는 상관없이 필연적으로 특정한 문화적 가치나 혹은 이데올로기가 반영된다는 점이 제기되었다. 번역이란 언어의 등가성을 추구하기 위한 언어 대 언어 전환 같은 기계적인 활동이 아니라 사회 문화적 맥락에 따라 새롭게 변화하는 진화론적 과정 혹은 변증법적 과정임을 인식하게 된 것이다.

바바는 프랫(1991)이 주장한 '접촉 지대contact zone' 개념에 비추어 문화 번역의 개념을 재설정하였다. 그는 문화 번역을 문화의 혼종성을 만들어내는 거대한 담론으로 보았다(Bhabha, 1994; 2012). 이러한 바바의 논의에서 주목할 것은 모든 문화는 권력 관계에 있어서 비대칭적이고 불균형적이라는 것이다. 그러므로 문화들의 경계나 접촉 지대에서는 갈등이나 협상이 필연적으로 벌어진다. 문화 번역이 이루어지는 장場에서 나와 타자는 계속해서 충돌하고, 이들의 관계는 지속적으로 도전을 받으며 재구성된다. 이와 같은 탈식민주의 관점을 지닌 문화 연구적 번역이론은 다음 두 가지 측면에서 전통적인 번역이론의 확장을 가져왔다. 우선은 두 언어 사이가 아닌 세계적인 제국주의적 구조를 번역 연구의 프레임 안으로 가져왔다는 것이고, 다른 하나는 번역을 기계적인 과정이 아닌 권력 관계에 따라 이해하려는 시각을 강조했다는 것이다.

　기존의 식민주의 번역 모델에서 이분법적 관계, 즉 원본-복사본, 식민자-피식민자, 의미-글자 간에 존재하는 차별적이고 비대칭적인 관계에 기초를 둔다. 반면 탈식민주의 번역이론은 원본과 번역 사이를 이분법으로 바라보지 않는다. 그 때문에 탈식민주의적 관점에서 번역이 원본을 전달하는 투명하고 비가시적인 도구라는 시각을 탈피하고자 노력하며, 번역이 원본보다 열등하다는 관점에 도전한다. 그뿐 아니라 탈식민주의적 관점의 번역 논의는 주로 주변부에 관심을 둔다. 따라서 탈식민주의 입장에서 번역학의 핵심 원칙이라 할 수 있는 '의미의 등가성'은 비판해야 할 대상이다. 탈식민주의 번역이론자들은 유럽의 국가들이 자신의 식민지에 자신들의 문화를 완전하게 전달해야 할 정치적 필요성과 등가성에 따른 번역 원칙 사이에 관계가 있다고 본다.

탈식민주의 번역이론이 등가성이라는 번역 원칙을 비판하는 이유는 다음과 같다. 번역 활동이 제국주의의 확장을 돕는 도구이자 식민지화가 이루어지는 채널로 사용된 점을 지적한다. 그래서 탈식민주의 번역이론에서는 등가성의 원칙과 원본의 우월함이라는 가치에서 벗어나 번역이라는 과정에 내재한 식민지성을 비판하는 일이 더욱 중요하다고 본다(이희은, 2014). 무엇보다 정치적 제국주의가 끝난 이후에도 문화적으로 불공정한 관계가 지속적으로 유지되고 심지어 재식민지화가 이루어지는 데 번역이 기여한다고 보기 때문이다(Robinson, 1997; 2002). 따라서 문화이론에 기반을 둔 탈식민주의론자들은 번역이란 평등한 의사소통을 위한 것이 아닌 문화적 불평등과 권력망이 작용하는 과정으로, 특정한 문화들이 우월성을 구축하는 비대칭적인 문화 교류의 형식으로 인식한다(Venuti, 1998; 2007).

지금까지 탈식민주의적 논의를 통해 문화 번역 본질의 변화를 살펴보았다. 이들 논의에서 문화 번역은 다른 나라의 문화를 번역자의 문화로 옮기는 단편적인 과정이 아니라 두 문화 간의 차이나 갈등을 다양성이라는 차원에서 이해하고 이를 재구성하는 과정이라는 점을 획득할 수 있었다. 이러한 과정은 언어적 층위에서만 발생하는 것이 아니라 인류의 삶에 속한 많은 다양한 영역에서 일어난다. 즉 번역이 문화 번역으로 전환된다는 것은 번역이라는 과정을 통해 그 속에 담긴 정치적 의미를 드러내는 것을 의미한다.

아울러 번역의 과정을 원본 언어와 번역 언어 간에, 원본 언어와 그 해당 문화 간에, 원본 언어와 번역어 문화 간에, 번역어와 번역어 문화 간에 유기적으로 벌어지는 열린 형식으로 이해하게 되었다는 것을 뜻한다. 이런 점에서 문화 번역은 타자 이해를 위한 상호 작용에 목표를 둔 상호 문화주의의 기본 개념과 일치한다고 볼 수 있다. 거시적 관점에서 반제국주의적이며 문화상대론적 배경을 지닌 문화 번역은 상호 문화주의에 포함될 수 있다.

3. 상호문화주의 기반 한국어 교육 패러다임

문화 번역의 개념을 활용한 한국어 교육에 관한 연구물은 찾아볼 수 없지만, 한국어 교육의 문제점을 지적하면서 상호 문화주의를 기반으로 한 한국어 교육에 관한 연구는 다소 존재한다. 대표 연구로서 배현숙(2002), 박갑수(2010), 김영란(2014), 원진숙(2014), 김영순·최승은(2014), 윤영(2016), 김영순·안경화 외(2017) 등을 거론할 수 있다.

배현숙(2002)은 한국어 교육에서 문화 교육의 현황을 비판적으로 고찰하면서 몇 가지 문제를 제기했다. 그중 학습자 문화권에 따른 차별적인 교육 내용 구성의 필요성을 강조하였다. 특히 '문화 간 거리' 개념을 사용하여 한 개인이 만나게 된 두 문화의 인지적·정의적 거리감으로 두 문화의 상이함을 부각하였다. 박갑수(2010)는 한국어의 세계화에 기여하는 방향으로 우호적 사해동포주의를 강조하였다. 한국 언어 문화 교육자들이 열린 마음으로 상호 간에 언어 문화를 교류함으로 세계 문화 발전에 이바지하고 지구촌의 모든 시민이 공존공영하는 삶의 장을 만드는 일에 힘을 기울여야 한다고 피력한다.

김영란(2014)은 최근까지 수행되어 온 한국어 교육 과정 논의를 정리하면서 다문화 사회의 맥락에서 상호 문화는 목표를 설정해야 한다고 주장한다. 이와 유사하게 원진숙(2014)도 다문화 사회의 언어 교육 정책을 언급하면서 주류 문화권 언어인 제2언어와 함께 소수 문화권의 언어인 계승어를 함께 고려해야 한다고 상호 문화주의 입장을 지지하였다. 김영순·최승은(2014)은 상호 문화 학습을 위한 교육 현장의 실천을 강조하였으며, 실제 수업에 적용할 수 있는 모형을 제시하였다.

윤영(2016)은 세종학당 학습자를 위한 문화 교재 개발 방안을 제안하면서 언어와 문화의 일방적 전파와 확산이 다문화 사회로 되고 있는 현재의 글로벌화 상황에 맞지 않을 뿐 아니라 타 언어·문화권 학습자에게 오히려 반감을 줄 수도 있다는 문제점을 지적하였다. 이 문제를 해결하기 위해 '문화상호주의 관점'을 도입하고 있다.

김영순·안경화 외(2017)는 한국언어문화 교육학회의 학회지『언어와 문화』13-2호의 기획 코너 '학습자 변인과 한국 언어·문화 교육'에서 다음과 같은 기조를 발표하였다. 한 언어 공동체의 모국어를 사용한다는 것은 그 민족의 사고방식과 문법 구조, 그리고 해당 언어의 발음으로부터 결코 자유롭지 못함을 의미한다. 그런데 세계화의 영향으로 우리는 자의든 타의든 다른 문화권의 타자를 만날 수밖에 없고 소통할 수밖에 없다. 그래서 그들의 사고방식 혹은 문화를 이해해야 한다. 이런 맥락에서 문화간 의사소통 능력 배양을 목표로 문화 교육 과정 확립이 필요하다(김영순·안경화 외, 2017).

이 글은 언어 교육의 문화적 패러다임을 한국어 교육에 이입해 상호 문화 한국어 교육 패러다임으로 설정할 것이다. 그 이유는 앞선 논의에서 다음과 같은 몇 가지 가정을 설정했기 때문이다. 첫째, 문화 번역의 개념이 상호 문화주의의 핵심 가치인 문화 간의 상호 작용과 그 맥락을 같이하고 있다. 이를테면 문화 번역은 타자 이해를 위한 상호 작용에 목표를 둔 상호 문화주의의 기본 개념과 일치하며, 거시적 관점에서 반제국주의적이며 문화상대론적 배경을 지닌 문화 번역은 상호 문화주의에 포함될 수 있다. 둘째, 인류학적 문화 번역 개념에 비추어 비한국어권 화자들에게 한국어 교육 교수 행위를 하는 것은 원저작물로서 한국어를 전달하는 것이 아니라 그들의 문화에 비추어 상호 문화적으로 접근해야 한다. 셋째, 문화 번역을 다룬 국내 연구물들에서 등장한 글로벌 시대 문화 번역의 개념을 통해 한국어 교육이 상호 문화주의와 결합되어야 할 필요성이 있다. 또한 한국어 교육이 비한국어 화자들에게 평등한 의미의 언어 교환이 아니라 정치적 함의를 갖는 행위다. 위 세 가지 가정은 문화 번역 개념을 기반으로 하여 한국어 교육 패러다임에 대해 고민해야 하는 과제를 던져 주고 있다.

상호 문화주의 기반 한국어 교육 패러다임이란 바로 한국어 교육이 갖추어야 할 당위적 가치관으로 상호 문화주의를 취하고, 이를 실현하고자 문화 번역 본질적인 개념을 토대로 한국어 교육 제분야에 관한 개선 방안을 제안하는 것이다. 앞절의 논의에서 문화 번역이 한국어 교육에 관여할 수 있는 세 가지 가정을 설정하였다. 이 가정들은 한국어 교육 패러다임이 상호 문화주의와 결합해야 하는 당위성을 갖게 한다. 다시 말해 이는 한국어 교육이 한국 문화를 학습자 출신국에 이식하는 것이 아니라 한국 문화와 학습자 나라의 문화가 상호 교류되는 상호 문화주의적 가치관을 가져야 함을 주장하고자 한다.

우리는 이미 문화 번역이 단순히 번역학적 차원의 문제를 넘어서 실천적 차원에서 이해되는 개념임을 거듭 확인할 수 있었다. 문화 번역의 본질이 문화상대론적 시각을 요구하는 상호 문화적 관점을 대두했으며, 제국주의적 시각에서 전 지구적 관점으로의 전환을 가져 왔다. 이는 문화 번역이 다층화, 다원화되고 패러다임 변화에 따라 역동적으로 정의될 수 있는 개념임을 알 수 있었다. 그렇다면 이런 문화 번역 개념을 토대로 '한국어 교육의 미래에 기여할 수 있는 것이 무엇일까'라고 했을 때 이 연구는 우선 한국어 세계화 정책에 대한 기본적인 방향이 마치 '영어의 세계화' 신화로부터 얻어낸 교훈을 뒤따르는 것이 아닐까 하는 비판을 토로한다. 인터넷, 자본 등을 앞세운 영어의 세계화가 언어의 다양성과 문화적 다양성을 획일화하는 경향을 경험했다.

한국어의 세계화가 자칫 이러한 영어의 세계화 현상과 부정적인 영향을 뒤따를 수 있고 신문화제국주의 표상으로 등장할 수 있는 우려가 있다. 따라서 한국어의 세계화가 식민주의적 관점이 아닌 상호 문화적 이해를 바탕으로 상생하는 관계 속에서 확산되어야 한다. 문화 번역 개념을 토대로 하면 한국어의 세계화는 상호 문화 교육적 측면에서 접근해야 한다. 구체적으로 한국어 교육의 교육 과정, 교수 학습법, 교재론, 교사론 등의 영역에서 상호 문화주의 교육 철학을 바탕으로 한 개선 방안을 제안한다. 이것이 바로 한국어 교육을 위한 상호 문화주의 패러다임의 실천 방향으로 이해할 수 있다.

첫째, 한국어 교육의 교육 과정을 구성할 때 문화 번역의 개념을 대입하는 것이다. 이는 한국어를 제2언어로 혹은 이중 언어로 사용하고자 하는 학습자를 위해 한국어 교육의 교육 과정 구성을 학습자 중심으로 구성하는 것이다. 현재의 한국어 교육과정은 배현숙(2002), 김영란(2014), 원진숙(2014), 윤영(2016)의 지적에서와 같이 결코 상호 문화주의적이지 않다. 물론 최근 개발된 다수의 교재·교육 과정에는 상호 문화주의적 접근이 도입되어 있음을 확인할 수 있다. 현재 국립국어원, 국립구제교육원 등 정부 기관에서 재외 동포 학습자, 다문화 가정 자녀, 여성 결혼 이민자, 이주 노동자 등 학습자별 맞춤형 교육 과정·교재를 이미 출판한 바 있으며, 부분적으로 교재 재개발이 이루어지고 있음은 고무적인 일이다.

그러나 한국어 교육 과정은 학습자 중심의 한국어 교육의 목적과 내용, 성취 기준 등의 설정에 있어서 민족별 특성을 반영한 세분화가 필요하다. 현재는 다양한 유형의 학습자, 이를테면 학문 목적 한국어 학습자, 결혼 이주 여성, 이주 노동자, 난민, 중도 입국 학생 등의 학습자에 맞추어 한국어 교육 과정이 세분화되어 제시될 뿐이지 민족별 문화를 반영한 상호 문화적 교육 과정이나 교재 개발은 극히 일부 수행되었을 뿐이다.

한국어 교육 과정이 한국어 능력 시험을 뒷받침하기 위한 표준형 교육 과정을 기본으로 유형별 세분화 교육 과정이 필요하다. 또한 유형별 교육 과정 세분화에 학습자의 출신 국가, 즉 학습자의 모국어를 고려할 필요가 있다. 국내에 유입되는 120여 개국의 이주자 출신 국가별 교육 과정을 모두 구성하자는 것이 아니다. 적어도 이민자 다수 국가인 중국, 베트남, 필리핀, 몽골 등 해당 국가와의 비교론적 견해를 담을 뿐 아니라 상호 문화주의에 입각한 교육 과정의 세분화를 검토할 필요가 있다.

둘째, 한국어의 교수 학습 방법 역시 학습자 문화를 고려한 상호 문화 친화적이지 못하다. 이는 문화 번역에 있어서 번역서를 읽게 될 번역자의 모국어 사용자를 고려해야 한다는 의미다. 교육 과정에 의한 등급 부여를 통해 구성된 교실에서 학습자 흥미 유발을 위한 교육보다는 실적 위주의 교육이 주를 이룬다. 좀 더 학습자의 개별 학습이 유발되고 학습자 문화를 이해할 수 있는 상호 문화적 교수법이 필요하다(김영순·최승은, 2014).

특정 수준의 한국어 학습자 클래스에서 교수자가 멘토나 진행자로서 학습자의 자기 주도적 학습이 가능할 수 있는 여건이 마련되어야 한다. 여기에는 토의 토론식 수업, 협동 학습 기법을 활용한 문제 해결식 수업, 롤 플레이, 플립 러닝, 교육 공학적 기법을 활용한 수업 등이 제공되어야 할 것이다. 대부분의 국내에서 이루어지는 한국어 학습자 클래스에서는 나라별 혼합 형태의 수업이 이루어지고 있지만, 각 국가의 문화 간 차이를 고려하여 어떤 경우에는 특정 나라의 학습자로 이루어진 클래스 구성도 필요하다. 그 이유는 교수자 입장에서 한국어 교사-외국인 교사의 팀티칭이 가능하기도 하고, 특정 나라 출신 학습자들의 특성을 고려한 학습이 이루어질 수 있기 때문이다. 다시 말해 특정 국가 출신 지향 특성화된 교수법의 개발이 필요할 수 있다.

셋째, 한국어 학습자를 위한 교재 개발 역시 학습자의 문화권에 따라 다양한 교재 개발이 이루어져야 한다. 현재 한국어 학습자의 유형별, 목적별에 특화된 교재가 개발되고 있으며, 특정 나라의 학습자 중심의 교재가 만들어지기도 한다. 문화 번역의 개념을 빌리자면 한국어 교재의 학습자 문화를 반영한 교재가 구성되어야 한다. 초급 한국어 학습자들에게 그들의 문화를 배태한 어휘와 문장, 학습 내용의 적절한 선택이 요구된다고 볼 수 있다. 한국어에 관심이 있다고 해서 바로 한국적 사회 문화 현상을 반영한 어휘나 문장의 활용보다는 그들 문화권에서 쉽게 이해할 수 있는 학습자 친화적 문화 사례를 교재에 포함하는 것이 학습 효과를 높여줄 것이다.

이 점에 대해서는 당연히 논란이 있을 수 있다. 한국어를 학습하는 데 있어서 학습자의 문화 내용을 사례를 드는 것이 과연 효과적일까 하는 의문을 제기할 수 있다. 그렇지만 자신의 문화가 한국어로 번역되는 것에 호기심이 유발될 수 있을 것으로 본다. 또한 한국어 교재가 특정 나라를 겨냥하여 제작될 경우 한국 문화를 해당 언어로 번역해 제시해놓을 필요도 있다. 문화를 학습자 수준에 맞추어 한국어로 구성한다는 것은 매우 어렵다. 따라서 해당 언어로 설명할 경우 학습자들이 한국 문화를 적극적으로 이해할 수 있으며 자신의 문화와 비교할 수 있는 계기를 마련해주는 것이다.

넷째, 한국어 교사 교육에 관한 문화 번역의 본질적인 개념을 도입한 입장이다. 한국어 교사 양성의 대상은 한국인 예비 교사와 외국인 예비 교사로 구분할 수 있다. 한국어 교육 관련 학과에서는 모두 한국어 교사가 될 수 있는 교육 과정을 제공하고 있으나 정작 한국어 교사가 갖추어야 할 역량에 관해 교사론 강의가 개설된 것은 그리 많지 않다. 한국어 교사론의 핵심은 한국어 교사가 갖추어야 할 전문성과 교육자적 품성, 그리고 교육자적 역량이다. 한국어 교사는 수련 과정에서 언어에 관한 지식, 한국어에 관한 내용 지식, 한국어 교수법에 관한 교육적 역량, 한국 문화에 관한 내용을 학습하게 된다. 정작 교육 심리적 차원에서의 학습자에 대한 이해, 다양한 문화에 관한 상대론적 시각, 교수자가 가져야 할 교수 철학 등을 학습할 수 있는 여건은 미흡하다. 한국어를 사용하는 전문가로서 한국어 교사와 한국, 한국 문화, 한국어에 관한 경외심을 가진 한국어 학습자 간의 한국어 교수 시 소통적 맥락은 중요한 사안이다. 한국어 교사가 학습자 개개인의 문화적 특질을 이해하는 것은 단일 문화권적 학습자 교실보다 다중 문화 학습권 교실 운영에서 더욱 중요하기 때문이다.

한국어 교사는 비한국어권 학습자에게 한국어를 번역해주는 문화 번역자적 자질을 갖추어야 한다. 혹여 한국어 학습자들에게 한국어 교사들이 식민주의적 번역자로 읽히면 안 되기 때문이다. 아울러 한국어 교육 기관에서는 예비 교사로서 외국인 학습자들의 양성에도 힘써야 한다. 특히 외국인 한국어 교수자는 이미 훌륭한 문화 번역가적 자질을 갖추고 있기 때문이다. 이들은 한국어를 모어로 하는 한국어 교수자보다 자신의 모어를 사용하는 한국어 학습자들에게 더욱 신뢰받을 수 있기 때문이다. 이런 맥락에서 다문화 가정 자녀의 한국어 교사 양성 방안도 숙고할 수 있을 것이다. 이미 정부와 교육부에서는 글로벌브릿지사업을 통해 우수한 다문화 가정의 자녀들을 한국과 어머니 나라를 잇는 가교적 역할을 할 수 있는 역량 마련의 토대를 닦고 있다. 이 가운데서 다문화 가정 자녀들을 한국어 교사로 양성하여 어머니 나라에서 일할 수 있는 여건을 만드는 것 역시 매력적이지 않을 수 없다.

3장

—

폭력의 극복과
평화 정착을 위한
불교의 지혜

박병기

1. 들어가며

우리 사회에서 폭력은 낯설지 않다. 박정희나 전두환으로 상징되는 군부 독재 정권의 폭력은 불법 체포와 구금, 살해 같은 직접적인 형태를 띠었고, 우리는 그 폭력의 상당 부분을 광주 민주화 운동과 6월 항쟁이라는 치열한 투쟁을 거쳐 극복하는 데 성공했다. 당시 폭력의 폭압성은 군과 경찰이라는, 합법적인 테두리 안의 정당성을 가진 폭력이 그 정당성의 기반인 시민을 향해 저지러졌다는 점에서 두드러졌다. 광주 민주화 운동을 수많은 살상으로 '진압'한 전두환 정권과 자유와 민주의 외침을 정보 기관을 앞세운 공포 정치로 억압한 박정희 유신 정권의 폭력이 대표적이다.

이러한 특정 권력이 저지른 폭력은 일제 강점기 조선총독부의 폭력과 광복 이후 남한 단독 정부 수립이라는 명분을 내세운 제주 4.3 항쟁에 대한 무자비한 폭력으로 연결되어 우리 현대사를 어둡게 장식한다. 21세기 초반 우리는 잠시 그런 폭력에 대한 향수를 비교적 노골적으로 드러내는 박근혜 정권을 등장시키는 오류를 범했지만, 촛불 항쟁을 통해 비폭력적으로 극복하는 역동성을 보여줌으로써 세계사적으로도 의미있는 장면을 연출해

낼 수 있었다.

그럼에도 우리 사회와 나 자신의 내부에는 폭력의 기운이 사라지지 않고 있다. 그런 폭력은 어디에서 기원하고 어떻게 작동되는 것일까? 뇌과학과 신경과학으로 대표되는 과학적 성과에 따르면 유전자와 환경 사이의 긴밀한 연관 관계 속에서 모든 성향과 행동이 결정된다. 비교적 고정된 것으로 받아들여질 수 있는 유전자마저 실체를 지닌 것은 아니라는 명제를 지지하는 연구 결과들이 지속적으로 나오고 있다. 오히려 환경이라는 개념으로 지칭되는 수많은 연기적 관계망이 그 유전적인 소인의 발현을 결정 짓는 핵심 변인이라는 의견이 힘을 얻어가고 있다.

이런 견해들을 수용한다면 폭력의 발현과 그 극복의 과정 또한 연기적 관계망을 중심으로 이루어질 수밖에 없다. 그 연기적 관계망의 다른 이름이 사회고 또 공동체다. 21세기 초반 남한 사회를 중심으로 살아가는 우리는 이제 '한국인'이라는 정체성만으로 규정되지 않는다. 우리는 동시에 세계인이며, 어떤 가정 또는 지역의 구성원이기도 하다. 그 각각의 테두리 사이의 관계 설정 과제가 흔히 세계화와 지역화의 통합이라는 이름으로 우리에게 주어진 지 오래다. 그럼에도 우리가 이 과제를 어느 정도 감당해내고 있는지에 대해서는 부정적인 인식이 앞선다.

이 과제 역시 나 자신에서 출발해서 세계와 우주로 넓혀지는 과정과 우주에서 시작해서 나 자신으로 환원되는 과정이 서로 겹치는 관계망의 인식과 실천에 연결되어 있다. 또한 폭력의 극복이라는 과제는 평화의 획득과 연결되어 있고, 그것을 기반으로 삼아 마음의 평화로서 열반의 실현이 가능해질 수 있다는 것이 불교의 기본 가르침이기도 하다. 이런 순환적 과정들, 즉 내 마음의 평화에서 시작해서 나라와 지구의 평화로 이어지고, 동시에 지구의 평화에서 시작해서 내 마음의 평화에 도달하는 순환적이고 연기적인 과정은 복잡성의 과학이라는 인식 틀을 통해서도 확인되고 있다.

우리 현대사의 폭력 중에서 가장 두드러진 것은 당연히 한국전쟁에 따른 인한 극도의 폭력이다. 남한과 북한, 중국(공)과 유엔 등의 군인들은 물론 양민들까지 학살의 대상이 되었고, 세계적인 화가 피카소는 그것을 '한국에서의 학살'이라는 제목의 그림으로 전 세계에 알리고자 했다. 그러나 그 남북의 대립은 이미 그 이전에 제주 4.3 사태와 여순 반란 등으로 폭력 사태로 비화되었고, 특히 '제주 4.3'은 광복 이후 우리 현대사 속에서 집단적으로 구조적인 폭력이 본격화되는 촉발점이 되었다. 그것은 한편으로는 한국 동란과 독재 정권에 의한 살인과 투옥, 더 나아가 돈과 권력에 기반한 상징 폭력의 제도화로 연결되면서 현재까지도 우리 자신의 삶과 사회에 어두운 그림자를 남기고 있다. 다른 한편으로 4.3은 구조적 폭력에 대한 저항의 상징으로 자리잡아 4.19와 5.18, 6월 항쟁, 촛불 항쟁으로 이어지는 폭력 극복의 불씨로 여전히 남아 있다. 이제 우리에게 남겨진 과제는 그 어두운 그림자를 직시하면서 평화의 불씨를 내 마음 속에서부터 살려내는 일이다. 그 과제는 당연히 우리 사회와 지구촌에 만연한 구조적 폭력에 대한 인식과 극복이라는 과제와 긴밀하게 연결되어 있다.

이 장에서는 그러한 폭력을 어떻게 인식하고 또 극복하여 평화를 정착할 수 있을지에 관한 불교의 지혜를 살펴보고자 한다. 다문화 상황 속에서 우리가 일상적으로 마주치는 낯설음은 쉽게 적대감이나 폭력으로 이어질 수 있고, 이때 폭력은 물리적인 차원에서뿐 아니라 정신적인 차원에서도 인간다운 삶을 근본적으로 위협하는 원인이 된다. 따라서 '타자와의 공존'이라는 다문화 인문학의 핵심 개념을 현실 속에서 구현하고자 할 때 먼저 고려해야 하는 것이 내외부에 있는 폭력의 인식과 극복이다.

우리와 오랜 세월 함께하면서 사상에서 삶의 가치관으로까지 스며든 불교는 기본적으로 마음의 평화를 지향한다. 마음의 평화는 마음의 불편함이 해소된 상태에서 가능하고, 그 마음의 불편함은 고苦, dukha라고 하는 불교의 핵심 개념으로 이어진다. 삶과 세상의 흐름에 대한 무지에 바탕을 두고 달성할 수 없는 것들을 욕망하거나 달성했다고 해도 결코 만족할 수는 없는 것들을 추구함으로 우리 마음은 늘 불편함과 마주하게 된다. 이러한 개인적인 차원의 고통은 인간들이 함께 어울려 살아가는 과정에서 집단적 고통으로 이어지고, 그 결과는 불만족과 폭력의 일상화일 수밖에 없다. 그런 점에서 폭력과 평화에 관한 불교의 지혜는 많은 도움을 줄 수 있다. 그런데 우리 한국인에게 그 불교의 지혜는 오랫동안 익숙한 주제였으면서도 실제로는 많이 잊혔거나 아니면 실제로는 활용하고 있으면서도 그것이 불교의 지혜인지 제대로 인식하지 못하는 대상이 되어 있다.

이 장에서는 이런 현실을 바탕으로 불교적 관점에서는 폭력을 어떻게 인식할 수 있는지를 먼저 검토해보고자 한다. 폭력을 제대로 인식할 수 있게 되면 자연스럽게 그 극복 방안도 도출할 수 있고, 더 나아가 평화 정착 방안까지도 이끌어낼 수 있다. 그런 일련의 과정을 통해 우리 내부의 마음과 사회의 폭력을 극복할 수 있는 가능성 또한 열릴 수 있을 것으로 기대한다.

2. 폭력의 인식과 극복의 과제

폭력의 인식 문제

폭력에는 눈에 보이는 것과 그렇지 않은 것이 있다. 앞의 폭력은 가하는 사람이나 당하는 사람 모두 비교적 쉽게 그것이 폭력임을 알아차릴 수 있지만, 뒤의 폭력은 특히 가하는 사람에게는 제대로 폭력으로 받아들여지지 않을 가능성이 있다. 당하는 사람도 그 순간에는 폭력이라고 생각하지 못할 가능성이 있다. 성폭력의 경우가 그런 대표 사례에 속한다. 의사들의 불필요한 신체 접촉이나 친근함을 가장한 성직자들의 성추행 등이 자칫 당하는 사람에게는 폭력으로 인식되지 않은 채 넘어갈 가능성이 있다.

그런 점에서 폭력은 적극적인 인식의 대상이 되어야 하고, 그렇게 되는 과정에는 폭력에 대한 선행 지식과 교육이 요구된다. 모든 시민이 주체가 되는 시민 사회에서는 당연히 그 교육이 시민의 권리이자 의무 속에 포함된다. 우리 헌법에서도 이러한 교육의 권리와 의무가 명시되어 있다(대한민국 헌법 31조). 이 교육은 시민 교육이고, 시민 교육의 핵심 내용과 목표는 시민으로서의 자각에 바탕을 둔 권리와 의무의 수용 · 행사다.

폭력을 극복하기 위한 평화 교육의 중요성을 강조하는 아이슬너R. Eisler는 오늘날의 인류 문명이 폭력에 익숙해지게 하거나 다양한 형태의 폭력을 '영웅적인' 폭력으로 미화하는 교육을 실시했다고 비판한다(2004). 게임이나 인쇄물 등을 통해 가상의 폭력에 지속적으로 노출됨으로써 우리 아이들은 어느 순간 가상과 현실을 구분할 수 있는 능력을 상실할 수 있다. 또한 더 심각한 것은 이른바 '영웅' 또는 위인偉人을 중심으로 삼아 만들어진 역사 교과서나 위인전 등을 통해 그들의 폭력을 자연스럽게 정당화하는 반교육적인 행위를 교육이라는 이름으로 정당화하는 사례가 유치원에서 대학원 과정에 이르기까지 일관되게 발견된다는 점이다.

　　모든 폭력은 기본적으로 정당화될 수 없다. 다만 그 폭력에 맞서는 정당 범위 수준의 폭력이 조심스럽게 용인될 수 있을 뿐이다. 그것마저도 다른 수단을 더는 찾을 수 없을 때 마지막으로 선택하는 경우에 한해서 정당화될 수 있다. 영웅이나 위인의 사례에서도 마찬가지다. 김구나 안중근, 윤봉길 등의 폭력적 저항은 다른 수단을 찾는 일이 거의 불가능한 식민지 상황 속에서 나온 것이기 때문에 정당성을 갖지만, 주변국을 피로 물들이며 영토를 넓히는 데 앞장섰던 징기스칸은 임진왜란의 주범인 도요토미 히데요시, 명성황후 시해의 배후이자 조선 침략의 앞잡이였던 이토오 히로부미 등과 마찬가지로 전범戰犯일 뿐이다. 그런데 우리 아이들을 위한 위인전의 주인공 중 하나로 징기스칸이 등장하는 것은 있을 수 없는 일이다.

폭력이 없고 해침이 없는 사람을

폭력으로 해치는 사람은

다음 열 가지 중의 하나를 곧 겪는다.

심한 고통, 궁핍, 신체 손상, 심한 질병이나 심지어

정신 착란을 겪을 것이다.

국왕으로부터의 재난이나 지독한 비방, 친족의 상실, 재산의

붕괴, 그리고 정화자인 불이 그의 집을 태울 것이다(일아 옮김,

2014).

우리에게 『법구경』이라는 이름으로 친숙한 이 경전에서는
'폭력이 없고 해침이 없는 사람'을 대상으로 하는 폭력을 집중적
으로 말하고 있다. 그런 사람 또는 사회를 향해 폭력을 행사하는
사람에게는 심한 고통에서 자신이 살고 있는 집이 불태워지는
불행 등 열 가지 결과가 따라올 것이라고 경고한다. 이 가르침은
다른 한편으로 폭력이 있고 해침이 있는 사람에 대한 정당방위
로서의 폭력을 일정 부분 인정하는 내용을 담고 있는 것으로 해
석될 수 있다. 아니면 최소한 열 가지 응보 중에서 몇 가지는 면
제 받을 수 있다는 뜻으로 해석될 수도 있을 것이다.

이 경전에서 대상으로 하는 주인공은 폭력을 가하는 가해자
본인이다. 폭력을 행사하지도, 다른 사람에게 해를 끼치지도 않
는 사람에게 폭력을 가하면 열 가지 과보가 따를 것이라고 경고
한다. 그런데 그 가해자의 행동은 피해자와 직접적으로 연결되
어 있을 뿐 아니라 가해자 자신의 정신 또는 마음의 훼손과도 연

결되어 있다는 사실에 주목할 필요가 있다. 그렇기 때문에 가해자 자신의 정신 착란을 불러올 수도 있는 것이다. 우리는 이런 사례들을 베트남전쟁 참전 군인들의 정신적 황폐화를 통해 충분히 경험한 바 있다.

이처럼 폭력을 타자에게 가하는 순간 자신에게도 부메랑처럼 돌아오는 쌍방향의 영향력을 지닌다는 사실을 인식하는 일은 폭력의 극복을 위한 방법을 찾아가는 과정으로 이어질 수 있다는 점에서 특별한 의미를 갖는다. 폭력을 인식하는 과정에서 불교가 줄 수 있는 실천적 지혜의 핵심은 나와 타자가 온전히 분리될 수 없어 타자를 향한 폭력이 다시 부메랑이 되어 자신의 심성을 향한 폭력으로 이어진다는 사실의 수용이다. 실제로 자신을 향한 폭력을 거친 심성의 차원을 넘어 자신을 향하는 자해로 이어지기도 한다. 그런 점을 고려한다면 타자를 위해서뿐 아니라 자신을 위해서도 폭력은 극복되어야 하고, 그것은 다시 개인 차원을 넘어서 사회 전반의 차원에서 폭력 감소를 위한 노력을 기울일 필요가 있다는 요청으로 연결된다.

집단 폭력의 문제와 사회 윤리

제주 4.3과 같은 우리 현대사 속 폭력의 기억은 그 상황과 연결된 모든 개인에게 폭력으로 다가갔을 뿐 아니라 제주 사람들과 군경 사이의 충돌이라는 점에서 집단 폭력의 양상을 띨 수밖에 없었다. 그것은 또한 남한 단독 정부 수립의 정당성에 대한 논란에 기반을 두고 벌어진 일이라는 점에서 이념 분쟁의 성격을 지니는 것이기도 했다. 그런 점에서 양측이 제시한 정당화 근거는 자신들이 행사하는 집단 폭력의 정당성을 주장하는 근거가 되기도 했다.

집단 폭력은 다시 여러 가지로 분류될 수 있다. 집단과 개인 사이에 일어난 폭력일 수도 있고, 집단과 집단 사이에서 일어난 폭력일 수도 있다. 후자의 경우에도 한 집단이 갖는 힘이 월등할 경우에는 일방적인 폭력으로 나타날 수 있고, 4.3의 경우도 5.18의 경우와 같이 '정부'의 이름을 빌린 강력한 힘에 근거한 일방적인 폭력 행사로 마무리되었다. 그 주체가 정부로 상징되는 지배 권력이었기 때문에 4.3 항쟁으로부터 시작된 제주의 현대사는 일방적으로 정부의 관점이 관철되는 양상을 띨 수밖에 없었다(이도흠, 2009).

이도흠의 적절한 지적과 같이 일방적인 시선은 조선 시대까지 때로 왜구의 본거지와 다를 바 없는 곳으로 매도되기도 하다가 4.3 항쟁을 계기로 빨갱이의 섬으로 바뀌었고, 다시 몰역사성에 기반한 국제적인 관광 도시라는 이미지로 이어지고 있다. 이런 시선들은 제주에서 살아가는 사람들의 삶에 대한 무시 또는 왜곡으로 나타날 수밖에 없고, 결과적으로는 상징 폭력을 포함한 집단 폭력의 역사를 극복하지 못하게 하는 주요 요인으로 작동할 가능성이 높다.

집단 폭력은 또한 그 책임의 소재와 범위를 모호하게 만들 가능성이 높다. 일정한 이데올로기적 정당화를 기반으로 하기 때문에 죄책감이 약화된 상태에서 행사되는 경우가 많고, 책임을 묻게 되는 과정에서도 그 조직 또는 집단의 일원이었을 뿐이고 명령에 따랐을 뿐이라는 식의 변명에 기댈 수 있기 때문이다. 실제로 집단 책임의 문제는 윤리학에서 사회 윤리를 강조하게 되는 계기가 되었다. 베트남전쟁에서 학살을 자행한 한 미군 소대의 집단 책임에 대해서 그 소대의 책임자인 초급 장교와 하사관, 병사 사이에 서로에게 책임을 전가하는 모습이 나타났고, 실제로 우리의 도덕 감정 안에 집단적으로 저지른 일에 대해서는 자신이 한 행위에 대해서보다 책임을 덜 느끼는 경향성이 나타나기도 한다(박병기, 2003).

이러한 책임 분산 또는 경감의 가능성을 극복할 수 있는 방안으로 사회윤리학에서는 그 집단 안에서 맡게 되는 역할 도덕성role morality을 부각하는 방법과 회사와 같은 집단을 인격화하여 회사 자체가 도덕적 책임을 지게 하는 방법을 제안해왔다. 더 나아가 제도와 구조 자체를 변경함으로써 도덕적으로 더 나은 선택과 행동이 가능할 수 있게 하는 대안이 제시되기도 했다. 모두 그 나름의 실효성이 있는 대안들로 평가할 수 있지만, 그럼에도 집단 책임의 문제가 온전히 해결되지 않는 한계가 남아있다.

서양 현대윤리학에서 이와 같이 집단 책임의 문제를 두고 대두된 사회 윤리 논의는 개인에게 온전히 귀속되지 않는 책임을 어떻게 기업과 같은 집단에게 귀속할 수 있는지에 관한 새로운 시야를 제공하는 데 기여했다. 대체로는 기업을 또 다른 차원의 인격체로 설정함으로써 그 기업 자체가 책임을 질 수 있게 하는 방안이 제시되었고, 실제로 많은 기업이 벌금과 같은 경제적이고 법적인 책임과 함께 소비자들의 외면으로 파산하는 결과를 가져오기도 했다. 그러나 여기서 문제가 되는 것은 그 기업의 책임자 또는 소유주 개인의 책임을 얼마만큼 물을 수 있는가다. 우리의 경우에도 삼성과 같은 세계적인 기업이 부도덕한 일을 저질렀을 경우 회사 자체에 벌금을 물릴 수 있지만, 그것으로 문제가 온전히 해결되었다고 보지는 않는다. 특히 특정 개인에게 권한이 집중된 재벌 체제라는 특수한 기업 환경에서 그 재벌의 총수에게 어떤 책임을 얼마만큼 물릴 수 있는지는 우리 시민 사회의 정서 속에서 늘 중요한 쟁점으로 부각된다.

이때 핵심은 재벌 총수라는 개인이 그가 이끌고 있는 집단인 기업과 어떤 관계를 맺고 있는 것으로 보아야 하는가다. 주식의 지분으로만 평가할 경우에는 대체로 미미한 수준인 총수들이 실제로는 막강한 권한을 행사하면서 그 기업의 사활을 좌우하는 결정을 내리고 있는 현실을 책임 문제와 어떻게 연결 지을 수 있을지에 대해서는 결코 쉽게 결정을 내릴 수 없다. 이 곤혹스런 지점에서 우리는 법적 책임과 함께 도덕적 책임을 논의의 중심에 둠으로써 그가 갖고 있는 주식의 지분이 아닌 실제 권한에 걸맞는 도덕적 책임을 요구할 수 있는 가능성이 생긴다. 그 책임을 다하지 않을 경우에는 그 기업의 제품 불매 운동과 같은 시민 운동을 통해 더 강력한 책임을 물을 수 있게 된다.

이러한 집단 속 개인의 책임 논의에서 불교의 지혜가 발휘될 수 있는 지점이 있다. 그것은 바로 개인과 집단 사이의 연기적 관계망을 더 적극적으로 인식하는 일이다. 한 개인은 다른 타자와 연결되어 있을 뿐 아니라 기업과 같은 집단과도 연결되어 있다. 즉 개인은 집단의 구성원이지만, 동시에 집단 자체는 그 개인 사이의 연기적 관계망과 함께 집단 자체의 역사를 통해 형성되는 연기성을 지닌다. 여기서 집단 자체의 연기성은 당연히 그 집단 또는 조직의 구성원 사이의 연기성과 연결되기 때문에 누구도 쉽게 책임으로부터 면제 받을 수 없다. 이러한 불교 사회 윤리는 자칫 그 구성원의 책임과는 분리된 것처럼 제도와 구조의 책임을 문제 삼는 기존의 사회 윤리 논의가 지니는 한계를 극복할 수 있는 대안이 된다. 집단 또는 공동체에 속한 개개인의 책임은 서로 연결되어 있고, 따라서 그 집단 자체의 책임으로부터도 자유로울 수 없지만, 특히 그가 그 안에서 맡고 있는 역할과 권한에 따라 더 많은 책임을 물을 수 있는 근거가 찾아질 수 있다. 이렇게 되면 우리는 집단 폭력의 원인을 책임을 맡은 사람에게만 전가하거나 구조적 문제로만 바라보면서 회피하는 일을 하지 않을 수 있게 될 것이다.

3. 평화의 정착을 위한 불교의 지혜

마음의 평화와 공동체의 안녕 安寧

'불교는 평화의 종교다.' 이 명제에 대해서 이의를 달 수 있는 사람은 많지 않다. 물론 그리스도교나 이슬람의 기본 정신도 평화라는 점을 인정해야 하겠지만, 실제 역사 속에서 그런 제도 종교들과 비교해서 덜 폭력적이고 더 평화 지향적이라는 사실은 분명해 보인다.

> 살아 있는 생명은 어떤 것이든, 동물이거나 식물이거나
> 남김없이 기다랗거나 커다란 것이거나,
> 중간 것이거나 짧은 것이거나
> 미세하거나 거친 것이거나,
> 보이는 것이거나 보이지 않는 것이거나
> 멀리 사는 것이나 가까이 사는 것이거나,
> 이미 생겨난 것이나 생겨날 것이나
> 모든 존재하는 것은 행복하기를…(전재성 역주, 2011).

모든 존재자가 행복하기를 원하는 불교의 정신은, 곧 모든

존재의 평화와 공동체의 안녕을 기원하는 것으로 해석될 수 있다. 그런데 이러한 평화의 출발점은 마음의 평화다.

> 모든 것은 마음이 앞서 가고 가장 중요하며 마음에서 만들어진다.
> 만일 나쁜 마음으로 말하거나 행동하면 그것으로 괴로움이 그를 따른다.
> 수레바퀴가 소의 발자국을 따르듯이(일아 옮김, 2014).

『법구경』은 모든 것이 마음에서 만들어진다는 사실을 강조하는 것으로 시작한다. 깨끗한 마음으로 말하거나 행동하면 행복이 그를 따르며, 원한은 원한에 의해서는 결코 풀리지 않는다는 가르침으로 이어지고 있다. 이런 마음의 평화는 삿된 견해에 의지하지 않고 계행戒行과 통찰력을 갖고서 감각적인 욕망을 다스림으로써 얻어진다. 좀 더 구체적으로 말하면 감각적 쾌락에 대한 추구와 고정된 존재에 대한 추구, 잘못된 견해에 입각한 청정한 삶의 추구 등이 마음의 평화를 깨트리는 요인이고, 이것들을 극복하기 위한 선정禪定을 통해 온전한 마음의 평화, 즉 열반에 이를 수 있다.

그럼 이와 같이 각 개인이 온전한 마음의 평화, 즉 열반을 얻으면 공동체의 안녕 또한 자동적으로 확보될 수 있을까? 만약 그 공동체의 모든 구성원이 열반을 얻었다고 가정하면 가능할 수 있을 테지만, 현실 속에서 그런 일은 거의 불가능한 목표다.

더 나아가 공동체에는 개인 사이의 연기적 관계망들뿐 아니라 그 내부의 수없이 많은 공동체 사이의 연기적 관계망들이 복잡하게 얽혀 있다. 이 사실을 외면하고 개인의 마음의 평화만을 외친다면 공동체의 안녕은 불가능한 목표가 될 가능성이 높고, 공동체가 안녕하지 못한 상태에서 개인들이 추구하는 마음의 평화 또한 온전한 것이 될 수 없다.

비교윤리학적 방법으로 불교의 비폭력과 평화 지향에 접근하고자 하는 고완스C. W. Gowans도 이 지점에 주목한다. 그는 사회 참여 불교socially engaged Buddhism가 개인 윤리적 차원의 비폭력에서 사회 윤리적 차원의 비폭력으로 전환되는 과정에서 어려움을 겪을 수 있다는 사실을 인정한다. 사회 윤리적 차원의 비폭력은 사회의 부정의한 폭력에 대응하기 위한 정부의 폭력까지를 수용하지 않을 가능성이 높지만, 현실 속에서는 허용하지 않을 수 없는 여지가 있을 수 있다는 것이다(2015). 그는 서양 윤리학의 담론 안에서 한 주제로 다루어진 '정의로운 전쟁'이 불교적 관점에서도 받아들여질 수 있는 가능성을 부정하지 않는다. 그러나 이런 견해는 자칫 그 경계를 모호하게 만듦으로써 미끄러운 경사길에 접어들게 하는 결과를 낳을 수 있다.

불교의 평화는 마음의 평화다. 그런데 그 마음들은 고립되거나 독립되어 있지 않고, 타자들의 마음과 연기적으로 얽혀 있다. 따라서 이때 마음의 평화는 개인적 차원뿐 아니라 관계와 공동체의 차원까지 포용하는 것으로 해석되는 것이 적절하다. 사실 공동체의 범위가 넓지 않을 경우 개인의 평화는 그가 관계 맺고 있는 공동체 내의 다른 사람들의 평화와 직접적으로 연결된다. 문제는 그 공동체의 범위가 이제 자신이 직접적인 관계를 맺을 수 없는 수준으로 확대되었을 때 생긴다. 국가와 같은 범위의 공동체 안에서는 한 개인의 마음의 평화가 곧바로 그 공동체 전체의 평화로 연결되지 않는다는 사실을 직시할 필요와 마주하게 되는 셈이다.

이런 구조적 맥락에 충분히 유의하면서도 우리는 다른 한편으로 개인의 마음과 공동체의 마음이 서로 분리된 것도 아니라는 전제를 다시 확인할 필요가 있다. 이 지점은 오히려 사회 윤리 논의 과정에서 빚어진 일정한 부작용, 즉 개인 윤리와 사회 윤리의 엄격한 분리를 주장하는 관점의 출현과도 연결된다. 구성원인 개인들이 느끼는 마음의 평화가 그들이 속해 있는 공동체의 평화와 동일시되지는 않지만, 그렇다고 해서 분리된 것은 결코 아니다. 어떤 점에서는 단지 공동체의 범위가 커지고 그 안의 관계들이 지니는 복잡성이 증가함으로써 마치 분리된 것처럼 느껴지는 것일 뿐이라고 말할 수 있다.

집단 책임의 문제가 제기될 때도 마찬가지다. 집단 책임은 그 집단의 구성원인 개인들의 책임과 엄연히 분리해서 생각할 수 있는 것이지만, 그렇다고 해서 실제로도 분리되는 것은 아니다. 그런데 우리 일상은 그러한 분리를 사실로 받아들이게 하는 방식으로 작동하는 경우가 많고, 그러다 보니 나와 연기적으로 얽혀 있는 지구촌 저편의 사건들에 대해서 전혀 관계없는 것으로 느끼게 되는 무감각의 확산이 일반화되고 있다.

평화의 정착과 확산을 위한 불교의 실천적 지혜

마음의 평화와 공동체의 안녕 사이의 이러한 유기적 또는 연기적인 관계를 직시하는 일이 이 주제에 관한 불교적 지혜를 찾아가는 첫 단계다. 문제는 이러한 직시가 관념적 차원에서는 비교적 쉽게 가능하지만, 실제적인 평화로 어떻게 연결할 수 있는 것인지와 관련된 실천적인 쟁점에서는 한계가 있을 수 있다는 점이다. 이러한 한계는 당연히 불교만의 한계는 아니다.

평화 문제와 관련해서는 비관주의 또는 사실에 입각한 현실주의가 월등한 우위를 차지한다는 점을 잘 알고 있는 레더락J. P. Lederach은 그런 관점들을 포용하면서도 새로운 도덕적 상상력을 발휘함으로써 넘어설 수 있음을 다음과 같이 강조한다.

> 도덕적 상상력은 지도자에 의해 독려되고 촉진되지만, 지도자만이 가진 능력이나 독점적인 책임은 아니다. 이는 공동체의 일이기도 하다. 접근 가능한 공론장은 사람들이 자신들의 목소리가 여전히 있다고 느끼고 변화 절차를 실제로 만질 수 있다고 느끼는 수준에서 개입된다. … 상상력은 현지인과 일반 사람 사이의 연결성을 만드는 역량이다. 도덕적이라는 것은 자신을 관계라는 좀 더 큰 그림 안에서 파악하도록 하는 본질이며, 사람을 인간을 만들어낸 구조 속에서가 아닌 사회생활의 중심으로 위치시키는 본질이다(2016).

레더락은 폭력이 지배적인 현실 상황을 넘어서서 변화를 이끌어내기 위한 핵심 요건으로 도덕적 상상력을 꼽는다. 이때의 '도덕적'이라는 말은 자신을 고립성 속에서 파악하는 것이 아니라 관계라는 좀 더 큰 그림 안에서 파악하도록 하는 것을 의미한다고 정의한다. 그의 개념 정의 중에서 불교적 관점에서 쉽게 받아들일 수 없는 '본질'이라는 말을 제외하면 그의 제안은 불교의 실천적 지혜와 직결되어 있다는 평가가 가능하다.

현실의 암울함을 직시함으로써 희망을 가질 수 있다는 주장은 경제학자 케인즈J. M. Keynes에게서도 나왔다. 그는 지금 나아가는 길을 재검토하고 세계를 새로운 눈으로 볼 시간이 남아 있다는 데서 희망을 찾는다.

> 미래를 좌우할 사건들이 지금 전개되고 있고, 유럽의 운명은 이제 몇몇 사람의 손에 달려 있지 않다. 앞으로 몇 년 동안 일어날 사건들은 정치인들의 교묘한 술책의 영향을 받지 않고, 역사의 표면 아래에서 지속적으로 흐르고 있는 숨겨진 흐름의 영향을 받을 것이다. 이 숨겨진 물결이 어떤 결과를 낳을지에 대해 지금 아무도 예측하지 못한다. 우리는 오직 한 가지 방법으로만 이 숨겨진 물결에 영향을 미칠 수 있을 뿐이다. 그 방법은 의견을 변화하게 할 교육과 상상력의 힘을 작동하는 것이다. 진실을 굳게 믿고 망상을 깨트리고 증오를 불식하게 하며, 사람들의 가슴과 마음을 활짝 열고 또 확장해야만 숨겨진 물결의 방향을 우리에게 이로운 쪽으로 돌려놓을 수 있게 되는 것이다(2016).

우리 시대를 지배하는 흐름들을 넘어설 수 있는 방법으로 지배적인 의견을 변화시킬 수 있는 교육과 상상력의 힘을 작동시키는 것을 꿈는 케인즈의 주장 또한 자신의 마음을 열고 확장하는 방법으로 구체화되면서 평화를 정착하기 위한 불교적 지혜와 유사한 방향으로 이끌리고 있음을 확인하게 된다.

마음에서 시작해서 공동체로 향하고, 공동체에서 시작해서 다시 그 마음으로 돌아가는 선순환의 고리 속에 불교 윤리가 존재한다. 불교 윤리는 붓다의 가르침에 기반한 모든 윤리적 논의와 실천을 의미한다. 우리 시대와 사회의 평화는 결코 쉽지 않은 과제다. 인간의 욕망과 소유를 극대화하는 자본주의 체제 속에서 평화는 지속적으로 좁혀지고 그 기반마저 급속도로 무너져가고 있음을 우리는 곳곳에서 목격한다. 그렇다고 이 흐름을 그대로 방치할 수는 없다. 우리가 할 수 있는 최선의 일을 하는 것은 현재성에 충실하는 길이자 우리 자신과 다음 세대의 미래를 위해 해야만 하는 당위의 차원에 속한다.

불교의 관점에 따르면 남을 돕고 생명을 보호하는 일은 나 자신의 행복well-being을 증진시킨다. 만약 누군가 덕스러운 삶과 명상을 통해 깨달음을 얻을 수 있다면 그는 자신의 자아를 넘어서서 모든 존재하는 것의 고통과 즐거움을 알게 된다. 지금까지 그가 그토록 중요한 것으로 보았던 욕망 추구나 그 충족으로부터 오는 쾌락에 대한 열망은 이 초월 속에서 이제 문제가 되지 않는다. 깨달음이 한 사람의 욕망으로부터의 거리두기를 포함하기 때문이다(2016).

우리 시대를 상징하는 실천윤리학자로 꼽히는 싱어는 불교에 대한 이러한 이해를 바탕으로 우리 시대의 새로운 윤리적 이상의 가능성을 타진한다. 그는 그것이 바로 '우리가 할 수 있는 최선의 선을 실천하는 것'이라고 강조한다. 이때의 우리는 평화를 둘러싼 현실의 곤고함에 눈감지 않으면서도 일방적인 비관주의에 빠지지 않을 뿐 아니라 사실에 기반한 현실주의라는 이름으로 변화의 가능성을 쉽게 간과하지도 않을 것이다.

> 우리 사문들이 비록 말법 시대에 태어나 타고난 성품이 완고하고 어리석지만, 만약 스스로 물러나 눈앞에 보이는 상에 집착해서 도를 구한다면 오래도록 공부해온 선정禪定과 지혜智慧가 무슨 소용이 있겠는가? 실천하기 어렵다고 닦지 않는다면 지금 익히지 않은 이유로 수많은 어려움을 겪을 것이지만, 지금 어렵더라도 수행하고 실천한다면 바로 그 노력 때문에 어려움이 사라질 것이다(지눌, 2002).

마음의 평화가 모든 평화의 시발점이자 종착점이기도 하다는 선불교禪佛敎의 관점을 전제로 하는 지눌은 지금 이 순간 우리 시선을 지배하는 견해들에 휘둘리지 않으면서 마음을 닦고 일상 속에서 실천을 병행한다면 많은 장애물이 사라지게 될 것이라고 주장한다. 그 장애물의 사라짐은 곧 깨달음으로 이어지고, 이 깨달음은 다시 일상 속 자비의 실천으로 연결되면서 내 마음의 평화는 물론 공동체의 안녕을 가져다줄 수 있을 것이다 (한병철, 2017).

평화의 정착을 위한 불교의 지혜는 결국 마음의 평화를 가져올 수 있는 닦음과 실천으로 모아지게 되는 셈이다. 이때 마음의 평화는 외부로부터의 시선 회수를 통해 얻어지는 것이 아니라 오히려 연기적 관계망에 대한 적극적 인식에 토대를 둔 자비의 실천을 통해 얻어진다. 타자의 고통 속에서 자신의 고통을 발견하고, 우리 사회의 어려움 속에서 자신의 한계를 발견할 수 있는 적극적 공감의 윤리가 불교의 윤리적 지향이다. 그 인식의 바탕 위에서 타자와 자신의 고통을 함께 경감하고자 실천하는 일이 불교 윤리의 핵심이다.

4. 나가며

21세기 초반을 살아가는 우리 한국인에게 4.3, 한국전쟁, 5.18 등은 폭력의 극복과 평화의 정착이라는 과제를 새롭게 새길 수 있는 계기로 재해석될 필요가 있다. 그런 폭력 사태들을 통해 20세기 동안 민주화의 역사를 성공적으로 써낸 우리는 이제 세계화라는 다른 맥락의 역사적 계기를 맞아 우리와 다른 문화 속에서 성장한 사람들과 지속적으로 만나야 한다는 과제를 부여받고 있다. 이 과정에서 이른바 '순수성' 이데올로기로 나와 다른 문화의 사람들을 의식적·무의식적으로 차별하는, 부끄러운 자화상과 마주하고 있다.

21세기를 맞은 지도 어느새 20여 년의 시간을 축적해가는 우리는 한편으로 이 과제를 잘 수행해냄으로써 이전과는 다른 양상의 관용의 자세를 보여줄 수도 있게 되었지만, 다른 측면에서 보면 여전히 단지 다문화라는 이유만으로 편견을 가지거나 인종이 다르다는 이유로 인격적인 만남을 거부하는 모습을 보여주고 있다. 이 과정 자체가 폭력적이다. 타자가 나와 다른 것은 당연한 일이고, 그럼에도 우리는 같은 인간으로서 더 많은 것을 공유하고 있다. 불교 윤리의 관점에서 보면 나와 타자 사이의 온전한 분리는 가능하지 않을 뿐 아니라 인간의 본질적인 관계성에 대한 무지에서 비롯된 것일 뿐이다. 이러한 원천적인 관계성이 대해서는 뇌과학의 연구 성과들도 지속적인 지지를 보내고 있다.

어떤 이유로든 타자를 악마화하며 휘두르는 폭력은 정당화될 수 없고, 평화의 정착 또한 다른 어떤 목표보다도 앞서는 절대적인 우위를 지니는 과제로 다가오고 있다. 북·미 사이의 전쟁 가능성이 지속적으로 노정되는 현실은 그 어떤 이유로도 이 땅에 전쟁이 있어서는 안 될 뿐 아니라 평화의 안정적인 정착이 얼마나 절박한 과제인지를 일깨우고 있다.

이러한 국가적 차원의 평화는 당연하게도 그 구성원들인 우리 개개인의 삶 속에서의 평화와 직결된다. 우선 남북한 구성원들의 평화에서 시작되어 주변 국가 구성원들의 평화로 이어지고, 다시 세계와 지구촌의 모든 구성원 개개인의 그것으로 이어진다. 이러한 인간 개개인의 평화는 우리의 삶과 연기적 의존 관계에 있는 모든 생명체의 평화이기도 하다. 그런데 우리 삶의 모든 것이 실존은커녕 생명체들의 생존까지도 위협하는 수준으로 폭력이 만연되어 있고, 그 폭력은 직접적인 물리적인 차원에서 원자력발전과 핵실험으로 상징되는 간접적인 폭력으로 연결되면서 결국은 기후 위기와 같은 심각한 위기를 초래하는 상황으로까지 이미 진전해 있다. 이런 우리에게 어떤 미래가 있는 것일까?

불교의 평화는 마음의 평화에서 시작해서 그 마음이 맺고 있는 연기적 관계망의 직시를 기반으로 하는 자비의 실천으로 확장된다. 나 자신뿐 아니라 나와 연기적으로 얽혀 있는 타자의 평화를 위해 실천하는 일까지가 불교 평화론의 범위 안에 포함되는 것이다. 이때의 평화는 폭력의 극복이고, 폭력의 극복은 다시 물리적 폭력뿐 아니라 불인정과 무시 같은 상징 폭력의 극복까지를 의미한다. 더 나아가 개인적 차원의 폭력과 구조적 차원의 폭력을 동시에 넘어서는 것이기도 하다.

불교 윤리는 이러한 연기망에 관한 인식을 토대로 삼아 실질적인 자비의 눈길과 손길이라는 실천을 요청한다. 서양 윤리학이 주도권을 행사한 20세기 이후의 윤리학 담론은 주로 옳음이 무엇을 의미하는가를 따지는 일에 치중하거나 도덕 판단의 근거를 놓고 그 정당화 근거를 묻는 방식의 메타 윤리학적 논의나 기존 윤리학의 판단 기준을 구체적인 사례에 기계적으로 적용하는 수준의 응용윤리학적 논의로 한정되는 한계를 보여왔다. 그런 논의들이 지니는 의미를 존중하면서도, 실제적인 우리 현실의 위기를 넘어설 수 있는 실천적 대안까지를 내놓을 수 있는 윤리학의 확장이 필요하다. 불교 윤리는 그러한 기존의 논의들을 포용하면서도 인식의 틀을 넘어서서 실천까지를 자연스럽게 이끌어내는 실천성을 지닌다는 점에서 강점을 갖는다.

우리 삶은 일상 속 실존적 계기들로 이루어지고, 그 계기들은 개별 인격체의 적극적인 인식과 수용을 전제로 할 때라야 비로소 온전한 계기로서의 성격을 지닐 수 있다. 불교 윤리는 바로 이러한 계기의 적극적인 인식과 수용의 방법으로 일상으로부터의 거리두기라는 명상을 제안한다. 이때 명상은 불교 전통에 따라 위파사나와 선禪으로 나뉘어 전개되어 왔지만, 그 핵심은 '내 마음을 지금 여기에 가져다 놓기'다. 일상의 파고 속에서 끊임없이 흔들리는 마음을 응시하면서 '지금 여기'라는, 불교적 개념으로 찰나에 해당하는 그 시공간을 제대로 인식하면서 살아가고자 하는 것이 명상의 자세다. 명상 자체는 이제 불교라는 특정 종교의 범위를 넘어서 일반화된 개념으로 받아들여지고 있고, 누구나 조금의 노력만 기울이면 자신의 삶 속에 들여놓을 수 있는 단순함도 지니고 있다.

필자는 '일상 속 108 명상'이라고 이름 붙인 명상을 삶 속에서 작동하려고 노력한다. 본래는 위파나사라고 하는 초기 불교의 수행법이자 미얀마와 같은 남방 불교 국가에서 현재까지 보존해 내고 있는 명상법이지만, 실제로는 아주 단순하고 쉬운 명상이다. 하나부터 백팔까지 세면서 자신의 호흡을 관찰하는 방법이다. 특히 미얀마의 마하시 선센터에서 주로 채택하는 호흡에 따른 복부의 움직임에 주목하는 방식으로 진행한다. 손을 배에 올리고 어디서든 하나에서 백팔까지 세면서 그 움직임에 주목하다 보면 어느 순간 마음의 평화가 찾아들었음을 느끼게 된다.

이처럼 자신만의 명상법을 갖는 것은 우리 시민의 삶에서 꼭 필요한 일이다. 만약 그렇지 않고 세상의 흐름에 휘둘릴 수밖에 없는 자신의 마음을 그대로 방치하다 보면 일상의 평화로운 영위는 물론, 삶의 의미 물음으로부터도 소외되는 결과와 마주할 수 있다. 그 결과는 곧바로 일상의 폭력에 익숙해짐과 함께 제도적이고 구조적인 평화의 미정착으로 이어지고, 우리의 경우

남북한 평화 문제와 기후 위기라는 일상적인 위기로 다가와 있다. 이 문제를 어떻게 해소할 수 있을지는 절박한 과제이지만, 누구도 실질적인 대안을 제시하거나 실천하지 못함으로써 상황을 더 악화하고 있는 데서 책임을 면할 수 있는 사람은 없다.

우리에게 불교는 주로 전통에 기반한 제도 종교로 받아들여지고 있지만, 동시에 불교는 싱어의 적절한 주목과 같이 인류의 현실과 미래에 대한 윤리적 무력감을 넘어설 수 있는 인식 틀과 실천력을 포함하는 윤리이자 철학이다. 우리에게 남겨진 과제는 그런 불교를 일상 속에서 살아 있을 수 있게 하는 것이다. 그렇게 될 수 있으려면 나 자신에서 시작해서 학교, 사회, 지구촌으로 이어지는 연기적 관계망에 관한 직시를 바탕으로 삼은 일상적 실천이 따라와야 한다. 그렇게 하기 위한 전제 중 하나는 자신의 일상으로부터의 적절한 거리두기와 철학함이다.

불교 윤리의 기반이 되는 불교 고유의 철학함은 대체로 세 단계로 나뉘어 전개될 수 있다. 첫 번째 단계는 일상으로부터의 거리두기 단계다. 자신만의 고유한 명상을 습관화함으로써 가끔씩 또는 일상의 흐름 가운데서 거리두기를 시도할 수 있다. 진흙탕에서만 연꽃을 피울 수 있고, 중생이 없으면 보살도 부처도 없다는 불교의 명제는 일상 속 거리두기의 습관화가 얼마나 중요한지, 또 그러면서도 얼마나 어려운 일인지를 알려준다. 진흙탕은 어쩌면 제대로 서 있기조차 어려운 상황을 초래할지도 모른다는 점에서 그러하고, 무지에 근거한 탐욕을 살아가는 기본 에너지로 삼는 중생의 삶 속에서 보살이나 부처를 발견하기는 더 어려운 일일 수 있다는 점에서 그러하다. 그러나 포기하지 않는다면 가능한 과제일 뿐 아니라 포기할 수 없는 일이기도 하다.

불교적 철학함의 두 번째 단계는 그런 거리두기를 전제로 관찰의 대상으로 삼은 자신과 사회의 삶에 대한 직시의 과정이다. 참 어려운 일이지만, 겸허함을 토대로 삼아 조금씩 더 나은 인식을 확보하고자 하는 노력을 그치지 않는다면 불가능한 일은 아니다. 특히 주변에 난무하는 확인되지 않은 정보를 직시하면서 분석하여, 자신만의 보편성을 갖춘 인식 틀을 확보하고자 하는 과정은 철학함의 과정이자 곧바로 올바른 삶의 과정으로 이어진다.

불교적 철학함의 마지막 단계는 그런 인식 틀을 기반으로 나 자신과 자신이 속한 사회의 상황을 더 나은 방향으로 가게 하려는 실천 과정이다. 우리말로 함의 과정인 이 마지막 단계는 앞의 두 단계 또는 과정과 선순환하면서 좀 더 나은 삶과 사회를 보장해줄 수 있는 거의 유일한 통로다.

이 장에서 다문화 상황 속 폭력의 극복과 평화 정착의 과제는 이러한 세 단계의 불교적 철학함을 통해 점진적이나마 해소의 길로 접어들 수 있다. 인식과 실천, 불교의 개념으로는 지혜와 자비는 이 세 과정을 관통하는 핵심이다. 내 안의 폭력과 불편함에서 시작해서 우리 주변의 평화를 보다 정착하고자 하는 실천적 노력으로 이어지는 일련의 과정은 어쩌면 우리가 현재 직면하고 있는 미래에 대한 극도의 불안에도 만성이 되어버린 절망의 늪에서 벗어날 수 있는 유일한 길인지 모른다.

4장

—

다문화 사회에서의
에스닉 미디어의
발전과 역할

—

진달용

1. 들어가며

전 세계적으로 다문화 사회가 크게 발전되고 있다. 미국, 영국, 캐나다, 영국 등 서구 사회는 물론, 한국과 싱가포르 등 소규모 아시아 국가들에 이르기까지 외국인들의 이주가 급증하면서 다문화 사회에 대한 관심이 전 세계적으로 확산되고 있다. 해당 국가들로의 이주는 경제적 이유는 물론, 교육적인 측면에 이르기까지 다양한 형태로 나타나고 있다. 또 최근에는 정치적인 이유에 따른 난민까지 급증하고 있어 각국의 다문화 사회 형성이 다각도로 이루어지고 있다.

다문화 사회의 확산과 함께 다문화 사회를 형성하는 데 가장 중요한 역할을 하는 것이 에스닉 미디어라는 데 이의를 달기 어렵다. 모국으로부터 이주해온 민족별로 자기들의 공동체 형성과 현지 사회에서 도움이 되는 정보를 제공하는 데 에스닉 미디어의 역할이 크기 때문이다. 신문, 방송 등 전통 미디어로부터 시작된 에스닉 미디어는 최근 들어 인터넷. 소셜미디어의 발전과 함께 온라인 신문과 유튜브 방송 등 디지털 미디어를 매개로 하는 에스닉 미디어까지 다양한 형태로 발전하고 있다.

본 장은 따라서 최근 들어 급증 또는 급변하는 에스닉 미디어의 현황과 변화에 대한 논의를 통해 다문화 사회에서 에스닉 미디어가 가진 주요 사회 문화적 기능에 대해 논의를 전개하고자 한다. 특히 북미에서 에스닉 미디어가 어떤 형식으로, 그리고 어떤 목적을 가지고 운영되는지를 살펴보고, 해당 미디어들이 각 국가의 미디어와 어떤 차이점과 유사점을 지니고 있는지에 대한 담론을 전개한다. 또한 에스닉 미디어의 역할이 정보 전달에서 상업적 목적까지 다양하게 형성되고 있다는 점에 주목하고 에스닉 미디어의 상업화, 상품화와 이에 따른 문제점 역시 토론의 주제로 삼는다.

2. 에스닉 미디어의 정의

에스닉 미디어는 주류 사회의 언어가 아닌 소수 민족의 언어로 제작, 배포되는 미디어를 의미한다. 모국으로부터 이민자 등 소수 그룹에 의해 소수 그룹을 위해 운영되며, 그들의 민족적·국가적 상황과 특징을 반영하는 미디어라고 정의할 수 있다. 에스닉 미디어는 특정 지역 내 이주민이나 인종적·언어적 소수자를 위한 혹은 이들이 만드는 모든 매체며, 지역적 공간을 넘어 언어나 민족적·인종적 연원을 같이하는 사람들이 이용하는 매체까지 포괄하는 개념이다(이연옥 외, 2014).

에스닉 미디어는 주로 두 가지 유형으로 분류할 수 있다. 첫째, 에스닉 미디어는 이주민들이 살고 있는 이주 국가에서 에스닉 언어로 만들어지는 미디어로 주로 이주자들에 의해, 그리고 이주자들을 위해 만들어지는 것이다(Hayes, 2006; Ojo, 2006). 다시 말해 이 분류의 에스닉 미디어는 이주자들의 정치적, 문화적, 경제적, 그리고 일상생활에 필요한 정보를 제공하기 위해서 이주 국가에서 이주민 커뮤니티들에 의해 생산되는 것을 의미한다(Shi, 2009). 에스닉 미디어는 다민족, 다문화 사회에서 그들의 문화적 전통을 유지하기 위해서, 그리고 자신들의 공동체를 형성하는 데 기여한다고 할 수 있다(Jin and Kim, 2011).

둘째, 에스닉 미디어가 이주 국가에서 기원하는 것이 아니라 이주자들의 모국가에 있는 미디어가 이주민들이 현재 거주하는 국가에서 똑같은 미디어 이름을 사용해 만드는 것을 의미한다. 문화와 정보가 초국가화하고 있는 가운데, 미디어 역시 해당 국가에 분사를 설치해 운영하는 것으로, 국내 주요 일간 신문사들인『한국일보』,『조선일보』,『중앙일보』등이 미국, 캐나다에서 같은 이름으로 발행되는 것을 의미한다(Shi, 2009).

이 두 부류의 에스닉 미디어는 다른 목적과 구조를 보이고 있지만, 두 종류의 에스닉 미디어가 현존하는 미디어 산업 구조나 공론장 구조를 변화시키고 있다는 점은 비슷하다. 특히 에스닉 미디어가 상업 기관으로서 타겟 마켓에서 광고를 통해 주 수입을 올리는 측면에서는 매우 유사하다고 할 수 있다. 따라서 어떤 형식의 에스닉 미디어든 관계없이 에스닉 미디어와 광고, 그리고 이에 따른 미디어의 상업화는 피할 수 없는 현실이다(Jin and Kim, 2011).

한편 에스닉 미디어는 디아스포릭 미디어Diasporic Media라고 정의하기도 한다. 디아스포라는 어떤 인구에 관계없이 국경을 넘어 이동하는 경우, 즉 현재 거주하는 곳이 태어난 곳과 다르고, 이 이주자들의 사회적, 경제적, 정치적 네트워크들이 국가 경계를 넘어서 형성되거나 전 세계적으로 형성되는 특징을 보이는 것으로 잘 알려져 있다. 디아스포릭 미디어는 미디어의 특징인 사회 네트워크로서의 역할을 강조할 경우에 주로 사용된다.

디아스포릭 미디어는 그 정의와 실행에서 세 가지 점에서 유용하다고 할 수 있다. 첫 번째는 미디어들의 초국가적 특징을 반영하며, 두 번째는 미디어 자신의 중간성in-betweenness에 있어 독특한 집합적 디아스포라 경험을 강조하며, 세 번째는 이 미디어들에 의해 추구되는 디아스포라나 문화 간intercultural 프로젝트의 의미를 전달하는 데서다(Yu, 2018). 물론 이러한 특징에도 학계와 미디어에서는 에스닉 미디어라는 용어를 선호하며, 대중도 에스닉 미디어라는 말에 익숙해져 있다. 따라서 본 논의에서는 디아스포릭 미디어보다는 에스닉 미디어라는 용어를 사용하고자 한다.

3. 에스닉 소수자들의 증가와 에스닉 미디어

전 세계적으로 글로벌라이제이션 현상이 확대되면서 이민자 수가 급증하고 있다. 북미는 물론 아시아의 여러 국가도 경제 발전 문제와 함께 난민 수용이라는 국제적 현안과 맞물려 많은 수의 이민자를 받아들이면서 여러 국가에서 이민자가 확대되는 현상을 보이고 있다. 예를 들어 캐나다의 경우, 최근 들어 이민자 쿼터를 크게 늘리고 있는 한편, 국제난민보호 차원에서 일정 수의 난민을 받아들이고 있다. 이에 따라 캐나다 전역에서, 특히 토론토와 밴쿠버와 같은 대도시에 외국 이민자들이 몰리고 있다.

이민자 수의 급증은 사회 경제적, 그리고 문화적으로 여러 주요한 변화를 초래한다. 이민자 주도의 경제 발전은 물론, 각국의 다문화 사회 형성에 큰 역할을 담당하고 있다. 특히 에스닉 인구의 증가는 대도시를 중심으로 에스닉 미디어의 성장을 유도하고 있다. 에스닉 미디어가 해당 이민자 커뮤니티는 물론, 해당 지역 전체의 정치, 경제, 문화 영역에서 주요한 역할을 담당하게 되었기 때문이다.

미국과 캐나다는 해당 국가의 경제와 문화 환경을 크게 바

꿀 정도의 대규모 이민을 경험하였다. 캐나다의 경우 2020년 10월, 연방정부가 2021년부터 2023년까지 연간 400,000만 명 이상의 이민자를 받아들이겠다고 선언한 바 있다. 캐나다 이민부 Ministry of Immigration, Refugees, and Citizenship, 2020에 따르면 캐나다는 COVID 19으로 침체해진 경제 회복과 미래 성장, 그리고 신규 직업을 창출하기 위해 과거 몇 년보다 많은 규모의 이민자를 받아들이기로 했다. 코로나 바이러스로 비롯된 경제 위기가 침체된 캐나다 경제에 이민자들의 역할을 재조명하게 했고, 따라서 이민자 수를 늘려 국가 복지 시스템의 근간인 경제 회복을 달성하겠다는 전략적 선택이다.

캐나다는 특히 아시안 이민자 수가 지속적으로 증가하고 있는 바, 전체 이민자 수에서 아시안 이민자 수가 전체에서 차지하는 비중 역시 증가하고 있다. 중국, 인도, 필리핀, 한국, 일본 등으로부터 이민자 수가 절대 다수를 차지하고 있으며, 최근에는 중동 지역의 이민자도 확대일로에 있다. 따라서 대도시를 중심으로 캐나다 사회와 경제의 아시아화가 진행되고 있다고 해도 과언이 아니다.

다시 말해 캐나다 사회에서는 아시아인들이 주요 이민자로 정착하고 있다. 구체적인 특징을 살펴보면 언어적으로 중국어, 인도어, 한국어, 그리고 일본어 등 아시아 언어 사용이 크게 증가하고 있다. 언어가 에스닉 마켓팅을 구성하는 주요 요소 중 하나라는 점에서 에스닉 언어의 사용 확대는 다문화 사회는 물론, 캐나다 사회 전체의 큰 영향을 미치고 있다. 나이별로도 아시아

이민자의 평균 연령이 캐나다 전체의 평균 연령보다 낮은 것으로 나타나고 있어 이민자들을 받아들여 캐나다 경제의 동력으로 삼겠다는 캐나다 정부의 전략적 사고가 일견 타당한 것으로 보인다. 다만 이민자들의 평균 연령이 어리다는 것은 이민자들의 연 평균 수입이 캐나다 전체 연 평균 수입도 다 낮다는 것을 의미하기도 해서 경제적인 측면에서 보면 이민자들의 연간 수입이 많이 부족하며, 이에 따른 사회적 문제도 초래되고 있다는 점을 간과하기 어렵다. 2018년 캐나다 이민자들의 평균 연 수입(중간값 기준)은 캐나다 달러로 $30,100이었다. 같은 기간 동안에 캐나다 전체 인구의 연간 소득은 $37,400인 것으로 나타났다. 이민자들이 약 24.2% 정도 수입이 부족한 것이다(Ministry of Immigration, Refugees, and Citizenship, 2021).

에스닉 이주자의 급증은 에스닉 미디어의 성장과 밀접한 관계가 있을 수밖에 없다. 에스닉 미디어의 주 사용자가 이민자라는 점에서 이민자 수가 늘어날수록 에스닉 미디어의 영향력이 확대될 뿐 아니라 에스닉 미디어 자체의 수익 구조가 건실해질 수 있는 여건이 마련되기 때문이다. 에스닉 미디어는 물론, 캐나다의 전통 미디어들도 이에 따라 급증하는 이주민들을 대상으로 하는 전략적 사고를 단행하고 있으며, 적절한 이익 창출 과정을 위한 방안 확보 시작하고 있다. 다시 말해 이민자 수의 급증은 에스닉 미디어는 미디어 자체 내용뿐 아니라 에스닉 마켓팅과 광고까지 포함, 전 영역에 걸쳐 큰 영향을 미치고 있다.

4. 에스닉 미디어의 발전

이주민 숫자가 크게 늘어나면서 미디어 여러 영역에서 이민 자들을 주요 타겟 오디온스로 간주하고 있다. 이미 설명했듯이 에스닉 미디어는 이민 국가에서 에스닉 언어를 사용해 에스닉 이민자들에 의해, 그리고 그들을 위해 활동하는 미디어를 일컫는다. 에스닉 미디어는 이민자들의 문화적, 정치적, 경제적, 그리고 일상생활에서 필요한 정보를 제공하기 위해 이민 국가에서 에스닉 커뮤니티에 의해 생산된다는 것이다.

에스닉 미디어는 그러나 두 가지 측면을 고려해야 한다. 첫 번째, 에스닉 미디어가 초국가적이거나 초국가화하고 있다는 것을 간과해서는 안 된다. 에스닉 미디어에서 제공되는 기사와 광고 중 일부는 해당 에스닉 미디어의 모국에서 발행, 방송되고 있는 모기업으로부터 생산된 것을 받아서 사용하고 있기 때문이다. 두 번째, 에스닉 이민자 커뮤니티에 의해 만들어진 것이 아니지만 다문화 커뮤니티를 대상으로 하는 미디어의 경우 역시 살펴봐야 한다. 캐나다 **OMNI Television**이 한 형태로, 해당 방송국인 캐나다의 미디어 회사인 로저스 커뮤니케이션Rogers Communications의 소유이나 주로 다문화 커뮤니티를 위한 방송으

OMN(방송 출처: FilipinosinCanada, 2019)

로, 밴쿠버에서 활동하고 있는 OMNI Television에서 중국계 이민자들을 위해, 현재 정책 등에 관한 시리즈를 방영할 뿐 아니라, 만다린과 캔토니즈 사용자 커뮤니티의 관점에서 지역 이슈를 주로 조망하고 있다. 해당 방송국은 이외에도 아랍계 이민자들 위한 프로그램을 방영하는데 다문화 사회에 걸맞은 방송국으로서의 역할을 수행하고 있다.

5. 에스닉 미디어의 역할

　　나라마다 이민자가 급증함에 따라 에스닉 미디어의 역할 역시 날로 증가하고 있다. 에스닉 미디어는 전통적으로 이주민 커뮤니티의 대표자로서 역할하는 것에서부터 출발, 공론장public sphere으로서까지 다양한 역할을 수행한다. 또한 에스닉 미디어의 역할은 커뮤니티에 바탕을 둔 뉴스 기관으로서의 주요 역할을 담당할 뿐 아니라 각 에스닉 커뮤니티에 속한 이민자들이 관심을 가지고 있는 정보, 프로그램을 제공하는 데 일익을 담당하고 있다. 에스닉 미디어가 이주자들을 대표한다는 측면에서 현재 이주해 살고 있는 국가의 미디어에서 자주 나타나는 문제점들, 예를 들어 이민자들의 잘못된 대표성, 그리고 비대표성에 대한 반응으로서 역할하기도 한다. 에스닉 미디어는 이와 함께, 이주민 고유의 문화와 정체성을 유지하고 전달하며, 이주민 집단의 정치적이고 사회적인 이익을 증진하고, 이주민의 정체성 강화와 모국 문화의 유지, 전승에 긍정적인 영향을 끼치는 등 다방면에 걸쳐서 주요한 역할을 담당하고 있다.

6. 에스닉 미디어의 필요성

에스닉 미디어는 각 국가의 전통 미디어에 비해 더 복잡하고 다양한 역할을 수행하고 있다. 무엇보다 에스닉 미디어의 필요성 역시 더 다양하게 이루어지고 있다. 에스닉 미디어의 필요성은 다문화 사회에서 주류 문화와 다문화 관계에서 다리 역할을 수행하는 데 있다. 에스닉 미디어가 이민자들이 현재 살고 있는 국가에서 이주민들에 대한 이해를 제고해야 하는 필요성을 만들고 있다. 미디어를 통해 주류 사회에의 적응은 물론, 주류 사회의 문화 수용을 확대하며, 이주민 공동체를 강화하고, 이주민들의 사회 문화적. 정치적 권리를 요구할 수 있어야 하기 때문이다. 다민족 국가에서 이주민들은 다양한 미디어의 생산을 통해 자신들의 문화, 정체성, 이념과 신념을 확대하고 전파하고자 한다. 따라서 에스닉 미디어가 이러한 필요성을 충족하는 역할을 담당해야 한다.

예를 들어 에스닉 미디어는 미국이나 캐나다와 같은 서구에서만 발전하는 것이 아니다. 우리나라에서도 서울에만 중국 동포 거주 지역에서 11개 에스닉 신문이 발행되고 있다. 중국 동포 에스닉 신문들이 중국 동포 커뮤니티 내의 구성원들과 연계하여 지역 내 커뮤니티 스토리텔러로서 역할을 수행한다. 서울의 중국 동포 밀집 거주 지역과 사람들에 대한 이야기를 다루고, 중국 동포 거주자들에게 각종 지역 정보와 소통의 계기를 제공하며, 지역 단체 관련 기사를 통해 중국 동포 커뮤니티 내의 다양한 단체들을 소개하고, 기사 선별을 통해 중국 동포 지역 단체에게 나아갈 방향을 제시하고 있다. 결국 에스닉 미디어-지역 단체-중국 동포 이주민 간에 유기적인 관계 형성을 도모하고 있는 것이다(김유정 등, 2012).

캐나다에서도 이민 커뮤니티들은 1979년 이후 자신들의 에스닉 미디어 창설한 것으로 알려졌다. 에스닉 미디어는 문화적 유산이 영국계나 프랑스계가 아닌 5백만 캐나다인을 위한 50개 문화를 대표하는 기관이다. 지난 2000년대 밴쿠버에만 모두 144개의 에스닉 미디어가 활약한 바 있다. 이중 신문(80), 잡지(24), 라디오(15), 그리고 TV(15)개가 에스닉 미디어를 대표했다. 에스닉 미디어를 국적별로 보면 한국(28), 중국(22), 편잡(22), 그리고 일본(14) 등의 순이었다. 한국 이민자 수는 중국이나 일본 등에 비해 크게 뒤지지만, 에스닉 미디어에서는 크게 앞서 있는 것으로 확인됐다(Murray et al., 2007). 캐나다는 물론, 미국에서 한인 에스닉 미디어 실태는 그러나 인터넷 매체의 등장과 발달로 북미 지역에서 한인 미디어의 기능은 예전에 비해 많이 축소되었다. 밴쿠버에서도 JoyVancouver 등 온라인 전용 에스닉 미디어가 등장한 반면, 기존의 신문, 잡지 등은 감소 추세에 있다. 그리고 남아 있는 에스닉 신문 등도 규모가 크게 축소된 형

태다. 예를 들어 『샌프란시스코 한국일보』는 샌프란시스코 지사
장 아래 편집국, 광고국, 총무국, 독자부, 디자인실 등이 있으며,
편집국은 편집국장과 취재기자 5명과 편집기자 2명이 근무하는
형태다(이연옥 등, 2014).

미국 사회 전국권 정보	32.92(N=400)
미국 사회 지역권 정보	14.08(N=171)
한인 사회 정보	34.24(N=416)
모국 정보	8.64(N=105)
글로벌 정보	8.89(N=108)
기타 정보	1.23(N=15)
계	100(N=1,215)

미주 한인신문 기사의 구성: 미주 한국일보(이연옥 등, 2014:100)

한인 미디어는 한인들의 일상과 적응에 있어서 정보 제공자
로서의 역할을 다하고 있다. 모국 사회의 역사 문화와 한인 사회
에서 일어나는 다양한 활동을 기사화함으로써 한국 역사와 문화
에 대한 관심을 고양하고 한국인으로서의 문화적 정체성을 유지
하는 데 기여하는 것이 목적이다. 이와 함께 한인 관련 각종 사
건 사고와 한인들의 활약, 한인 단체의 주요 행사와 활동, 한인
교회 행사 등 커뮤니티 내의 한인 활동과 뉴스를 전달하는 데 초
점을 둔다. 한인 간의 교류와 결속 등 관계망을 넓히는 역할을
통해 한인과 한인 사회를 엮어내는 네트워크 역할을 수행하기

때문이다. 소수자 이민자로서 한인들이 주류 사회의 주요 미디어에 접근하여 자신의 목소리를 낼 기회가 부족하기 때문에 한인 미디어가 한인의 자기 표현과 소통의 공간으로 기능하는 것이다. 다시 말해 주류 사회의 주요 뉴스를 전달, 주류 사회에 대한 한인의 이해와 적응을 돕는 주류 사회와 한인 사회의 다리 역할과 이민자를 비롯한 소수자에 대한 편견과 차별 사례를 보도함으로써 이민자의 입장과 권익을 대변하는 것이다.

이들 해당 국가들에서 에스닉 미디어의 성장과 발전에 있어 중요한 것은 해당 정부의 에스닉 미디어 정책이다. 이민자 수가 급증하고 에스닉 미디어의 중요성이 부각되면서 각국 정부는 에스닉 미디어 정책을 속속 마련하고 있다. 광의의 미디어 시스템 속에서 에스닉 미디어의 가용성과 접근성을 제시하고, 다문화 중심 도시에서 에스닉 미디어에 대한 접근과 에스닉 미디어에서 만들어내는 담론의 중요성 때문이다. 무엇보다 정책적 지지는 다민족 미디어의 가용성과 접근성에 중요한 역할을 한다.

캐나다의 경우, 에스닉 미디어 방송 관련 정책은 1985년 CRTC Canadian Radio-television and Telecommunications Commission 의 에스닉 방송 정책에서 시작되었으며, 1999년에 크게 개정된 바 있다. 해당 정책은 캐나다 방송에서 다문화와 다인종주의를 요구하고 있다. 캐나다에서 에스닉 프로그램은 캐나다 원주민, 프랑스와 영국계 캐나다인이 아닌 문화적 인종적으로, 그리고 다른 언어를 사용하는 것을 의미하며 에스닉 프로그램들은 타자 The Other를 위한 것으로 정의하고 있다.

7. 에스닉 미디어의 상업화와 대표성

　에스닉 미디어들은 그러나 이주민 소비자들을 상품화한다는 측면에서 기존의 전통 미디어와 큰 차이가 없다. 에스닉 미디어들과 기업들과 이주민 소비자가 증가하자 이에 맞는 환경을 활용하는 것이다. 에스닉 미디어들은 또한 광고 기관들에 의해 상업 미디어의 일부로 변화하고 있다. 광고 대행사들과 기업들은 에스닉 미디어의 역할을 전략적으로 이용하기 때문이다.

　에스닉 미디어는 결국 그 자체로 이중성을 보여준다. 에스닉 미디어들은 글로벌 에스닉 경제와 정치에 있어 주요한 역할을 수행한다는 긍정적 요소와 함께 이주민들의 상품화라는 이중적인 측면을 보유할 수밖에 없는 것이 현실이다. 한편으로는 에스닉 커뮤니티들이 그들 자신을 다원화 사회의 구성원으로 발전시키고 정체성을 부여하는 데 기여하는가 하면, 다른 한편으로는 이민자들을 소비자화한다는 것이다. 이런 점에서, 에스닉 미디어는 내로우캐스팅narrowcasting이나 이민자 마케팅의 결과물이다. 이민자들을 대표하는 한편, 상업적 기관으로의 역할 사이에서 균형을 맞추는 데 어려움 호소하고 있다. 미디어의 상업화는 물론, 에스닉 미디어에 국한된 것이 아니다. 따라서 결국 내용에 있어 다양성 확보 여부가 에스닉 미디어가 미디어 기관으로 역할할 수 있는 관건이라고 할 수 있다.

에스닉 미디어의 상업화는 일정 부분 예견된 것이다. 각국의 전통 미디어가 국가에서 운영하는 공영 미디어를 제외하고는 광고와 시청료 또는 구독료로 운영되고 있기 때문에 에스닉 미디어도 크게 예외일 수는 없다. 광고 기획사들은 에스닉 소수자와 미디어를 상품화하는 데 집중하고 있으며, 광고 기획사들은 오디언스들이 다른 민족과 언어에 근거해서 파편해 되어 있음을 인지해서 내로우캐스팅과 니치 마켓팅niche marketing 등 특정 아시아인을 겨냥한 전략을 구사하고 있다. 캐나다 전통 미디어들 역시 아시안 소비자들을 상업화하고 있다.

구체적으로 캐나다 미디어와 에스닉 미디어에서 아시안 소비자들의 상업화하는 사례는 다음과 같다. 먼저 캐나다 월마트는 소비자들은 다양한 언어를 사용하는 직원들을 확인하고 정체성을 형성한다. 많은 수의 월마트 직원이 아시아계로 해당 국가의 언어를 사용한다는 것을 표시하고 있으며, 영어를 사용하기 어려운 이민자들이 이들 직원들을 통해 물건 구입 등 도움을 받고 있다. 캐나다의 대표적인 도매 식품 체인인 세이브 온 푸드Save on Foods 역시, 물건 품목에 중국어로 표시하는 등 특정 아시아인을 타겟으로 하는 마켓팅을 전개하고 있다. 이밖에도 RBC 은행은 인도계 이민자를 고객으로 확보하기 위한 전략의 일환으로 크리켓 경기를 후원하고 있으며, ATNAsian Television Network 이 크리켓 월드컵 경기를 방영하기도 한다. 다시 말해 캐나다의 기업과 광고주들은 아시안 오디언스를 다른 언어를 기반하는 독특한 소비자 집단으로 분리해서 판매 전략 입안 사용하는 것이다. 아시아계 이민자 전체를 대상으로 하기보다는 각국 이민자마다 언어와 문화가 다르다는 점에 착안 특정한 국가 이민자와 오디언스를 대상으로 하는 니치 마켓팅 전략을 수행하는 것이다.

다시 말해 에스닉 미디어는 특정 집단을 타겟으로 하는 니치 마켓팅 전략에 의해 재정립된다. 에스닉 미디어와 광고는 아시안 오디언스의 분리에 의해 단행되고 있다. 무엇보다 아시안 오디언스의 상업적 대표성은 아시안 이민자들을 중산층 가족으로 인지하고 이에 따른 전략을 집행하는 한편, 니치 마켓팅 전략은 중국, 인도 또는 한국인으로 나누어 진행하는 것이다. 이주민들이 국가에 따라 언어, 기호, 라이프스타일에 차이를 보이는 만큼 이에 따라 다양하고 적절한 전략을 구상하고 실행하는 것이 더 효과적이기 때문이다.

다문화 사회에서, 에스닉 특이성은 문화적 차이의 인용된 표준과 관련해서 재생산된다. 아시안 오디언스의 상업적 대표성은 전략적 선택이며, 차별성을 지니지만, 타겟으로 삼을 정도의 소비자 집단으로서 아시아 이민자의 특성 변화에 기인한다. 캐나다는 투자 이민이 가능한 투자자와 기업들을 대상으로 한 '비지니스 이민자 프로그램'을 유지하고 있으며, 이에 따른 전략적 사고가 필요한 것이다.

8. 나가며

21세기 들어 전 세계적으로 국경을 넘어서는 이민자들이 급증하고 있다. 정치적, 경제적, 종교적, 그리고 사회적 요인 등 다양한 이유 때문에 국경을 넘어 타국으로 이주하는 이주민들에게 에스닉 미디어의 역할이 더욱 중요해지고 있다. 에스닉 미디어들은 증가하는 각국 이민자들에게 관심을 쏟고 있기 때문이다. 에스닉 미디어들은 자국계 이민자들에게 다가가기 위한 여러 노력을 실행하고 있다. 에스닉 미디어들은 이주민들의 기초적인 네트워크로 역할하며, 필요한 정보를 제공하며, 이주민 사회에서 필요한 공론장으로서 역할을 한다. 한편으로 에스닉 미디어들은 상업 기관의 역할을 하고 있다. 기업들, 광고주들, 그리고 에스닉 미디어들은 다양한 언어와 문화에 맞추어 개별적인 에스닉 마케팅 전략을 구사하고 있으며, 다민족 사회에서 에스닉 정체성이 상품화된 글로벌 문화로 변질하고 있다. 결국 에스닉 미디어는 공론장으로서 역할과 상품으로서 기능 사이에서 갈등을 하고 있으며, 에스닉 미디어는 이들 간 적절한 균형을 유지하는 것이 매우 중요하다고 할 수 있다.

5장

—

고조선 문명의
민족적 정체성과
세계적 보편성

—

임재해

1. 신시 문화의 지속성과 역사적 존재감[1]

우리 역사에서 '고조선'이란 나라는 없다. 단군이 세운 나라는 '조선'이며, 고조선은 『삼국유사』 고조선[2] 조의 제목이자 시대 구분 개념이다. '고조선' 조에는 환웅의 신시국 역사를 매우 소상하게 체계적으로 서술한 뒤 그 말미에 단군의 조선국 역사를 간략하게 덧붙여 두었다. 그럼에도 생생한 아버지의 역사는 주목하지 않고, 엉성한 아들의 역사만 주목한 채 아들 단군을 민족 시조라 하고 그가 세운 '朝鮮'을 '古朝鮮'으로 호명하며 민족사의 최초 국가로 삼고 있다. 단군을 낳은 환웅천왕이 버젓하게 존재하고 그가 세운 '神市'국이 있다. 사학자들은 태연하게 환웅신시의 역사를 삭제하고 단군조선의 역사를 민족사의 출발점으로 삼았다.

아버지의 역사를 찬탈하고 국호까지 '고조선'으로 바꿔치기하는 데서 멈추지 않고, 환웅의 홍익인간 이념과 재세이화의 통치 방식마저 단군의 이념과 통치 방식인 것처럼 엉뚱하게 왜곡

---

1 이 글은 필자의 『고조선 문명과 신시 문화』, 지식산업사, 2018, 723~763쪽 내용을 중심으로 재구성하면서 문명론을 진전한 것임.

2 『三國遺事』 卷1, 紀異1, 古朝鮮-王儉朝鮮.

하기 일쑤다. 단군교를 믿는 신자들처럼 그 아버지인 환웅을 제쳐두고 아들 단군이 민족 시조라고 우기는가 하면, 환웅천왕이 세운 국가 신시를 제쳐두고 아들 단군이 세운 국가 '조선'을 국호까지 바꾸어서 '고조선'이라 믿고 있다. 이러한 맹목적 믿음은 사실에 입각한 역사가 아니라 자기가 믿고 싶은 대로 믿는 신앙이자 역사학의 종교화일 따름이다.

종교적 신앙도 자발적인 것이라면 그래도 낫다. 스스로 믿는 것을 누가 말리겠는가. 그러나 식민사학의 선교 활동에 넘어가서 천지분간을 제대로 하지 못한 채 믿고 있다면 사이비 종교에 빠진 셈이다. 역사가 사이비 종교로 우상화되는 데에는 사학자들의 책임이 크다.『엉터리 사학자 가짜고대사』로 고발한다(김상태, 2012). 사학자들이 단군시조론과 고조선건국론의 선험적 신앙의 틀에 갇혀 있는 까닭에 그 이전의 환웅천왕과 신시건국 역사에 관해서는 아예 상상조차 하지 않고 있다. 그러므로 환웅천왕이 홍익인간의 건국이념으로 신시국을 세우고 360여 가지 일을 재세이화在世理化했다는 통치 방식까지 서술된 사료가 있어도 신시를 국가로 인정하지 않는 것은 물론, 민족사 서술에서 아예 배제해버린 것이다.

현재는 단군시조론에 매몰되어 환웅신시의 역사가 없는 것으로 간주되지만, 적어도 고구려 시대에는 환웅천왕을 민족 시조로 기린 사실이 벽화와 조형물 등의 사료에 분명하게 나타나 있다. 환웅신시가 민족사의 시작으로 널리 인식된 까닭이다. 천신의 후손으로서 환웅천왕에 대한 제천 행사를 국중 대회로 개최한 사실도 기록으로 남아 있다. 「영고」와 「동맹」, 「무천」의 기록을 보면 '농공시필기'에 '남녀노소'가 '군취가무'하며 '주야무휴'로 '연일음주가무'하며 축제 형식의 나라굿을 한 사실이 포착된다(임재해, 2015b). 이러한 문화적 유전자는 고을굿과 마을굿 등의 공동체굿으로 지속되는 가운데 지금의 대중 문화로 발현되면서 한류(임재해 외, 2007)를 이루고 있다.

그런가 하면, 마을과 고을에 세워둔 솟대와 장승, 당나무 등의 생활 사료를 통해 무의식적으로 환웅신시 또는 단군조선의 후예를 상징하고 있다. 단군조선의 후손을 상징하는 토템 형상이 장승이라면, 환웅신시의 후손을 상징하는 토템 형상은 솟대다. 왜냐하면 환웅신시의 천신족은 솟대의 새토템으로 자신들의 집단 정체성을 상징한 까닭이다. 천하대장군과 지하여장군의 장승은 단군의 출생 양식을 나타내는 토템이라 할 수 있다. 시대에 따라 국조 인식이 다른 것처럼 공동체에 따른 국조 인식도 무의식적 차이를 이루는 셈이다. 그러므로 환웅신시의 역사와 문화를 창출한 생태학적 배경이 빙하기를 거친 해빙기의 신석기 문화라면, 단군조선 이후의 고대사는 환웅신시의 천신족 문화가 일관성을 지니며 시대에 맞게 창출된 것이라 할 수 있다.

신시 건국의 역사적 전통은 부여와 고구려, 신라, 가야의 건국사까지 고스란히 지속되었으며, 당시의 문화적 전통은 공동체 신앙으로 현재까지 이어지고 있다. 신단수의 전통이 당나무로, 환웅족의 토템이 솟대 양식으로, 국중 대회는 공동체굿으로 전승되고 있다. 따라서 현재의 당나무를 근거로 신단수를 떠올릴 수 있고, 솟대를 자료로 환웅족의 새토템을 발견할 수 있으며, 동중 대회로 이루어지는 마을굿을 근거로 국중 대회의 고대 나라굿을 추론할 수 있다. 그러므로 과거와 현재의 생활 세계를 주목하면, 시대를 가로지르는 통섭의 역사학 방법이 가능해진다.

중요한 점은 단군조선 이전에 환웅천왕의 신시국이 있었다는 사실이 아니다. 역사적 유무론은 덜 중요하다. 지금 우리의 현재사나 생활 세계와 무관하다면 환웅신시는 있어도 그만 없어도 그만이기 때문이다. 역사의 알맹이는 유무론이 아니라 존재론에 있다. 존재감이 없으면 있어도 없는 것이나 다름없다. 유무론에 머무는 껍데기 역사는 과거의 역사이자 소멸의 역사이지만, 존재론으로 주목되는 알맹이 역사는 지금까지 통시적으로 지속되면서 생활 세계의 실상으로 되살아나는 현재의 역사이자 미래의 역사다. 연대기적 역사는 과거 속에 사라져버리기 마련이지만, 거기서 꽃핀 문화와 사상의 역사는 현재진행형으로 지속되고 있을 뿐 아니라 앞으로도 안고 가야 할 미래의 역사이자 문명사다.

따라서 여기서 주목하는 환웅신시의 역사는 사라진 역사의 연대기를 복원하거나 신시국의 유무론에 매몰되는 껍데기 역사가 아니라 지금도 살아 있는 알맹이 역사를 우리 삶 속에서 문화적으로 재인식하는 것이다. 고조선 시대 문화는 한갓 상고사나 사라진 문명이 아니라 지금도 살아 있는 현재사이자 현대 문명으로 지속되고 있다는 사실이 중요하다. 고대사를 현재사로 입증하는 것이야말로 연대기적 유무론을 극복하고 문화적 전통에 입각한 역동적 존재론의 알맹이 역사를 서술하는 것이다. 그러므로 태초의 민족사 해명에 머물지 않고, 지금 여기까지 이어져 왔으며 앞으로도 이어가야 할 생활 세계의 실체로서 환웅신시의 문화적 유전자를 포착하고 고조선 문명의 존재론적 실상을 밝히려고 한다.

그동안 우리는 환웅신시의 역사를 잃어버린 역사 고아들이자, 아버지의 역사를 외면하고 아들의 역사에 매달렸던 역사 불효자였다. 사학계는 환웅신시의 역사를 묵살한 잘못을 깊이 반성해야 한다. 나쁜 역사는 과거를 조작하는 것이고, 진부한 역사학은 과거 설명을 동어반복하는 것이다. 동어반복의 식민사학을 극복하려면 독창적인 자기 사관이 있어야 한다. 본풀이사관은 현재의 시각에서 과거의 역사를 풀어내고 미래의 전망을 수립해 나가는 사관이다. 종래의 역사처럼 과거를 설명하는 데 머물지 않고, 현재진행의 역사로서 현실적 존재감을 포착하는 가운데 미래까지 전망하는 통시적 사관이 본풀이사관이다(임재해, 2009a).

본풀이사관에 따르면 환웅신시는 물론, 단군조선조차 진작 과거 속으로 사라졌지만, 당시의 문화적 전통은 현재의 생활 세계 속에 살아 있으며, 인류 사회가 앞으로 추구해야 할 세계관으로 남아 있다는 것이다. 이러한 사관은 상고사를 확장하는 연대기적 역사의 유무론이 아니라 환웅신시에서 이룩한 고조선 문명이 진행의 역사로서 현재에도 살아 있을 뿐 아니라 미래에도 함께 가야 할 존재론의 역사로 주목한다. 고조선 문명사는 유무론의 역사에서 있었던 역사에 머물지만, 존재론의 역사에서는 지금도 있으며 앞으로도 있어야 할 역사로 살아 있다. 그러므로 고조선 문명 연구는 연대기적 길이와 강역을 확장하는 양적 역사의 과시가 아니라 현재의 생활 세계 속에 살아 있는 문화적 실체의 기능을 포착하는 질적 역사의 의미 추구라 할 수 있다.

사관의 혁신으로 고대사에 관한 통설에 균열을 내고 고조선을 국호로 일컫는 침묵의 카르텔을 해체하면서, 식민사학의 틀에 갇혀 있었던 사학자들을 해방시킨다. 통설의 틀을 깨는 것이 도전적 연구라는 사실을 깨닫고 남의 학설에 의존하는 '빌어먹을 학문'에서 독창적 학설을 수립하는 '벌어먹을 학문'(임재해, 2015a)을 표방하는 연구를 수행했다. 그러므로 사학계가 『고조선 문명과 신시 문화』를 통설에서 일탈한 이단으로 규정하고, 찢어버리고 싶은 책으로 간주한다면 연구자로서 큰 보람이 될 것이다. 이미 『신라금관의 기원을 밝힌다』(임재해, 2008b)는 책으로 그런 보람을 겪은 사실을 자랑으로 삼는다.

2. 건국본풀이의 형성과 역사 서술의 인식

환웅신시의 역사를 기록한 사료『삼국유사』고조선 조의 환웅본풀이[3]는 사실의 역사가 아니라 의식의 역사이자 사가 개인이 서술한 역사가 아니라 민족 집단이 공동 서술한 공공의 역사다. 건국 시조의 역사를 노래한 본풀이의 논리에 따르면 환웅본풀이는 민족 공동체의 집단 의식에 의해 공감되고 구전되며 공유되어 온 서사적 역사인 까닭에 공공성을 획득한 공적 사료라할 수 있다. 다시 말하면 환웅본풀이를 비롯한 고대의 건국 시조 본풀이는 민족 공유의 역사의식으로 구성된 집단적 역사 서술이라는 말이다. 그러므로 실증주의 논리로 환웅신시를 역사로 인정하지 않는 것은, 역사 서술과 해석을 인문학문이 아닌 자연학문 수준으로 격하하는 일이자 사료의 기표記標에 매몰되어 기의記意 해석을 포기한 셈이다.

이러한 실증사학의 논리는, 마치 신을 과학적으로 실증할 수 없다는 구실로 신을 믿는 종교 문화와 종교사를 인정하지 않

---

3 흔히 '단군신화'로 일컫는『삼국유사』의 기록을 '환웅본풀이'라 한다. 왜냐하면 단군보다 환웅의 행적에 관한 내용이 훨씬 구체적이고 더 풍부하게 기록되어 있을 뿐 아니라 '신화'의 우리말이 '본풀이'이기 때문이다.

는 것과 같은 오류다. 사료는 어느 것이든 실제 사실이 아니며, 실제와 관련된 사실을 나타내는 자료일 따름이다. 따라서 고고학적 유물과 달리, 실물 사료가 아닌 사료는 그것이 어떤 형태를 하고 있든 실제 역사일 수 없다. 역사적 사실에 대한 구술과 기록은 어느 것이나 사실이 아니라 사실에 관한 언어적 표현, 곧 일종의 기표에 지나지 않는다.

모든 역사 기록은 기억과 상상, 추론, 전승을 거쳐서 이루어진 사료다. 따라서 어떤 기록도 사료일 뿐 역사 자체는 아니다. 역사적 사건의 현장에서 직접 목격한 사실을 이야기하거나 기록한 내용이라 하더라도 그것은 사람마다 다르기 마련이어서 한갓 문자 기호일 뿐이다. 모든 사료는 역사와 일치하지 않는 까닭에 해석의 대상이다. 달리 말하면 사료는 실재하지만, 역사는 실재하지 않는다. 따라서 역사학은 사료를 수집하고 해석하는 사료학일 따름이다(임재해, 2018). 그러므로 사료가 어떻게 형성되고 존재하는가 하는 사실이 사료 해석에 상당히 중요하다.

건국의 역사를 이야기하는 본풀이도 사료의 일종일 따름이다. 건국 시조본풀이 또한 역사적 사실에 입각한 민족 의식의 구성물일 뿐 역사 자체이거나 사실 자체는 아니다. 따라서 건국본풀이 이전에 그것을 추론하고 전승할 수 있는 민족 의식이 형성되어 있어야 한다. 환웅본풀이 또한 건국 과정에 따라 점진적으로 형성된 것이 아니라 환웅천왕이 신시라는 국가 조직을 이룬 뒤에 집단적 민족 의식에 따라 기억된 과거 사실의 경험과 추론을 바탕으로 형성된 것이다. 그러므로 상고 시대 역사일수록 후대에 추론적으로 서술될 수밖에 없다. 다시 말하면 사실의 관찰 기록이 아니라 기억과 구전으로 인식된 후대의 집단 지식에 의해 서사적으로 재구성된 역사가 건국본풀이이자 흔히 말하는 건국신화이다.

『삼국유사』에 인용된 「고기」의 환웅신시본풀이는 선후 인과 관계에 따라 순차적으로 서술되어 있지만, 이러한 서사는 후대에 재구성된 것이다. 따라서 재구성된 서술을 근거로, 신시든 조선이든 홍익인간 이념에 입각하여 건국된 것으로 해석하는 것은 잘못이다. 왜냐하면 서사의 순서에 따라 신시 건국 이전에 이미 홍익인간 이념이 선행되었던 것이 아니라 환웅의 신시국 이후에 홍익인간 이념이 과정적으로 형성되었다고 봐야 하는 까닭이다. 상고 시대의 초기 국가 형태가 특정 지도자의 개인적 이념에 따라 성립되었다고 보는 것은 실상에 맞지 않다. 소규모의 공동체를 이루다가 지도자의 통치 체제가 성립되고 초기 국가의 형태를 제대로 갖추게 되자, 비로소 지도자에 대한 신성 관념으로 태양 시조사상이 자리 잡고 국가의 통치철학으로서 홍익인간 이념이 표방되는 것이 자연스러운 과정이기 때문이다. 환웅 이전의 환인에 관한 서술도 후대에 재구성된 것이다. 환웅이 건국 시조로 추앙되면서 환인의 역사가 소급되어 쓰인 셈이다. 다시 말하면 환웅이 천왕으로서 숭배되려면, 천손으로 미화되지 않을 수 없기 때문에 환인의 서자로 서술된 것이다.

이성계가 조선의 건국 시조가 되자, 그 조상들이 훌륭한 인물로 재구성되어 〈용비어천가〉로 노래되는 것처럼 역사는 항상 후대의 시점에서 해석된 과거 사실이 소급되어 기록되기 마련이다. 따라서 〈용비어천가〉의 신이를 근거로 이성계의 역사가 신성시된 것이 아니라 이성계의 역사를 신성시하기 위하여 〈용비어천가〉가 신이하게 쓰인 것이다. 따라서 〈용비어천가〉의 신이가 합리적 역사라 할 수 없다고 하여 이성계의 역사를 부정할 수 없다. 현실 역사에 따라 소급되어 서술될 뿐 아니라 그 내용까지 결정되는 까닭이다. 그러므로 환웅이 하늘에서 내려온 기록을 전제로 실증주의 잣대에 따라 단군조선의 역사조차 부정하는 것(송호정, 2004)[4]은 기본적으로 역사 서술의 기본 논리조차 모른다고 할 수밖에 없다.

건국본풀이를 신화라는 이유로 역사에서 배제하는 실증사학은 역사 서술의 방식은 물론 그 실상조차 알지 못하는 오류에 빠져 있다. 왜냐하면 건국신화가 없는 역사는 시작이 없는 역사이자 고대사가 없는 역사기 때문이다. 태초의 역사는 으레 신화로 쓰일 뿐 아니라 신화로 재구성되어야 역사 구실을 할 수 있기 때문이다. 따라서 환웅의 강림을 신화로 간주하여 단군의 역사를 부정한다면, 해모수의 부여, 주몽의 고구려, 혁거세의 신라, 수로의 가야 역사도 모두 부정되어야 한다. 시조왕이 모두 신화로 서술되어 있는 까닭이다.

고대 국가의 왕은 으레 천손으로 신성시되는 역사적 실제 상황을 실증사학으로 부정하게 되면 고대사는 물론, 근현대사까지 모두 부정하는 자가당착에 빠진다. 중국 천자나 일본 천황, 티베트 달라이 라마 등도 모두 천손이거나 생불로 인식되는 왕이다. 실증주의로 보면 인정될 수 없는 역사이지만, 민족의 집단 의식에 따라 공유되는 까닭에 역사적 실체로 지속된 살아 있는 역사다. 그러므로 천자나 천황, 환생불은 실재할 수 없는 존재라고 해서 역사 서술에서 배제할 수 없다. 만일 배제한다면 중국사는 근대사까지, 일본사와 티베트사는 현대사까지 부정되어야 마땅하다.

실제 역사를 가능하게 하는 것은 관념의 역사다. 왕을 천손으로 신성시하는 관념이 실제 역사를 지속하는 동력 구실을 하는 까닭에 건국 시조의 불가사의가 없는 고대사는 구조적으로 존재할 수 없다. 따라서 건국 시조의 신성한 서술을 신화로 간주하고 역사학에서 배제하는 것은 고대사 부정은 물론, 사료 부재까지 자초하는 셈이다. 고대사나 왕조사는 으레 신이사관에 따라 서술되기 마련인데도 신이 사료를 역사에서 배제하는 것은 기표 수준의 인식에 머문 초보적 실증사학의 오류일 뿐 기의를 해석하는 객관적 역사학이라 할 수 없다.

실증주의에 매몰된 학자일수록 사료 부재나 문헌 사료의 결핍을 탓하기 일쑤다. 신이사관에 입각한 사료를 실증사관으로 배제한 결과다. 신이사료의 부정은 사실상 사료 해석의 역량 부재나 역사적 상상력의 빈곤으로서 사실상 연구자 자신의 학문적 한계에서 비롯된 것이다. 신이하게 서술된 기표를 합리적 서술

4 송호정은 "단군 신화의 내용대로 하늘에서 내려온 자(환웅)와 곰에서 변신한 여자와의 결합은 현실적으로 불가능"하다는 실증주의 논리로 단군의 역사는 한갓 신화일 뿐 역사로 인정할 수 없다고 했다.

의 기의로 해석할 수 있는 역량이 없는 탓이다.

입증할 사료가 부족하다는 구실로 고조선의 시대사를 부정하거나 역사 서술을 회피하는 것도 사학자로서 떳떳하다고 할 수 없다. 있는 역사를 지우거나 덮어버리는 반역사적 태도를 극복하려면 사료의 세계를 파격적으로 확장하고 사료의 입증 논리를 새로 찾아냄으로써 역사 연구의 대상과 방법, 해석과 결론을 두루 혁신해야 할 것이다. 사료와 역사에 대한 고정관념을 해체하고 방법과 이론에 대한 기존 논리를 극복하는 모험적 연구를 수행해야 새 역사학을 개척할 수 있다. 새로운 생활 사료 발굴에서부터 본풀이사관의 수립에 이르기까지 역사학의 체계 자체를 과감하게 뒤집어엎고 도전적 역사학을 모색해야 인문학의 새 지평을 열게 된다.

민족사의 뿌리인 신시의 역사와 문화를 해명하는 일은 잃어버린 상고사를 찾는 일이자 자기 눈으로 자기 역사를 주체적으로 보는 일이다. 사라진 고조선 문명을 복원하는 일에 머물지 않고, 지금 우리의 역사와 문화를 자각적으로 재발견하는 일이기도 하다. 따라서 환웅의 신시 문화를 주목하는 것은 한갓 복고적 상고사 이해나 민족의 뿌리 찾기 작업에 만족할 수 없다. 우리 눈으로 우리 역사의 근본을 제대로 알아차리고 지금 여기의 생활 세계를 재인식함으로써 바람직한 미래 세계의 창을 여는 일이다. 고대사 연구 목적의 시제는 과거형이 아니라 현재형이자 미래형이다. 그러므로 고대사 연구를 제대로 할수록 미래 세계에 대한 전망이 더 오롯하게 열리게 된다.

3. 태양 시조사상과 홍익인간 이념의 합일

상고 시대 건국본풀이일수록 구비전승되는 까닭에 어느 개인이 사가 구실을 하면서 일방적으로 구술할 수 없다. 역사를 문자로 기록하면 사가 개인의 자의적 서술이 가능하지만, 무문자시대의 구비 역사는 공동체가 공감하지 않으면 전파도 전승도 불가능한 까닭에 민족 집단의 동의와 공감이 필수적이다. 따라서 공동체의 집단사관에 입각하여 공동작으로 구성되고 사회적으로 전승된 태초의 구비 역사는 어느 천재적 사가가 기록한 역사보다 더 객관적 의미를 지니게 된다. 그러므로 건국본풀이의 전승 과정에서 공유하게 된 태양 시조사상과 홍익인간 이념은 민족적 세계관으로서 특정 시대와 함께 사라지지 않고 민족사의 지속과 더불어 수천 년 동안 이어져 왔다.

건국영웅을 태양에 은유하는 것은 세계적 보편성이다. 태양신 숭배는 빙하기를 견디며 살아 남은 신석기인들의 역사적 경험에서 비롯된 것이므로 인류의 보편적 신앙으로 자리 잡을 수밖에 없다. 태양 상징의 건국 시조는 세 가지 긍정적 이미지로 포장되었다. 하나는 초월적 신격으로서 천손이라는 신성 이미지고, 둘은 해처럼 빛나는 존재로서 삼라만상의 모든 생명을 관장하는 정치적 권위의 이미지며, 셋은 해 같은 지도자야말로 나라를 세울 수 있다는 건국영웅의 이미지다. 따라서 우리 민족사의 건국 시조는 한결같이 태양신앙사상에 입각해 있다. 그러므로 천손신화든 난생신화든 건국본풀이는 모두 태양신앙에 바탕을 둔 태양 시조신화라 할 수 있다.

천손인 환웅과 해모수가 사실상 해와 같은 이름으로 은유되고 표현됨으로써 태양신을 상징하는 존재인 것처럼 난생으로 간주된 주몽과 혁거세 또한 햇빛에 의해서 잉태되거나 붉은 빛을 내는 큰 알로 형상화됨으로써 사실상 태양 자체를 상징하는 태양신화의 주체다. 그러므로 민족신화를 천손신화와 난생신화로 양분하여 마치 북방신화와 남방신화의 영향에 의해 성립된 것으로 해석하는 연구는 삼중의 모순에 빠진 셈이다.

하나는 주몽과 혁거세 등의 난생신화도 한결같이 하늘에서 하강한 천손이거나 천제의 후손으로 출현한 까닭에 모두 천손 개념을 지닌 점이다. 하늘에서 직접 강림한 환웅과 해모수는 물론, 주몽이나 혁거세, 수로 등도 모두 하늘에서 내려오거나 하늘의 점지로 출현한 인물들이다. 그러므로 난생이라 하여 천손이라 하지 않을 아무런 근거가 없다. 난생의 주몽은 '천제天帝의 손孫'을 자처하지 않았는가.

둘은 난생이라고 해석하는 근거가 되는 '알'은 외형적 형상일뿐 실체는 혁거세의 알처럼 자주빛을 내는 대광명의 해를 상징한다는 점이다. 주몽의 알도 유화 부인이 햇빛을 받아 잉태되었을 뿐 아니라 금와가 버렸지만 짐승들이 피해가고 구름 속에서도 햇빛이 비추었던 것으로 보면 사실상 해를 상징하는 것이다. 가야의 시조도 해 모양의 황금 알로 태어났다고 직접 해를 거론하고 있다. 그러므로 혁거세와 주몽, 수로의 알은 곧 해를 상징하는 까닭에 난생卵生이 아니라 일생日生으로서 태양신화라 하지 않을 수 없다.

셋은 천손신화든 난생신화든 건국영웅은 모두 해를 상징할 뿐 아니라 서사적 구조가 모두 일치하는 점이다. 상징적 내용과 구조적 형식이 모두 같은 것은 민족신화로서 같은 세계관을 바탕으로 건국본풀이가 구성된 까닭이다. 따라서 건국본풀이는 국가별로 서로 다르지만, 우리 민족의 집단 의식과 세계관 위에서 생산된 까닭에 태양신을 상징하는 사상과 심층 구조는 같을 수밖에 없다. 그러므로 우리 민족신화는 북방신화나 남방신화로부터 영향을 받아 종속적으로 형성된 두 유형으로 존재하는 것이 아니라 민족적 세계관의 동질성 위에서 독창적으로 형성된 까닭에 역사적 일관성을 지닌 단일 유형이라 할 수 있다.

건국본풀이는 태양신화로서 보편성과 함께 민족적 독창성을 별도로 지니고 있다. 태양 시조사상은 종교적으로 신성한 것이면서 정치적으로는 절대 권력을 보장하는 양면성을 지닌다. 고대 제왕들을 태양으로 은유하는 것은 왕권의 신성성을 공인하는 것이자 전제군주의 전횡을 보장하는 위험한 칼이기도 하다. 아래로부터 섬기는 태양신은 신성 권력이지만, 위로부터 억누르는 태양신은 폭력적 지배 권력인 까닭이다. 그러므로 태양 시조사상의 역기능을 제거하고 순기능을 강화하지 않으면 전제군주의 폭력적 지배를 막을 길이 없다.

전제군주의 특권화를 막으려면 위로부터 억누르는 태양신의 초월적 권력을 약화시키는 한편, 아래로부터 섬기는 태양신의 따뜻한 통치 권력을 살려내야 한다. 하늘의 태양은 초월적 절대 권력이지만, 지상에 내려온 햇살은 삼라만상을 살리는 이타적 권력이다. 따라서 햇살 권력이란, 곧 삼라만상을 두루 이롭게 하는 홍익인간 이념을 실현하는 지도력이다. 우리 건국본풀이에만 등장하는 것이 바로 홍익인간 이념의 이타적 햇살 권력이다.

불멸의 독존으로 군림하는 태양 권력과, 가변적으로 베풀어지는 햇살 권력의 두 기능이 어떻게 조정되고 실현되는가에 따라 태양 시조사상의 건국본풀이는 전혀 다른 의미를 지니게 된다. 환웅본풀이가 태양 시조사상의 보편성을 지니면서도, 민족신화로서 독창성을 지니게 하는 것은 환웅의 건국 이념과 통치 체제다.

환웅의 건국 이념은 '홍익인간'의 구현이고 통치 체제는 '재세이화'의 실현이다. 환웅이 표방하고 실천한 이 두 가지 통치 양식은 태양신으로 추앙하는 시조왕의 절대 권력을 통제하고 인간 세계의 삼라만상을 위한 봉사 권력을 행사하도록 일정하게 규제한다. 따라서 환웅은 처음부터 태양신으로서 위력을 발휘하며 초월적 권능을 누리려는 데 뜻을 두지 않았다. 그러므로 태양 숭배사상의 세계적 보편성을 지니면서도 홍익인간 이념과 재세이화 체제로 환웅족만의 독자적 민족성을 확립했던 것이다.

환웅의 홍익인간 이념은 신본주의와 대립되는 인본주의이

자 '천상세계'와 대립되는 '지상세계'를 구하는 이타적 이념이다. 태양 시조사상이 신본주의와 만나게 되면 초월적 신성 권력만 과도하게 행사하여 폭정에 이르게 된다. 실제로 세계사 속의 고대 군주 가운데에는 태양신을 자처하며 절대 지배 권력을 누린 왕조가 적지 않다. 그러나 태양신의 절대 권력도 홍익인간의 인본주의와 만나게 되면 전혀 다른 기능으로 작동하게 된다. 태양신이 인간 세상을 널리 이롭게 하는 햇살로 전환되면서, 지상의 삼라만상을 두루 살리는 따뜻한 햇님 구실을 하는 까닭이다. 그러므로 태양 시조의 보편성은 신 중심이 아닌 인간 중심의 특수성을 만나서 홍익인간 이념이라는 독자적 민족 사상을 창출해낸 것이다.

홍익인간 이념은 국가 지도자를 태양신으로 떠받들며 절대 권력을 강화하는 것이 아니라 인간 세계의 삼라만상을 모두 살아 있게 하는 햇살의 생명 기능과 온누리를 공평하게 두루 밝히는 햇빛 기능을 강조하는 민본주의의 상생 개념이다. 건국 시조라면 으레 해와 같은 신성한 인물이자 인간 세상을 널리 이롭게 하는 홍익인간 이념을 지닌 지도자라야 한다고 생각했던 것이다. 그러한 건국 시조가 바로 환웅천왕이다. 그러므로 환웅본풀이의 맥락에 따라 홍익인간 이념을 구체적으로 실천하는 재세이화의 통치 체제도 새삼 주목할 필요가 있다.

4. 태양 숭배의 보편성과 재세이화의 특수성

특정 개인의 철학이 아니라 공동체가 역사적으로 터득하고 집단적으로 공유하며 전승하는 철학은 쉽게 사라지지 않는다. 특히 민족 공동체가 함께 공감하며 전승하던 집단 무의식의 가치 체계나 철학의 틀은 문화적 유전자로서 역사적 전승력을 지닌 까닭에 원형이 쉽게 해체되지 않고 지속된다. 각성된 개인의 의식은 죽음과 함께 소멸될 수 있지만, 민족 공동의 집단 의식은 누가 나서서 애써 지우려고 해도 쉽게 지워지지 않고 세대를 넘어서 지속되는 까닭이다. 그러므로 민족적 집단 의식은 시대에 따라 어느 정도의 변화가 있어도 원형적 사유의 틀은 지속되므로 역사적 유전자를 이루기 마련이다.

실제로 환웅본풀이의 서사 구조와 사상 체계는 가야 시대까지 심층 구조를 이루며 역사적 유전자로 지속되었다. 서사적 전개는 아래와 같이 일관되게 정리된다.

환웅 태백산에 하강 → 신시의 천왕 → 단군왕검 조선 건국
해모수 웅심산에 하강 → 부여의 천왕[5] → 고주몽고구려 건국
육촌 시조 산에 하강 → 육촌의 촌장 → 박혁거세 신라 건국

천명으로 구지에 하강 → 구촌의 구간 → 금수로 가락국 건국

건국신화는 모두 신시와 조선, 부여와 고구려, 육촌과 신라, 구촌과 가락국처럼 서로 짝을 이루며 이중 구조로 되어 있다. 최초의 시조가 하늘에서 산으로 하강하는 천손강림형이라면, 후대 시조는 단군이나 주몽처럼 모두 어머니로부터 태어나는 모계 출생형이다. 그러한 원형이 환웅신시와 단군조선에서 보기를 이루었는데, 후대로 갈수록 모계가 잠적되고 태양신화로서 천손강림형이 강조된다. 따라서 단군의 성모 곰네, 주몽의 성모 유화 부인은 분명하게 밝혀져 있지만, 혁거세의 성모는 선도산성모와 금수로의**6** 성모 가야산 정견묘주는 주류 신화에서 거론되지 못하고 소외되었다.

태양 시조사상을 강화하기 위하여 주몽처럼 성모 유화가 햇빛을 받아 잉태하고 해를 상징하는 알을 낳거나 혁거세와 수로처럼 아예 성모의 개입 없이 하늘에서 자줏빛 알이나 황금 알 형태로 강림하는 구조로 건국 시조가 태양신으로 한층 구체화된다. 건국 시조가 태양을 상징하는 존재로 성모의 몸에서 태어나다가 태양의 형태 자체로 지상에 하강하여 출현하는 것이다. 후대로 갈수록 초기의 은유적 태양 시조사상이 더 직접적으로 구

---

5 李奎報, 『東國李相國集』, 卷3, '東明王篇'에서는 해모수를 일러 사람들이 '天王郞'이라 했다고 한다.

6 首露는 황금 알에서 나온 까닭에 金首露라 일컫는다. 따라서 김수로가 아니라 금수로라 일컬어야 마땅하다.

체화되었다. 그러나 모계가 성모로 존재하는 것은 한결같다. 다만 건국신화에서 밀려나 별도의 신화로 전승될 따름이다.

통치 이념도 환웅의 '홍익인간', '재세이화'에서, 신라에 이르면 '혁거세', '광명이세'로 태양 시조사상이 한층 강화된다. 가야 시조가 태어난 황금알은 아예 해에 직접 비유된다. 후대로 올수록 시조왕이 태양신으로 더 구체화된 것이다. 따라서 건국신화들을 북방계의 천손신화와 다른 남방계의 난생신화로 양분화한 것은 잘못이다. 난생신화야말로 해를 알로 은유한 태양신화의 표본이다. 그러므로 고대 건국신화는 태양신화로서 동질성을 지닐 뿐 아니라 환웅본풀이 이래 지속된 민족신화로서 일관성을 지닌다고 할 수 있다.

환웅본풀이에서 가야본풀이까지 일관되게 변화, 발전된 건국 시조신화의 계통을 정리해보면 태양신화로서 동질성이 더 분명해진다. 가) 태양 시조사상과 홍익인간 이념을 처음 수립한 신시의 환웅본풀이가 1.0이라면 조선의 단군본풀이는 1.1이고, 나) 부여의 해모수본풀이가 2.0이라면 고구려의 주몽본풀이는 2.1이다. 다) 육촌의 촌장본풀이가 3.0이라면 신라의 박혁거세본풀이는 3.1이다. 라) 가락국의 수로본풀이가 4.0이라면 6가야본풀이는 4.1이다.

처음 형성된 1.0과 1.1의 역사 철학적 세계관이 4.0과 4.1까지 같은 서사 구조와 논리로 발전하는 것을 보면 민족적 세계관의 원형은 변화하지 않은 채 강고한 지속성을 지니며 전승된 사실을 포착할 수 있다. 환웅본풀이는 태초의 역사이자 구술 사료로서 수천 년 동안 잊히지 않고 지속된 데에는 그만한 의의와 장점이 있기 때문이다. 한 편의 잘 짜인 이야기로 구성된 본풀이로서 신화적 공감력을 발휘하는 까닭이다.

만일 환웅본풀이가 이처럼 공감할 만한 건국 이념과 흥미로운 줄거리로 구성되지 않았다면, 수천 년 동안 지속되지 않았을 것이며, 그 핵심적인 내용과 서사 구조가 신라 가야 시대 건국본풀이까지 이어지지도 않았을 것이다. 아무리 공감할 만한 내용이라도 흥미로운 이야기로 구성되지 않으면 전승하기 어렵고, 서사적 구성이 뛰어나도 알맹이가 없으면 전승할 가치를 잃게 된다. 그러므로 환웅본풀이는 신시고국의 위대한 건국 이념과 놀랄 만한 역사적 사실을 흥미롭게 구성한 고대 건국사 최고의 사료이자 한민족 역사 철학의 틀을 마련하여 후대 건국사의 원형을 이룬 사료라고 할 수 있다.

만일 환웅본풀이가 없다면 단군본풀이는 그 자체로 전승되기 어렵다. 왜냐하면 단군 출현 이후의 역사적 사실은 문학적 서사성을 획득하지 못했을 뿐 아니라 홍익인간 이념이나 재세이화와 같은 역사 철학조차 없기 때문이다. 단군은 조선을 개국한 뒤에 도읍지를 여기저기 옮긴 역사적 사실 외에 죽어서 아사달의 산신이 되었다고 함으로써 산신신앙의 뿌리를 이룬 사실이 주목될 뿐이다. 그러므로 단군조선의 역사를 살아 있게 한 것은 사실상 환웅신시의 역사와 사상, 문화를 두루 담고 있는 환웅본풀이의 서사 구조라 하지 않을 수 없다.

환웅본풀이는 인류사의 보편적인 태양숭배사상과 함께 바

람직한 공동체 이념을 독창적으로 서술한 사료로서 그 역사 철학이 상당히 독특하다. 여기서 새삼 주목해야 할 것은 인류사의 보편성이 아니라 환웅신시에서 시작되는 민족사의 독자적 개성이다. 신시 문화의 독자성은 건국 이념과 통치 체제에서 구체화되어 있다. '홍익인간'의 건국 이념을 명시적으로 표방하고 있을 뿐 아니라 그 맥락 속에서 환웅의 건국 의도를 '수의천하數意天下', '탐구인세貪求人世'로 밝혀두었다. 따라서 홍익인간 이념은 수의천하와 탐구인세의 맥락 속에서 해석되어야 한다. 홍익인간은 단순히 인간을 널리 이롭게 하는 인간중심주의가 아니라 천하세계 전체의 생태학적 공생을 표방하고 있다.

일찍이 어떤 민족의 고대 건국사에서도 이런 수준의 역사 철학과 체계를 갖춘 사례가 없다. 반쪽밖에 안 되는 분량의 '환웅본풀이', 곧 단군신화의 서사를 분석적으로 정리해보면 엄청난 양의 역사적 정보가 집약되어 있다.

1) 태양 시조인 환웅천왕이 2) 홍익인간의 건국 이념을 수립하고 3) 권력 상징을 나타내는 천부인 3개를 지닌 채 4) 무리 3천을 거느리고 5) 풍백·우사·운사를 중심으로 3상 5부의 행정 조직을 구성하여 6)태백산 신단수를 구심점으로 통치 공간을 마련하였다. 7) 왕호는 천손강림에 따라 천왕으로 일컬었으며 8) 국호는 해밝은 숲을 상징하는 '신불神市'이라 하였다.[7] 구체적인 통치 체제로 9) 생산 양식은 주곡主穀 중심의 농경 생활을 표방하고, 10) 생존권은 주명主命과 주병主病의 건강 장수 생활, 11) 도덕적 규범은 주형主刑과 주선악主善惡의 윤리 생활, 12) 기타

통치 내용은 360여 가지 일로 세분하여 13) 재세이화의 통치 방식을 구체화하였다.

위의 서사는 단군이 태어나기 이전의 환웅신시 역사다. 다음 이야기는 곰과 범이 찾아와서 인간이 되게 해달라고 빌고 곰은 인간이 되어 단군을 낳았으며, 단군이 조선을 건국했다는 것이다. 환웅신시가 높은 수준의 문화를 누린 까닭에 곰족과 범족 지도자들은 환웅을 찾아와서 동화되기를 빌었으며, 그 후손인 단군이 조선을 건국할 수 있었던 것이다. 환웅신시는 당대에 이어 후대에도 역사적 전범을 이룸으로써 단군조선이 건국되었다. 그러므로 단군은 밝달임금으로서 환웅천왕으로부터 태양신 상징의 혈연적 정통성을 물려받는 한편, 도읍지를 아사달에 정하고 나라 이름을 '조선'이라 일컬어 태양국 신시의 문화적 전통을 계승하게 되었다.

단군은 환웅처럼 태양 시조로 상징되었지만, 해모수나 혁거세처럼 하늘로 되돌아가지 않았다. 1,908세를 살다가 죽어서 아사달에 은거하여 산신이 되었던 것이다. 따라서 단군은 천손이

---

7 神市는 흔히 신시라고 읽어왔다. 그러나 태초의 역사적 상황과 태백산 정상의 신단수라고 하는 구체적 공간을 고려할 때 '저자 시(市)'를 표방하기 어렵다. 잡목이 무성한 숲의 공간일 가능성이 큰 까닭에 '초목 무성할 불(市)'로 읽는 것이 적절하다. 저자 시와 초목 불은 뜻이 전혀 다르지만, 글꼴이 같아서 목판에 새길 때 잘못 새길 수 있다. 따라서 신불(神市)은, 곧 해숲을 뜻하는 말로서 조선(朝鮮)과 같은 뜻을 지닌 국호라 하겠다. 필자의 『고조선문명과 신시 문화』, 2018, 339~342쪽에 이 문제를 자세하게 다루었다.

면서도 산신이었던 인물이다. 왜냐하면 홍익인간 이념을 구현하기 위해 재세이화의 규범을 실천했던 까닭이다. 재세이화는 홍익인간 이념을 구체화한 실천 지침으로서 '在世', 곧 세상에 머물러 살면서 백성들을 교화하는 것이 핵심 논리다. 그러므로 단군은 천손으로서 지상의 임무를 마치면 천상으로 돌아갈 수 있지만, 재세이화의 통치 규범을 저버리지 않기 위해 죽어서 아사달에 들어가 산신이 되었던 것이다.

환웅본풀이가 세계적인 태양신화의 보편성을 지니면서도 민족신화로서 독자적인 개성을 지니고 있을 뿐 아니라 태초에 형성된 세계관이면서 현재는 물론, 미래 인류의 세계관으로도 훌륭한 역사 철학적 의의를 지닌 것은 홍익인간 이념과 재세이화의 규범이다. 인간 세상을 널리 이롭게 하는 건국 이념이 한갓 명분이 아니라 실질적인 삶이자 구체적인 목적으로 추구되려면 사람들과 더불어 인간 세상에 머물러 살아야 한다. 따라서 환웅천왕의 통치 철학 가운데 홍익인간 이념 못지않게 중요한 것이 재세이화의 실천 규범이다. 그러므로 단군은 천손이되 죽어서 하늘로 올라가지 않고 도읍지 아사달을 지키는 산신이 됨으로써 죽음 이후에도 재세이화의 규범을 실천한 것이다.

홍익인간이 통치의 대상과 목적을 폭 넓게 열어 놓은 관념적 세계관이라면, 재세이화는 통치자 자신의 위상과 직무를 제약하는 실제적 규범이다. 통치자를 중심으로 보면 이타적 세계관인 홍익인간과 통치 규범인 재세이화는 '외유내강'의 긴장 관계를 이룬다. 따라서 재세이화의 규범은 홍익인간 이념처럼 포괄적 이념이 아니라 구체적인 생활 세계의 실천 지침에 해당된다. 그러므로 관장해야 할 직무가 360여 가지나 될 만큼 방대하고 촘촘하다. 특히 다섯 가지 영역은 명시적으로 제시되었다.

첫째 '주곡'을 내세워 농경 중심의 생산 양식과 경제적 풍요를 관장하고, 둘째 '주명'과 셋째 '주병'을 설정하여 인간의 생명과 건강을 관장한다. 인간 세상을 널리 이롭게 하는 최상의 전제가 농경 생활에 의한 경제적 안정이다. 다음은 질병 없이 건강하게 장수하며 천수를 누리는 일로서 생명권과 건강권을 보장하는 일이다. 이 둘만 보장되어도 일상생활을 누리는 데 큰 문제가 없다. 어느 정도 복지국가의 면모를 갖추었기 때문이다.

넷째 '주형'과 다섯째 '주선악'을 표방하여 기본적인 생존의 문제를 넘어서 사회 질서와 윤리 문제를 중요한 통치 규범으로 삼았다. 경제적 풍요가 보장되고 건강한 삶을 누릴 수 있어도, 누군가 부도덕한 짓을 일삼고 사회적 질서를 무너트리면 공동체의 안정을 이루기 어렵다. 따라서 일탈자들은 법에 따라 통제하는 동시에 선악의 윤리를 실천 덕목으로 내세울 필요가 있다. 그러므로 공동체의 규범을 어긴 자들은 형벌로 다스리는 한편, 선악의 문제를 자각하고 공동선을 일깨워나가는 윤리를 강조하지 않을 수 없다. '일찍이 고조선에 팔조금법八條禁法이 있었다'는 것은(서대석, 2001) 곧 '주형'의 전통에서 비롯된 것으로 추론된다.

경제권과 생명권, 건강권의 확보로 기본적인 생존이 보장되는 단계에서 나아가 금법에 의한 치안 유지로 공동체의 안정성이 보장되는 단계의 사회, 그리고 선악의 윤리 의식을 바탕으로 공동선을 지향하는 단계의 사회까지 지향하는 것이 신시국의 재세이화 규범이다. 360여 가지 가운데 다섯 가지 문제만 잘 다스려도 바람직한 이상 사회를 구현할 수 있다. 이처럼 재세이화는 홍익인간 이념을 구체적으로 실현하는 통치 활동을 손에 잡힐 듯이 체계화한 것이다. 그러므로 신시국의 '홍익인간과 재세이화'는 당대 최고의 이상 사회를 구현하는 지침일 뿐 아니라 앞으로도 추구해야 할 인류 사회의 미래 가치라 할 수 있다.

5. 민족 문화 유전자의 역사적 지속과 변화

환웅신시의 문화적 정체성과 생활 세계 수준은 공시적으로 사회적 구심점이 되고, 통시적으로 발전된 국가 형태로 나아가는 역사적 지속성을 발휘하게 된다. 단군조선 이후 인접한 여러 민족이 결합하여 예맥조선으로 합병되는 것(신용하, 2005; 신용하, 2017)은 물론, 여러 후국[8]을 거느리는 연방국가 형태로 지리적 강역이 넓어지게 되었다. 통시적 지속성은 고구려와 신라, 가야[9]에 이르기까지 환웅신시의 민족 의식과 세계관이 역사적 유전자로 이어졌다.

환웅본풀이 내용을 형상화한 고구려 금동 장신구의 환웅천조상(桓雄天鳥像)(徐秉琨・孫守道, 1998; 朴仙姬, 2011 재인용)이나 각저총 벽화의 신단수도(神檀樹圖)를[10] 보면 고구려인들은 단군왕검이 아닌 환웅천왕을 민족 시조로 기린 사실이 포착된

---

8 윤내현은 고조선의 제후국을 '渠帥國'이라 일컫기 시작했다(윤내현, 1994). 고조선의 '侯國' 제도를 주목하면서 거수국을 '후국'이라 일컬었다(신용하, 2005).

9 부여에서부터 신라, 가야에 이르는 여러 국가를 고조선에서 분화, 독립된 열국으로 다루었다(윤내현, 1988).

요령성 평강지구 출토 '환웅천조상'   각저총의 각저희와 '신단수도'

다. 신단수를 무대로 환웅천왕이 곰족과 범족을 만나는 서사적
이야기가 형상화되어 있는 반면, 단군왕검의 존재는 어디에도
형상화되어 있지 않은 까닭이다. 환웅본풀이를 근거로 축제 상
황을 벽화로 그리는 한편, 신시 역사의 서사적 내용을 장신구로
만들어 사용할 만큼 환웅천왕의 신시 역사를 널리 공유한 것이
다. 그러므로 고구려 시대는 환웅본풀이를 구전하는 가운데 홍
익인간, 재세이화의 세계관을 실현하는 국가 제의와 제천 행사
를 올렸을 것으로 추론된다.

　　고구려 이전 시기인 부여에서도 환웅의 세계관이 적극적으
로 계승되었다. 해모수는 태양 시조왕답게 스스로 '해모습'을 표
방하며 '부여'라는 국호로 태양을 상징했을 뿐 아니라 환웅처럼
지상에 내려와서 세상을 다스림으로써 홍익인간의 이념을 실천
하려 했다. 그러나 환웅과 달리, 천왕으로서 태양 시조의 신성한
권위를 누리는 데 치우쳐서 재세이화의 통치 규범은 제대로 계
승하지 않았다. 따라서 아침에 하늘에서 내려와 일을 하고 저녁
에는 다시 하늘로 돌아갔던 것이다. 그러므로 이타적 세계관으
로 재세이화를 실천하지 않고 태양신의 초월적 권력을 발휘하는

데 치우쳤다고 할 수 있다.

그러한 행태는 다른 국면에서도 발견된다. 혼인하기를 원하는 곰네의 뜻을 따른 환웅과 달리, 해모수는 하백의 딸 유화 부인을 일방적으로 취해서 하백과 분쟁을 일으키는 것은 물론, 마침내 유화 부인을 버려두고 혼자 하늘로 떠나버리기까지 했다. 아기를 배고자 하는 곰네의 뜻을 수용한 환웅과 대조적으로, 해모수는 남성적 욕망으로 유화 부인을 취한 뒤에 혼자 하늘로 올라가 버린 것은 태양왕으로서 특권을 누리는 데 만족했던 한계를 드러낸 셈이다. 따라서 해모수는 태양 시조로서 지상으로 내려왔으되 환웅처럼 홍익인간 이념에 따라 재세이화의 정책을 적극적으로 실천하지 않았던 것이다. 그러므로 부여의 문화적 정체성은 물론 역사적 지속성이 제대로 확립될 수 없었다.

부여와 달리 고구려와 신라의 역사적 비중은 상대적으로 대단하다. 공교롭게도 이 두 나라는 환웅의 홍익인간 이념과 재세이화의 정신을 온전하게 계승하고 있다. 환웅신시의 통치 이념과 문화적 정체성을 고스란히 계승한 단군조선과 함께 고구려와 신라의 역사가 특히 오랜 역사를 이어갔다는 사실은 예사롭지 않다. 그만큼 환웅신시에서 마련한 건국 이념과 통치 체제가 역사 철학으로서 보편적 가치를 지닌 것으로 입증된다.

10 〈각저총〉은 씨름 그림을 근거로 명명된 것이다. 이 벽화에서 중요한 것은 씨름이 아니라 환웅신시의 역사를 나타낸 신단수 그림이다. 각저희 왼쪽의 나무 그림을 '신단수도'로 새로 일컫는다. 따라서 〈각저총〉은 '신단수총'으로 일컫는 것이 더 역사적 명명이라 하겠다.

고구려의 시조 주몽은 해모수의 아들이면서 아버지의 사랑을 받지 못한다. 어머니와 함께 금와왕 밑에서 차별과 고난을 겪다가 탈출하여 고구려를 세운다. 해모수의 아들 주몽은 태양 시조사상을 이어받은 천손이기는 하지만, 아버지로부터 버림 받은 시조왕이다. 주몽은 태양신의 권능에 도취된 해모수와 달리, 철저하게 지상 세계에 뿌리를 박고 재세이화의 통치 양식을 실현한다. 따라서 비류수 가에 초막을 짓고 오랜 투쟁 끝에 고구려를 건국하며, '해解' 씨 성을 버리고 '고高' 씨로 성을 삼은 것이다. 이처럼 주몽은 태양 시조의 권위에 매몰되지 않고 재세이화의 생활 세계를 추구했던 까닭에 고구려사는 환웅신시의 문화적 정체성을 계승하고 역사적 지속성까지 획득했던 것이다. 그러므로 고구려인들은 단군조선이 아니라 환웅신시가 민족사의 기원이라는 사실을 분명하게 인식하고 역사적으로 기렸던 것이다.

　　신라 시조 박혁거세는 태양을 상징하는 자줏빛 알에서 태어날 뿐 아니라 온몸에서 빛이 나는 까닭에 '혁거세'라 이름 짓고 '불구내弗矩內', 곧 우리말로 '붉은 해'라고 일컬었다. 온누리를 밝히는 '혁거세 이념'은 사실상 '탐구인세'를 위해 지상으로 내려온 환웅의 홍익인간 이념이나 다르지 않다. 그러나 구체적 실천의 길은 '광명이세'를 표방함으로써 환웅의 재세이화와 다른 길을 택했다. 따라서 혁거세의 건국 이념은 지상 세계에 토대를 둔 재세이화로 조화를 이루지 못하고 태양신의 권위에 입각한 광명이세로 붉은 해를 상징하는 태양왕의 신성성을 더 강화하였다. 그러므로 혁거세는 죽어서 아사달의 산신이 된 단군과 달리 하늘로 올라갔다.

해모수는 하늘에 올라간 까닭에 지상에 흔적을 남기지 않았다. 그러나 혁거세는 하늘에 올라간 뒤 7일 만에 주검이 땅에 떨어져서 지상에 무덤을 남긴다. 일방적인 태양신화에서 지상에 무덤을 남기는 '사후재세死後在世'의 결과로 마무리된다. 탈해는 철저하게 지상에 머물면서 재세이화를 실천한다. 죽어서 단군처럼 토함산의 산신이 되었다. 태양 시조의 천신이 죽이시 하늘로 돌아가지 않고 지상의 산신이 되는 것은 '재세在世'의 정신에 따른 것이라 할 수 있다.

천신과 산신의 존재, 하늘에 오르는 '득천'과 지상에 머무는 '재세'는 태양신화의 전통과 재세이화의 실천 철학을 균형 있게 갖추었을 때 나타나는 문화다. 따라서 태양신 중심의 박 씨계와 재세이화 중심의 석 씨계는 왕실의 안정을 찾지 못하고 왕조교체가 박 씨와 석 씨 사이에서 오락가락 요동친다. 그러다가 왕권이 김 씨(미추왕)로 갔다가 석 씨로 와서 다시 김 씨(내물왕)계로 이동하면서[11] 신라 왕실이 서서히 안정을 찾기 시작한다.

19대 눌지왕대에 이르러 종래의 '이사금' 시대를 청산하고

[11] 흔히 신라 왕조는 박 씨에서 석 씨, 김 씨로 교체되었다고 단순화하는데 사실은 그렇지 않다. 박 씨 3대에서 석 씨로 갔다가 다시 박 씨로 돌아와 4대 지속된 이후에 석 씨로 교체되어 석 씨 왕이 4대까지 이어진다. 석 씨와 김 씨의 교체도 마찬가지다. 석 씨 4대에서 김 씨로 갔다가 다시 석 씨로 돌아와 3대 지속되었다. 그후 김 씨로 가서 김 씨계 왕실이 계속 이어진다. 그러므로 박, 석, 김의 성씨 교체가 질서 있게 진행된 것이 아니라 오락가락 하면서 상당히 요동쳤다(임재해, 2008b).

'마립간' 시대를 열면서 새삼 주목한 것이 김 씨계 시조인 금알지신화이며,[12] 금알지가 출현한 계림을 상징적으로 형상화한 금관을 왕관으로 사용하게 된다(임재해, 2008). 금알지신화는 환웅이 신단수에 하강한 신시의 세계관을 더 구체적으로 나타내면서 혁거세의 태양신화와 석탈해의 재세이화 전통을 아우른 것이다. 금알지는 하늘에서 붉은 구름이 시림에 뻗쳐 있는 가운데 닭의 울음소리와 함께 빛을 내는 금궤에서 태어난다. 여명의 해오름 형상을 은유한 태양신화의 한 모습이되 시림의 나뭇가지는 환웅의 강림처인 태백산 신단수와 같은 신성 공간이다.

재세이화의 세계관을 상징하는 공간이 신단수인 것처럼 금알지신화에서는 시림의 공간이 그런 구실을 한다. 신단수나 시림은 땅에 뿌리를 박고 있는 신수인 까닭에 재세이화를 표방하는 국가 공동체의 공간적 토대이자 시각적 상징물이다. 그러므로 국호조차 '신단수'에서 '神市신불', 곧 신숲으로 일컬었던 것처럼 신라의 국호 또한 '시림'에서 '계림' 또는 '계림국'으로 일컬었던 것이다.

김 씨 왕실은 금알지의 세계관을 계승하기 위해 금알지가 출현한 계림을 금관의 형상으로 만들어 왕관으로 사용했다. 금관의 번쩍거리는 황금은 태양왕으로서 햇빛을 상징하고, 나무 모양의 세움 장식은 계림을 상징하는 것으로서(임재해, 2008) 신단수의 전통과 재세이화의 생활 세계를 반영한 것이다.

따라서 김 씨 왕실은 환웅본풀이의 두 세계관을 조화롭게 계승한 까닭에 김 씨계의 눌지마립간 이후 신라는 안정된 국가로서 천년의 역사를 이어갈 수 있었다. 그뿐 아니라 환웅신시가 곰족을 비롯한 이웃나라와 연대하여 단군조선 시대를 연 것처럼 김 씨계의 신라 또한 횡적 확장으로 통일신라 시대를 열었다. 그러므로 민족사를 돌아볼 때, 홍익인간 이념과 재세이화의 통치 규범이 균형과 조화를 이루는 국가 체제일수록 공간적 확장성과 시간적 지속성이 함께 확보된다고 할 수 있다.

홍익인산 이념으로 온누리를 밝히는 해 같은 지도자가 되려면, 태양왕으로서 천손 상징의 신성한 권력에 매몰되지 말고, 낮은 곳에서 예사 사람들과 더불어 살아가는 '재세이화'의 구체적 덕목들을 실천해야 한다. 이러한 집단 무의식의 민족적 세계관은 한갓 국가 이념과 통치 체제로 존재했던 태초의 관념에 머물지 않는다. 실제 역사 속에서 구현되고 입증된 역사 철학으로서, 오늘의 현실 정치에서도 기대되는 지도자의 덕목이자 앞으로 추구해야 할 미래 정치의 바람직한 지표이기도 하다. 따라서 환웅 신시에서 이룩한 건국 철학과 지도자의 세계관은 민족적 원형으로서 지금도 지속되고 앞으로도 이어가야 할 현재형이자 미래형이라 할 수 있다. 그러므로 환웅신시의 건국사와 문화적 정체성은 한갓 지나간 시대의 케케묵은 과거사가 아니라 인류 문명의 독자적 유형으로 자리매김하고 창조적으로 계승해야 할 역사 철학의 훌륭한 보기로 삼을 만하다.

12 알지가 금궤에서 나온 까닭에 숲씨로 일컬었으므로 김알지가 아니라 금알지로 일컬어야 한다.

6. 현재형인 신시 문화의 정체성과 보편성

신시 문화의 정체성은 민족사의 전개 속에서 문화적 유전자로 지속되는 가운데 다양한 변화를 빚어내며 지금도 우리 생활 세계 속에 살아 있다. 환웅신시는 사라진 역사가 아니라 지금까지 기능하고 있는 역사적 실체이자 현재 진행의 생활사다. 따라서 신시 문화를 중심으로 그 이전 시대 문화 못지않게 신시 이후의 문화적 지속성을 포착하고 나아가 미래 문화의 전망까지 제시할 수 있어야 한다. 왜냐하면 미래의 문제까지 대안적 논의를 할 수 있을 때, '본풀이사관'(임재해, 2009a)에 입각한 역사 연구로서 고조선 문명과 신시 문화의 논의가 온전하게 마무리되는 까닭이다.

신시 문화에서 정립된 태양 시조신화의 전통은 신라가야 시대까지 이어졌다. 신성한 숲을 근거로 한 '신시국'의 국호는 신라 초기에 '계림국'으로 이어졌으며, 신단수의 전통은 당나무와 마을숲의 전통으로 살아 있다. 쑥과 마늘을 먹는 채식 문화의 전통은 현재까지 고스란히 이어질 뿐 아니라 앞으로도 지속될 것이다. 한 곳에 머물러 사는 정착 생활은 구들에 의한 바닥 난방 문화를 창출했을 뿐 아니라 전기구들과 돌침대와 같은 다양한 온돌 문화로 발전해왔으며(임재해, 2015b) 앞으로 새로운 난방 문화로 확대 재생산될 것이다. 따라서 식생활의 미래는 채식 문화 중심으로, 주생활의 미래는 밑면 난방 중심으로 세계화될 전망이다. 그러므로 신시 문화는 민족문화의 유전자로서 현재형으로 살아 있을 뿐 아니라 인류 문화의 미래형으로 추구해야 할 보편성을 지녔다.

민족의 집단 정체성을 곰과 범으로 나타내는 동물 상징의 전통 또한 지금까지 생생하게 살아 있으며, 미래에도 지속될 수밖에 없다. 논리적 추론의 언어보다 직관적 인식의 사물, 시각적 아이콘, 그 가운데서도 동물 형상은 집단 정체성을 효과적으로 전달하는 데 더 기능적 구실을 하는 까닭이다. 따라서 현대는 문자 문화 시대를 넘어서 문자 이전의 그림 문화 시대로 돌아가고 있다. 고대인들이 암각화와 벽화를 남겼던 것처럼 지금 다시 그림으로 된 시각적 형상을 유용하게 쓰는 아이콘icon의 시대로 가고 있다. 문자와 기호를 일일이 쳐서 컴퓨터를 작동하던 시대에서 그림을 클릭하는 윈도우 시대에 이르렀듯이 주의 표시판이나 시설의 알림판이 문자에서 시각적 아이콘으로 바뀌었다.

환웅족이 거대한 천조天鳥나 신수神樹로 상징되고 예맥족이 범과 곰으로 제각기 상징되는 것처럼 각종 사회 집단과 기관은 물론 다양한 상품과 프로그램이 동식물 상징으로 시각화되고 있다. 집단 정체성을 나타내는 동식물 상징은 신시 시대의 옛문화이자 우리 시대의 현실 문화다. 그러므로 특정 기관이나 집단, 상품 등을 어떤 동물상으로 이미지화하여 집단 정체성을 효과적으로 나타내는 것은(임재해, 2015a) 신시 시대에 창출한 문화적 원형으로서, 지금 여기의 문화일 뿐 아니라 앞으로도 가꾸어가야 할 미래 문화다.

따라서 '환웅이 하늘에서 내려왔다는 것이 말이 되는가?', '곰이 어떻게 사람으로 변신할 수 있는가?' 하는 따위의 억지 논리로, 환웅신시의 역사는커녕 단군조선의 역사까지 부정하려는 축자적 해석의 실증주의 사학을 청산하지 않을 수 없다. 기표가 담고 있는 기의의 역사적 의미와 문화적 상징을 본풀이사관에 입각한 주체적 역사 의식에 따라 해석할 수 있어야 진부한 수준의 실증사학이 조성한 반역사학적 폐단을 극복할 수 있다. 사료의 '기표' 읽기에 매달린 초보적 역사학이 아니라 사료의 숨은 의미와 맥락의 이면을 탐색하는 '기의'의 해석학적 역사학으로 나아가야 인문학문으로서 통찰의 길이 열린다.

더 도전적 역사학을 모색하려면 기존 사료의 새로운 해석을 넘어서 사료 자체를 새롭게 개척해야 한다. 도전적 역사학은 과거의 기록과 유물에 의존하여 사료 부족만 탓하는 것을 직무유기로 간주한다. 지금 여기를 살아가는 사람들의 생활 세계가 곧 살아 있는 생활 사료이자 고대사를 담고 있는 풍부한 사료 창고라는 인식 전환을 요구한다. 쑥과 마늘을 먹는 현재의 식문화 유전자야말로 생활 사료로서 환웅신시의 역사적 실체를 존재감 있게 입증하는 가장 설득력 있는 사료다. 앞으로 구비 사료에 이어서 생활 사료에 입각한 역사학의 새 지평을 열어가야 할 뿐 아니라 과거 사실을 근거로 현재를 해석하는 데서 현재 사실을 근거로 과거를 재해석하는 역순적 역사 해석의 방법도 개척해야 할 것이다.

그러자면 본풀이사관처럼 진보적 사관을 독창적으로 수립하는 것은 물론, 기존 사료의 틀을 해체하고 새로운 사료 영역을 개척하는 가운데 고대사가 곧 현재사이자 미래사라는 통섭적 역사학의 새 길을 열어가야 한다. 역사의 존재 양식을 과거형에 가두지 말고 현재진행형으로 개방하고 미래형으로 펼쳐낼 수 있어야 한다. 미래의 가능성은 전통과 역사에 있는 까닭이다. 미래학자 드러커Peter F. Drucker는 미래는 누구도 알 수 없는 불확실성의 세계라고 단정하면서도 확실한 것은 이미 일어난 일 속에 미래가 있다고 주장했다. 따라서 과거를 "이미 일어난 미래"라고 형용모순의 논리로 자리매김한다(우에다 아츠오, 남상진 옮김, 2007). 그러므로 역사를 정확하게 밝히는 것은 곧 미래를 설득력 있게 추론하는 일이다.

7. 고대 문명 연구의 한계와 문명론의 진전

고조선 시대사는 잃어버린 역사나 사라진 문화가 아니라 현재는 물론 미래에도 가꾸어 가야 할 가치를 지니고 있다. 그렇다면 고조선 시대 역사와 문화 현상은 인류가 공유할 만한 문명인가 아닌가 하는 사실은 더 따져봐야 할 문제다. 문명의 정의부터 제대로 정립해야 문명 여부를 판단하는 준거가 마련된다.

이미 거론되는 고대 문명에 견주어서 문명 여부를 가리는 것은 상투적이다. 진부한 준거여서 더 따질 필요도 없다. 문명의 새로운 준거에 따라 흔히 고대 문명이라 하는 것도 과연 문명인가 하는 의문을 가져야 진정한 문명론에 이른다. 문명의 논리적 준거와 역사적 의의를 새로운 체계로 제기할 때 비로소 문명론의 진전이 이루어진다. 새 문명론을 펼치려면 기존의 세 가지 문명론을 극복해야 한다.

가) 문명이라는 말의 어원 풀이에서 벗어나야 한다.
나) 문명에 대한 기존 정의를 동어반복하는 인용주의를 극복해야 한다.
다) 고정관념으로 굳어진 고대 문명을 사례로 문명 개념을 귀

납하는 작업도 넘어서야 한다.

가)의 작업이 문제인 것은 가장 초보적인 방법이어서가 아니라 어원이 개념을 가장 잘 나타내는 것은 아니기 때문이다. 따라서 어원을 실마리로 삼아 비판적 논지를 전개할 수 있지만, 어원에 집착할 필요는 없다. 게다가 어원 풀이 작업은 으레 서구어를 중심으로 이루어지는 까닭에 이중의 한계를 지닌다. 서구어가 곧 개념어의 표준이라는 편견에서 해방되어야 한국학이 제자리를 찾을 수 있다.

나)의 작업은 일정한 수준을 갖춘 것으로 보이는 학자들의 흔한 수법이다. 문명에 관한 서구학자들의 정의를 이것저것 인용하거나 고주알미주알 열거하는 일이다. 서구학자들의 문명 정의를 두루 섭렵하여 고스란히 되뇌는 것은 문명에 관한 지식 자랑일 뿐 문명론일 수 없다. 기존 문명 개념을 요모조모 손질하여 제시한다고 문명론이 되는 것은 아니다. 그러므로 개념 규정은 으레 서구학자의 것을 따르는 것이 상책이라는 학문 종속주의에서 탈피해야 독창적인 새 문명론을 개척할 수 있다.

다)의 작업은 세계적으로 널리 인정된 고대 문명을 대상으로 공통점을 분석해서 문명 개념을 귀납하는 일이다. 가장 합리적인 방법이기는 해도 가장 바람직한 방법이라 하기는 어렵다. 왜냐하면 문명론이 기존의 문명 현상에서 더 나아갈 수 없을 뿐 아니라 새 문명은 포착하기 어렵기 때문이다. 더 문제는 7대 문명은 온전한 문명인가, 7대 문명 외에 다른 문명은 없는가 하는 의문을 제기할 수 없는 한계가 있다. 문명 현상론의 닫힌 체계를 벗어나야 새 문명론을 연역적으로 펼칠 수 있다. 그러므로 문명에 대한 자리매김부터 미래 지향적으로 다시 해야 할 것이다.

문명론은 문화론과 분별되면서 문화와 관련성 속에서 논의되어야 한다. 왜냐하면 문명은 문화의 질적 수준과 연관되어 있기 때문이다. 문화는 일정한 공동체가 공유하는 인간다운 삶의 양식이다. 문명은 특정 문화의 일반화로 민족과 국가를 넘어 공유될 뿐 아니라 역사적 지속성을 확보함으로써 인류가 추구할 만한 보편적 가치를 지닌 문화라 할 수 있다. 따라서 문명은 문화보다 1) 일반화 가능성이 높고, 2) 역사적으로 장기 지속성을 지니며, 3) 인류 사회가 공동으로 추구할 만한 보편적 가치가 있어야 한다.

상대적으로 문화에는 특수성이 있게 마련이다. 특정 시기 특정 사회에서만 유의미하게 존재할 수 있어서 보편적 가치로 받아들일 수 없는 기이한 관행도 문화로 인정된다. 따라서 일정한 공동체가 특정한 생활 양식을 누리게 되면 기이하여 일반화가 불가능해도 문화로 인정된다. 모든 문화는 문화상대주의 이론에 입각하여 우열이 없으며 고유한 가치로 대등하게 인정된다. 그러므로 문화는 문명과 달리 공동체마다 있을 뿐 아니라 더 나아가 특정 공간과 시간, 계층에 따라 제각기 문화가 다르다. 그러나 보편 지향의 문명은 공동체 중심으로 특수하게 존재하는 문화와 다르다. 대학 문화와 밤 문화, 연극 문화, 대중 문화, 민속 문화, 양반 문화는 있어도 대학 문명이나 밤 문명, 연극 문명,

대중 문명, 민속 문명, 양반 문명이란 없다. 문화는 마을 문화에서 고을 문화, 민족 문화, 국가 문화, 인류 문화까지 공간적으로 층위가 다양하지만, 문명은 국가 단위 이상으로 존재한다. 그러므로 하회마을 문화가 아무리 수준이 높아도 하회 문명으로 자리매김되지 않으며, 서울 문화나 북경 문화가 아무리 발전해도 서울 문명이나 북경 문명으로 호명되지 않는다. 문명의 보편성은 구체적 시공간과 공동체, 계층을 넘어서는 까닭이다.

헌팅턴은 『문명의 충돌』(헌팅턴, 이희재 옮김, 1997)에서 종교를 중심으로 문명을 구분했다. 일반적으로 종교는 국경과 민족, 계층을 넘어서는 보편성을 지니고 있다. 그러나 소수 민족 종교나 민속 종교는 지역과 민족, 계층의 범주를 넘어서지 못한다. 따라서 기독교 문명, 이슬람 문명, 불교 문명, 유교 문명은 가능해도 기타 소수 민족의 종교 문화는 민족과 국가, 시대를 넘어서는 보편성이 없어서 문명으로 인정될 수 없다. 그러므로 종교가 문명을 결정하는 것이 아니라 인류가 공동으로 추구할 만한 보편적 가치가 문명을 결정하는 것을 거듭 확인할 수 있다.

그렇다면 고대 문명도 다시 따져봐야 한다. 현재 4대 문명 또는 7대 문명으로 일컫는 고대 문명을 보면 상대적으로 비교 우위에 있는 문화 유적을 남긴 고대 제국을 문명으로 간주하는 셈이다. 경제적 생산력과 군사적 지배력이 뒷받침되고 있는 제국의 국력이 아니면 거대한 문화 유적을 건설하기 어렵다. 만일 우뚝한 문화 유적을 근거로 고대 문명을 설정한다면, 장기간의 노예 노동을 동원한 거대 유적이 문명의 상징이 되어도 좋은가 되묻지 않을 수 없다.

왜냐하면 이집트 문명의 피라미드나 마야 문명의 석조신전, 잉카 문명의 마추픽추, 인더스 문명의 모헨조다로, 중국 문명의 만리장성처럼 노예 노동의 산물이 문명의 핵심 준거기 때문이다. 그렇다면 문명은 권력의 동원에 따른 거대한 유적의 과시에 지나지 않는다. 노예 노동으로 만들어진 거대한 왕궁과 신전, 왕릉, 성벽 등이 문명의 상징이라면, 오히려 문명을 거부하고 문명으로부터 벗어나는 것이 인간 해방의 길이다. 그러므로 문명에 대한 고정관념을 해체할 필요가 있다.

문명은 문화 유적의 규모와 수준을 넘어서는 것이다. 문화와 문명의 범주는 서로 다르기 때문이다. 문화는 국가마다 독자성을 부여하지만, 문명은 그렇지 않다. 고대에 많은 국가가 존재했으나 고대 문명으로 인정 받는 경우는 많아야 10개 내외다. 왜냐하면 문명은 문화와 달리 상대주의 가치가 인정되지 않기 때문이다. 문명은 공시적으로 민족 국가의 범위를 넘어서야 할 뿐 아니라 통시적으로 인류가 길이 가꾸어갈 만한 것이어야 한다. 따라서 자민족 문화와 상관없이 인류의 차원에서 문명을 설정하고 문명론을 펼치는 것이다.

문화상대주의는 있어도 문명상대주의는 없다. 문화상대주의는 모든 공동체의 다양한 문화를 두루 인정하는 까닭에 문화 차별을 인정하지 않는다. 그러나 실제 수용에 있어서는 일정한 제약이 따른다. 역사적 흐름에 따라 전근대 문화는 시대정신에 맞지 않아서 청산되어야 할 문화적 잔재나 극복되어야 할 인습이 되기도 한다. 다른 민족의 문화도 자연 환경의 차이나 문화적 전통에 따라 받아들이지 않거나 배격되기도 한다. 그러나 문명은 문화의 공시적 통시적 한계를 넘어서는 보편적 가치 체계여서 인류가 공유 가능한 것이다. 그러므로 '문명은 문화의 고전'으로 자리매김할 수 있다.

지금까지 문명론은 문화의 우열론에 입각해 있었다. 따라서 거대한 문화 유적이나 불가사의한 문화 유산을 갖춘 특정 국가 체제를 고대 문명으로 일컬어왔다. 이처럼 고대 문명이 국력의 부강과 문화적 우위, 발달된 기술을 배경으로 성립된 것이라면, 문명은 문화의 상대적 우위 개념이어서 문화상대주의에 어긋나는 것이다. 문화의 우열과 차별을 전제로 성립된 개념이자 노예 노동으로 성립된 것이 문명이기 때문이다. 그러므로 기존의 문명 개념은 반문화적 개념에 해당된다.

그러나 '문화의 고전'을 문명으로 자리매김하면 상황이 다르다. 고전은 음악이든 문학이든 시공간을 초월하여 인류가 공감하는 불후의 명작을 일컫는다. 문화도 민족과 시대를 넘어서 인류사의 보기가 될 만한 모범을 이룸으로써 현재는 물론, 미래에도 추구할 만한 가치를 지니면 문명의 반열에 오른다. 아무리 대단한 문화라도 고전으로서 가치를 갖추지 못하면 문화의 세계를 넘어서 문명의 지위를 획득할 수 없다. 인류가 공동으로 추구할 만한 고전의 가치를 지닌 문화만이 문명이라 할 수 있는 까닭이다.

8. 고조선 문명의 보편성과 인류 문명의 재인식

　중국이 황하 문명을 고대 문명으로 자랑하지만, 황하 문명에 인류가 공동으로 추구할 만한 고전적 가치가 무엇이 있는지 알기 어렵다. 우선 현대 중국인조차 자국 고대 문명인 황하 문명의 무엇을 계승하고 있는지 또는 계승하려고 노력하는지 궁금하다. 황하 문명으로 고대 문화의 우위를 강조하며 역사적 기득권을 누리려 할 뿐 문명인답게 황하 문명의 특정 가치를 계승하려는 노력이 보이지 않는다. 황하 문명의 갑골문자만 하더라도 사료로서 독해 가치는 있지만, 계승 가치는 없다. 갑골문자는커녕 한자조차 혁신하여 간체자로 바꿈으로써 황하 문명은 극복의 대상이 되었다.

　오히려 중국이 추구하는 가치는 반문명적이다. 왜냐하면 고대부터 지금까지 줄곧 추구하는 중화주의 또는 화이론은 자민족 중심주의로서 다른 민족을 차별하고 억압하는 반인류적 이념인 까닭이다. 따라서 문화상대주의에 따라 황하 문화의 상대적 가치는 인정할 수 있지만, 중국조차 본보기로 삼지 않는 황하 문화를 인류의 본보기 문명으로 추구하기는 어렵다. 그러므로 황하 문명을 비롯한 기존의 고대 문명을 새 문명론에 따라 다시 따져

볼 필요가 있다.

그러나 홍익인간 이념과 재세이화를 표방하는 고조선 문명의 역사 철학과 문화적 전통은 다르다. 인간 세상의 삼라만상을 널리 이롭게 하고 인간 세계에 머물러 살면서 이타적 세계관을 실천하는 것은 온 인류가 추구해야 할 미래의 가치다. 따라서 지금도 홍익인간 이념을 교육 목표로 추구하고 있다. 중국의 화이론이 청산해야 할 중세적 관념이라면, 홍익인간론은 환웅신시의 건국 이념이자 현재의 교육 이념이며, 인류 사회가 함께 안고 가야 할 미래의 세계관이다.

재세이화의 구체적 내용으로 제시한 주곡·주명·주병·주형·주선악 등의 통치 체제는 농업 중심의 경제적 풍요와, 인간의 장수와 건강 생활, 공동선 지향의 윤리적 생활 등을 규정한 것이다. 이 가운데 어느 하나 극복하거나 청산해야 할 대상은커녕 현대 사회에도 보기로 삼아야 마땅한 것이다. 쑥과 마늘을 비롯한 만년 이상 지속된 채식 전통은 인류가 추구해야 할 건강한 식문화의 보기다. 동물을 토템으로 이용하여 민족을 상징하고 무문자 시대의 역사를 서술한 문화적 전통은 현대 사회에도 널리 이용되고 있을 뿐 아니라 미래에도 가꾸어 가야 할 동물 캐릭터 문화이자 아이콘 문화라 할 수 있다. 그러므로 고조선 문명은 동서고금의 경계를 넘어서 인류 사회가 보기로 삼을 만한 문화의 고전인 까닭에 진정한 문명이라고 할 수 있다.

이제 우리는 단군조선만 있었던 기나긴 어둠의 시대를 보내고, 환웅신시가 있는 광명의 역사 시대를 비로소 열어가게 되었다. 7대 고대 문명으로 세계 문명사를 쓰던 시대에서, 고조선 문명이 포함된 세계 문명사를 다시 써야 하는 시대를 맞이하기에 이르렀다. 따라서 고조선 문명론을 계기로 거시적 사학사의 새 분기점에 이른 사실을 자각하고 새 시대 역사학의 주체로 거듭날 필요가 있다. 그래야 상투적 역사학의 틀에서 해방되어 도전 역사학의 새 지평을 열어갈 수 있다.

문명론도 기존 고대 문명의 고정관념을 해체함으로써 인간 해방의 문명론을 새로 펼칠 수 있다. 각국 문화 대등론에서 인류 문명 이상론으로 나아가야 자문화중심주의를 극복하고 인류 문화의 보편적 이상을 실현할 수 있다. 문화의 고전을 이루어서 어느 사회 어느 시대 어느 민족이든 가치 있는 문화의 보기로 삼을 수 있는 인류 문명의 전망이 긴요하다. 따라서 우리 시대 문명론은 고대 문명 중심의 복고주의를 극복하고 미래 문명을 창조적으로 구상하는 논리 개척을 하지 않을 수 없다. 그러한 대안 문명이 고조선 문명에 입각한 미래 문명 구상이다. 고조선 문명은 지금 우리 사회에서 계승해야 할 삶의 양식이자 바람직한 미래 구상의 문화적 자산이기 때문이다.

6장

—

포스트코로나 시대
생활세계의
변화 인식과 전망

——

임재해

1. '코로나 19'의 생태학적 기능 역설적 인식

지금 지구촌이 살아나고 있다. 돌림병 코로나 19의 확산 덕분에 하늘이 더 푸르러졌고 공기도 더 맑아졌다. 공장 가동이 멈추고 차량 운행이 제한되자 미세먼지 농도가 낮아지고 대기 오염도 크게 줄어든 까닭이다. 자동차 소음이 잦아들자, 새 소리가 들리게 되었으며, 스모그 현상이 사라져 대기가 맑아지자, 도시 근교의 푸른 숲이 제대로 보이고 밤하늘의 별자리도 또렷이 보이기 시작했다. 인적이 끊어진 해수욕장은 천연의 모래사장이 되살아나고 관광객이 줄어든 베네치아의 운하는 물속의 해파리가 보일 만큼 깨끗해졌다.

공원에는 평소 보지 못한 야생 동물들이 한가롭게 거닐고, 대도시의 시가지에도 양과 염소떼, 사슴 등의 짐승이 사람들 대신 활보하기 시작했다. 미국 샌프란시스코 금문교 근처에서는 코요테가 사람들 가까이 나타났으며, 애리조나의 한 쇼핑몰에는 손님 대신 멧돼지들이 찾아와 문을 두드렸다. 산짐승이 내려와 창문을 기웃거리며 집안을 들여다보는 진풍경이 벌어지기도 하고, 런던 교외 주택가에 사슴이 나타나기도 했다. 이런 상황에 대해서 영국의 한 아주머니는, 우리 딸이 "갇혀 있는 사람들 모

독일 프랑크푸르트 강변의 거위 새끼들

두 안전하게 잘 있나 보려고 산타가 보낸 것"[1]이라고 말했다며 반가워했다.

　사람들이 얼씬거리지 않는 도심의 강물에도 오리와 거위를 비롯한 물새들이 자유롭게 헤엄치며 노닌다. 러시아의 한 도로에는 검문하는 경찰관과 자동차 사이로 오리 가족이 유유히 걸어가기도 한다. 프랑스 남부 언안에는 무게 60톤에 달하는 참고래가 모습을 드러냈고, 국제적 멸종 위기종인 리들리 바다거북이 인도 오디샤주 해안에 산란하려고 10년 만에 다시 나타났다. 칠레 산티아고 거리에는 퓨마까지 나타나 통금 상태의 도심 곳곳을 자유롭게 다녔다고 한다.

　코로나 19 확산으로 사람들이 자가 격리 상태나 가택연금

조치로 집안에 머물게 되자, 공기가 맑아지고 물이 깨끗해진 것은 물론, 사람들이 점유해왔던 자리를 온갖 짐승이 대신 차지하게 된 것이다. 평소에 볼 수 없었던 야생 동물들이 마치 제 세상을 만난 것처럼 지구 곳곳에 출현하는 진풍경을 이루며, 지구촌 생태계가 되살아나고 있는 사실을 생생하게 입증하고 있다.

세계기상기구는 코로나 19 대유행으로 올해 전 세계 탄소배출량이 6퍼센트 감소하는 것으로 예측했다.[2] 그러나 이런 정도로는 기후 변화를 완화하기 어렵다. 지구 가열화로 빚어지는 기후 위기가 지구촌에 미치는 영향은 코로나 19 위기보다 더 대규모적이고 장기 지속적이다. 코로나 19는 기껏 사람들의 생명을 일시적으로 위협하지만, 기후 위기는 지구 생명 전체에 치명적일 뿐 아니라 되돌이킬 수도 없는 생태학적 현상이다. 따라서 탈중심주의 시각에서 보면 코로나 19가 아니라 사람들이 지구촌을 총체적으로 위험에 빠트리는 인간 바이러스다. 코로나 19는 지금 인간 바이러스의 활동을 억제하여 지구 생태계의 수명을 연장하는 신성한 파수꾼 구실을 하고 있다. 그러므로 코로나 19의 창궐로 지구 생태계가 살아나는 현실을 객관적으로 직시하고 그 생태학적 순기능을 포착한다면, 오히려 인간이야말로 지구 생명

1 권근영, 「'사슴, 염소떼' 격리 도시에 뜻밖의 '손님들」, Jtbc, 2020년 4월 23일(https://news.naver. com/main/read.nhn?mode=LPOD&mid=tvh&oid=437&aid=0000236584)

2 박홍구, 「코로나 19의 '역설' 생태계 복원…인류에 관제 남겨」, YTN, 2020년 4월 26일(https://www. ytn.co.kr/_ln/0104_202004260746254225)

을 갉아먹는 바이러스 구실을 하고 있다는 사실을 절감하게 될 것이다.

코로나 19는 지역과 민족, 국가의 경계를 인정하지 않고 자유롭게 넘나들며 확산된다. 코로나 앞에서 지역의 경계나 나라의 국경은 무의미할 따름이다. 지구촌은 생태학적으로 하나라는 사실을 반증하는 것이 코로나 19다. 특히 세계화가 진전된 현재 상황에서는 누구든 지구촌의 연결망에서 벗어나기 어렵다. 바이러스의 지구적 창궐이 인류는 유기적으로 이어져 있는 하나의 공동체라는 사실을 자각하게 만들었다.

모든 공간적 경계를 허물어버린 바이러스는 사회적 경계와 차이의 장벽도 무너트려버렸다. 국가와 인종, 종교, 신분, 직업, 빈부의 차이와 무관하게 모든 인간을 동등하게 대한다. 바이러스에게 인간이란 모두 동일한 감염 대상일 뿐이다. 따라서 아무런 차별 없이 누구에게나 감염시키는 까닭에 인간은 모두 대등한 존재라는 사실을 새삼 일깨워준다. 신분 차별이나 빈부 차별처럼 민족의 우열이나 국가의 대소에 따른 차별 인식이 얼마나 큰 착각인가 하는 것을 자명하게 일깨워준 것이 코로나 19다. 그러므로 코로나 바이러스는 인류의 모순을 지적하는 일종의 고발자다.

코로나 바이러스는 고발자다. 그것은 신자유주의 정치의 영향, 그것이 조직을 파괴하는 과정과 독성을 고발한다. 그와 동시에 일상적으로 신자유주의를 이끌었고 오늘날 이끌어가는 모든 것을 고발한다. 과장 없이, 이것은 '열린 무덤으로 가는 길'이다

(로르동, 2020).

코로나 19는 인류의 대재앙이기만 한 것이 아니라 '열린 무덤으로 가는' 신자유주의를 환송하는 것이다. 인간중심주의와 자민족중심주의 같은 기존 통념들을 일시에 깨트려주는 인류 성장의 대전환점 구실을 하는 축복이기도 하다. 따라서 현대 세계사는 코로나 19 이전 시기와 이후의 시기로 크게 시대 구분이 이루어질 수밖에 없다. 그러므로 이 사태를 한갓 돌림병의 팬데믹 현상으로 국한하여 인식하고 효과적 방역 대책과 백신 개발에 골몰하는 것은 임시 미봉책에 불과하다.

세계적 지성이나 최고 권력자마저 피하지 못한 치명적 질병은 코로나 19가 아니다. 이보다 더 위험한 질병은 이 기회를 이용하여 엉뚱한 극우 이데올로기를 확산하는 자들이다. 정부가 '영세 상인과 저소득층을 위한 재난기본소득제, 재난기금 지급, 마스크 5부제를 시행한 조치를 두고 사회주의 노선'이라고 비판하는 일부 극우 정당과 언론, 개신교도들(몽드 디플로마티크, 성일권 옮김, 2020)이 바이러스보다 더 위험하다. 가난한 자들과 함께 가는 정책을 사회주의로 낙인 찍는 자들이 자연 생명과 함께 가야 한다는 코로나 19의 경고를 제대로 알아들을 수 없는 까닭이다.

문명에 대한 인간의 자만과 자연 생명에 대한 인간의 횡포를 성찰하기는커녕 오히려 코로나를 이단과 사탄에 대한 하나님의 심판으로 주장하며, 코로나 19가 일깨워준 진실을 엉뚱하게 왜곡하는 데 급급하다. 따라서 위기의 지구 생명이 살길을 찾아

코로나 19를 앞세워 인간 바이러스를 퇴치하려 한다는 숨은 진실을 알아차리고, 자본 중심의 시장 경제 체제와 과학 기술 만능주의를 극복하며, 지속 가능성을 최고의 가치로 추구하는 생태주의 체제로(임재해, 2013)[3] 나아가는 대전환을 기획해야 한다. 인류사의 전개와 지구촌 경영에 대한 총체적 전망을 생태학적 관점에서 새롭게 구상하고 코로나 19 이후의 신세계를 변혁적 수준으로 개척해나가야 미래의 문이 열린다. 그러므로 팬데믹을 겪는 세계적 충격과 요동을 제대로 인식하고 문화적 변동 전망을 정확하게 포착해야 효과적인 대응을 할 수 있다.

3 필자는 19세기가 식민지 개척의 군사주의 시대라면, 20세기가 수출 경쟁의 경제주의 시대고, 21세계가 문화 창조력을 발휘하는 문화주의 시대며, 다음 세기는 자연 친화적인 생태주의 시대로 가야 한다고 예측했다.

2. 차단과 격리에 따른 생활 세계의 변동 전망

세계화의 진전으로 코로나 19 발생 이전까지 세계는 국경의 차단을 넘어서 두 갈래로 하나가 되었다. 하나는 제도적인 것으로 WTO 체제 아래 세계 무역 자유화가 이루어짐으로써 세계가 하나의 시장을 이루었고, 둘은 기술적인 것으로 교통과 통신의 발달로 세계가 하나의 마을처럼 쉽게 오가고 즉각 소통하는 지구촌globalization의 공간적 축소화를 이루었다. 두 갈래 세계화는 모두 개방을 중심으로 이루어졌다. 시장의 개방과 국경의 개방이 물류의 유통과 인적 교류를 자유롭게 했던 것이다.

코로나의 명령에 따라 이제 시장과 국경이 모두 차단과 격리 상태로 가지 않을 수 없게 되었다. 바이러스 발생 국가나 확산 국가는 국경을 차단하고 입국을 금지했다. 한국은 초기 중국인 입국을 차단하지 않았다고 야당의 드센 비난이 계속되었다. 국가 사이의 외교적 갈등이나 국민적 감정으로 차단이 일방적 횡포 수준으로 이루어지기도 했다. 일본이나 베트남이 한국인 입국을 금지한 조치도 그러한 보기 가운데 하나다. 입국 허용을 받지 못한 나라들 또한 상대적 조치로 해당 국가를 입국 금지 국가로 지정하게 된다. 그러므로 알게 모르게 방역 성과의 우열 경쟁과 함께 입국 금지에 따른 이해 관계로 국제적 갈등이 고조되는 경향을 빚어냈다.

자연히 공항 풍경도 달라지기 마련이다. 종래에는 공항에서 출입국 직원과 세관 직원이 모든 출입 절차를 담당해왔다. 그러나 바이러스가 창궐하면 검역 기관의 직원이 파견되어서 출입하는 사람들의 감염 여부를 점검하게 된다. 따라서 세관이나 출입국 심사에 아무런 문제가 없더라도 검역관에 의해 감염 판단이 내려지면 입국이 불허될 수 있다. 앞으로 공항은 바이러스 전쟁의 최전선이나 다름없다. 그러므로 방역 전선을 잘 지키려면 공항에 파견되는 검역관은 전문적인 방역 능력을 갖추어야 할 뿐 아니라 출입국 허용 여부는 물론 공항 시설 전체를 위생적으로 안전하게 통제할 수 있는 권한을 갖게 되어야 한다.

전쟁 상황에는 군인들이 공항에 주둔하여 출입을 통제하는 것처럼, 세계적으로 돌림병 확산이 지속되면 검역관이 공항에 상주하여 출입국 허용을 결정하는 최종 담당자가 될 것이다. 결국 질병관리본부가 또 하나의 공항 출입국 기관으로 부상되기 마련이다. 따라서 평소에 자유롭게 드나들던 여행자들도 공항 출입 시에는 건강 상태에 대해 긴장하지 않을 수 없다. 그러므로 몸이 조금이라도 불편하면 외국 여행을 삼가야 한다. 까다로운 위생 검역에 걸리면 출국하지 못하는 것은 물론, 외국 공항에서 입국이 좌절되어 뜻밖의 격리 생활을 해야 하는 곤경에 처할 수도 있기 때문이다.

코로나 사태에서 가장 많이 쓰이는 열쇠말이 사회적 거리두기다. 감염을 차단하기 위해 사람과 사람 사이를 일정한 거리로 떼어놓게 하는 사실상 공간적 거리두기다. 따라서 다중 집회는 물론, 낯선 사람들끼리 가까이 부대끼는 일을 금기로 여기게 되었다. 전통적으로 '옷깃만 스쳐도 인연'이던 인간관계가 '옷깃만 스쳐도 감염'으로 생각하는 비접촉 상황이 조성되기 마련이다. 다시 말하면 언택트Untact 사회로 간다는 말이다.

한국에서는 시민들을 민주적으로 통제함으로써 확진자나 접촉자 외에는 자가격리를 하지 않아서 자유로운 외출과 사회 활동이 가능했다. 그러나 미국과 유럽에서는 아예 외출 금지령을 내리고 가택연금의 봉쇄조치로 강제 통제를 했다. 집 바깥으로 나가게 되면 무장 경찰이 검문하는 까닭에 병원에 가거나 생필품을 구입하려는 사람은 외출증을 발급 받아야 한다. 그러므로 사실상 시민들은 거의 게토ghetto 수준의 통제를 받게 된 셈이다. 그러자 두 가지 현상이 나타나기 시작했다.

온라인과 오프라인에서 원격 교류와 문화 공유가 이루어지기 시작했다. 오프라인에서는 집안에 갇혀 있는 사람들이 이웃과 소통하기 위해 옥상과 발코니, 베란다를 이용하여 원격 모임을 하는 것이다. 각자 악기를 들고 나와서 이웃과 마주보며 음악회를 여는가 하면, 같은 방식으로 생일 잔치를 하고 꽃다발과 선물을 던져 주며 축하 노래도 함께 부른다. 일정한 거리두기를 유지하면서 최소한의 대면 교류를 하는 것이다.

더 확대된 교류를 하기 위해 개인적인 활동 상황을 동영상으로 찍어서 인터넷이나 SNS, 유튜브에 올린다. 동영상 촬영이 필수고 SNS는 물론, 유튜브도 필수다. 집안에 머물면서 이웃과 소통하고 교류하며 함께하는 거리두기 만남과 온라인을 이용한 사이버 공간에서 만남을 즐기는 영상 교류 문화가 다양하게 자리 잡고 있다. 그러므로 개방된 베란다와 옥상의 이용 가치가 높아지는가 하면, 동영상 촬영과 유튜브 제작에 따른 전자기기의 수요도 한층 늘어날 전망이다. 줌ZOOM을 이용한 원격 화상 회의의 수요도 급증하게 되었다.

집에서 격리 생활을 하며 원격으로 영상 대면 문화를 누리는 데서 좀 더 자유로운 양식이 자동차를 이용한 대면 문화의 개척이다. '드라이브 스루'는 자동차를 탄 채 이동하면서 대면 활동을 하는 까닭에 간접 대면이면서 원격 대면이라 할 수 있다. 한국 방역 체제가 개발한 드라이브 스루 검진이 각광 받고 있다. 자동차 안에 앉아서 확진 검사를 받는 것은 물론, 상품 구매를 비롯한 다른 대면 활동도 같은 방식으로 한다. 드라이브 스루 횟집을 비롯해 도서관 대출과 고해성사도 자동차 승차 상태에서 이루어진다. 나아가 결혼식과 장례식까지 드라이브 스루 방식으로 이루어지게 되었다.

말레이시아의 드라이브 스루 결혼식이 한 보기다. 신랑, 신부가 의자에 앉아 있으면 하객이 자동차를 타고 그 앞을 지나가며 축의금을 내고 인사를 나누며, 신랑, 신부는 준비한 음식을 담은 봉투를 하객의 차에 넣어준다. 일체 악수나 포옹 등 신체 접촉 없이 하객들의 혼례 축하가 이루어지는 것이다(김용섭, 2020). 장례식도 드라이브 스루로 이루어진다. 코로나 19 피해가

마드리드 한 공동묘지 화장터에서 장례식

큰 스페인 마드리드에서는 화장터에 운구차가 들어오면 가톨릭 신부가 건물 밖으로 나와 유가족에게 애도를 표한다. 운전자가 트렁크를 열어 관을 꺼내면 신부가 고인을 위해 기도를 올린다. 유가족과 조문객은 멀찌감치 떨어져서 관이 화장장으로 들어가는 것을 지켜볼 따름이다. 스마트폰으로 다른 가족들에게 장례 장면을 영상으로 보여주기도 한다(김향미, 2020).

물론 드라이브 스루 구매 방식이나 결혼식과 장례식은 코로나 19 이후에 비로소 생긴 것은 아니다. 미국과 일본 등에서 이 방식이 진작 시작되었고 한국에서도 햄버거나 커피 구매가 드라이브 스루 방식으로 이루어지는 사례가 있었다. 그러나 당시에는 승차자의 편의를 위해서 햄버거나 커피를 차에 탄 채로 구매하도록 하거나 시간이 없는 사람을 위해서 간편한 축하와 조문을 하도록 한 것이었다. 그러나 지금은 돌림병 감염 방지를 위해서 더 일반화되는 것이다. 코로나 19가 드라이브 스루 방식을 새로운 문화로 광범위하게 자리 잡게 만드는 요인이 된 것이다. 그러므로 드라이브 스루는 오프라인에서 대면 접촉을 줄이기 위한 방식으로 여러 영역에서 더욱 늘어날 전망이다.

서비스업계에 이미 있었던 기존의 비대면 문화는 코로나 19의 충격으로 더욱 확산될 조짐이다. 대면 구매 공간인 슈퍼나 마트에 가지 않게 되자, 자연스레 온라인으로 주문하고 택배로 상품을 받는 비대면 상품 구매가 급증했다. 2020년 2월 배달 서비스 매출이 전년 9월보다 10배 이상 증가했다고 한다. 시장에 가서 장을 보던 장년층도 배달 앱을 이용하게 되었다(김용섭, 2020). 따라서 골목 상권은 쇠퇴하는 반면, 온라인 판매 업체와 택배 회사들은 거래가 급증하고 일감이 크게 늘어나 수익률을 높이고 있다. 극장 관객이 줄어들고 넷플릭스가 뜨는 것과 같은 풍선 효과가 나타난 셈이다. 코로나 19를 계기로 온라인 시장이 대세를 이루는 전자 상거래 시대로 성큼 도약하게 된 것이다.

차단과 격리에 따른 직장 생활이나 학교 생활, 종교 생활도 크게 달라지게 되었다. 재택 근무와 온라인 강의, 방송 예배, 유튜브 미사가 일상화되는 경향으로 가고 있다. 이전에는 취업이 직장 구하기이자 '일자리' 차지였다. 번듯한 직장 사무실에서 일정한 자기 자리를 차지하는 것이 미취업자의 꿈이었다. 자기 자리가 없어지면 그것이 곧 실직을 뜻한다. 그만큼 자리 차지가 중요했다. 그러나 지금은 아예 사무실 출근을 막는다. 코로나 19의 감염으로 재택 근무가 일상화될 가능성이 있다. 일자리가 아니라 일거리가 중요한 시대로 가는 것이다.

현재의 경영 방식에 익숙한 경영주일수록 재택 근무의 우려가 크고 미래가 불안할 수 있다. 근무 상황을 직접 확인할 수 없기 때문이다. 그러나 혁신적인 경영자는 진작 재택 근무를 채택해서 사무실 공간 운영비를 줄이고 근무의 효율성을 높이고 있다. 워드프레스 창시자 뮬렌웨그Matt Mullenweg는 2006년에 사무실이 전혀 없는 원격 경영의 소프트웨어 회사 '오토매틱Automattic'을 설립해서 재택 근무의 천국으로 명성을 날리고 있다. 3조 원 넘는 기업 가치를 지니고 있지만, 지사 사무실은 물론, 본사 사무실조차 없다. 45개국에 나아가 있는 450명 이상 되는 직원은 각자 자기 일하기 편한 공간에서 원격 근무를 한다(신지선, 2016). 집에서 재택 근무를 하든 승용차 안이나 카페에서 재카 근무를 하든 상관없다. 자기가 선택한 근무 공간 사용에 필요한 경비도 지급한다. 해마다 매출이 급증할 뿐 아니라 원격 근무의 장점 덕분에 세계적인 IT 전문가들이 몰려드는 '신의 직장'으로 알려져 있다. 이 회사는 코로나 19와 상관없이 설립 초기부터 원격 근무 방식을 택해서 성공했다.

이제는 종래와 같은 콘택트 사회 체제에 집착을 버려야 한다. 대학 교육도 거대한 대학 캠퍼스 안에서 이루어져야 한다는 고정관념을 깨뜨려야 한다. 집착과 고정관념을 버리지 않으면 사회로부터 버려지게 된다. AI 시대를 대비한 대학에서는 코로나 19의 창궐과 상관없이 대학 강의를 이미 중단하기 시작했다.

미국 최고의 대학들은 2012년 무크 기업을 설립해서 자신들의 강의를 인터넷에 공개하고 강의의 시대는 끝났다고 선언했다. "2019년부터 의과대학 강의를 전면 폐지한다. 다른 학과들도 같은 방향으로 간다."고 공식 발표했다. 왜냐하면 강의 위주의 교육을 받은 사람은 앞으로 인공지능의 종이 된다고 판단한 까닭이다(이지성, 2019). 코로나 19 사태와 상관없이 하드웨어 수준의 기존 대학은 무용지물이 되어가고 있다. 다만 이런 추세가 서서히 진행되는 까닭에 예민한 지각을 가진 소수의 사람 외에는 눈치채지 못하고 있을 따름이다. 그러나 이제는 뜻밖의 위기 상황을 맞이하여 온라인 강의를 하지 않을 수 없게 되었다. 진작부터 디지털 대학이 여럿 있었지만, 학생들이 비대면 강의를 기피하고 지원을 꺼리는 바람에 크게 주목 받지 못했다. 그러나 올해는 어느 대학이든 온라인에서 비대면 원격 강의를 하지 않을 수 없게 되었다. 인터넷에 강의 내용이 공개된 것은 아니지만, 강단 강의로 가려져 있던 교수들의 강의 능력이 상대적으로 드러나게 되었다.

디지털 대학 교수들은 제철을 만난 터라 평소의 원격 강의 실력을 유감없이 발휘했다. 그러나 강의실에서 대면 강의로 학생을 장악하던 교수가 온라인 강의에서 쩔쩔 매거나 학생들에게 소외되는 교수가 있는가 하면, 평소에 주목 받지 못하던 교수가 온라인에서 학생들의 인기를 끄는 교수로 새삼스레 부각되기도 했다. 각종 프로그램과 앱을 잘 다루고 PPT와 동영상 자료를 자유자재로 활용하여 수강생들을 사로잡는 교수와 달리, 강의실 강의처럼 모니터 앞에 앉아서 주입식 강의에 머무는 교수들은 학생들의 호응도가 낮을 수밖에 없다.

오히려 정규 교수가 아닌 프리랜서 교수들이 비대면 강의에 능력을 발휘하여 학생들을 사로잡기도 한다. 시간 강사들이 가상 현실에 널려 있는 풍부한 자료를 끌어들여 재구조화하고 재해석하며 학생들과 양방향 토론을 흥미롭게 전개함으로써 학생들의 수강 만족도를 높여준 것이다. 따라서 정규직 교수가 되지 못했다고 한탄할 필요가 없는 상황으로 가고 있다. 왜냐하면 이제는 누구든 학생들뿐 아니라 일반인을 대상으로 온라인 강의 또는 유튜브 강의를 할 수 있기 때문이다.

대학 강단이 아닌 다양한 공간에서 강의할 기회가 많다. 집에서 혼자 강의하는 것을 동영상에 담아 온라인으로 널리 공유할 수 있다. 강의가 공개되는 까닭에 강의 능력이나 학문적 역량이 교수와 강사의 지위에 대한 편견 없이 객관적으로 입증될 뿐아니라 대학 교수직에 취업하지 않고도 강의할 수 있는 일터를 얼마든지 개척할 수 있다. 유튜브 강의에는 교수 뺨치는 수준 높은 강사가 많다. 사이버 강의에서 확보한 역량으로 대학 교수직으로 진출할 수 있는 발판을 마련할 수도 있다. 그러므로 교수 사회는 사이버 공간에서 하는 원격 강의 수준에 따라 자유롭게 경쟁력을 발휘함으로써 강의 능력 위주로 재편될 수 있다.

온라인 강의의 개방화와 가속화는 대학의 소멸을 가져올 뿐아니라 대규모 하드웨어 캠퍼스가 공동화될 가능성이 높다. 굳이 대형 캠퍼스를 유지하기 위한 막대한 수업료를 내지 않고도 사이버 공간에서 얼마든지 수준 높은 강의를 골라 들을 수 있기 때문이다. 교수들의 학벌주의는 퇴조하고 강의 능력이 더 힘을 발휘하게 될 것이며, 학위보다 실제 논문의 수준이 교수 채용에 더 중요한 요건이 될 것이다. 따라서 우수한 학벌과 학위를 갖추고 인맥과 학맥에 힘입어서 교수직에 취업하는 전통적 인사 행태는 잦아들고, 누구든 실제 강의 역량과 연구 수준에 따라 온라인에서 수강생을 확보하고 자유롭게 강의 활동을 할 수 있는 시대로 이동하게 될 전망이다. 그러므로 고지식한 강단 교수는 물러가고 유튜브의 스타 강사가 뜨는 시대가 앞당겨질 전망이다.

온라인의 사이버 공간에서는 강단 중심의 학벌주의는 물러나고 강의와 연구 중심의 능력주의가 부각되기 마련이다. 콘택트 사회의 대학 교육보다 더 많은 교수가 더 많은 수강생을 대상으로 더 많은 강의를 더 수준 높게 할 수 있는 새로운 대학 교육의 장이 사이버 공간에서 다양하게 펼쳐지게 되었다. 유튜브에서는 누구든 교수가 되어 자유롭게 강의할 수 있으며, 강의 과목과 내용도 무제한으로 열려 있다. 그러므로 강의를 듣는 수강생들도 대학 강의실에서보다 훨씬 더 많다. 동시에 천여 명씩 수강이 가능할뿐더러 실시간 강의 이후에도 지속적인 수강이 가능한 까닭에 수강 인원 또한 무한정이다.

이러한 원격 화상 강의 또는 온라인 수강 현상을 비대면이라 하여 비접촉이라 할 수 있을까. 대학 캠퍼스에서 이루어진 대면 강의에서는 소수의 수강생만 만나는데, 온라인 강의에서는 동시 접속 수강생이 수천 명일 수도 있고, 강의 영상 접속과 구독으로 누적 인원 수만 명이 수강할 수도 있다. 대학생이 아닌 사람이나 대학 강의 수강이 불가능한 처지의 사람들까지 얼마든지 강의를 들을 수 있다. 그러므로 온라인 원격 강의가 오히려 더 많은 접촉과 더 다양한 콘택트를 가능하게 할 뿐 아니라 입시 지옥과 학벌 경쟁에서 해방은 물론, 평생 교육의 기회도 자연스레 제공하게 된다.

따라서 이제 직장에 출근하기 위해 또는 대학에 등교하기 위해 대도시로 몰릴 필요가 없다. 도시에 사람이 밀집하는 이유는 좋은 직장과 학교들이 있기 때문이다. 아이들이 좋은 학교를 다니도록 하기 위해서 또는 부모들이 직장을 가까이서 쉽게 출퇴근하기 위해서 모두 대도시로 이주했다. 그러나 이제는 시골 거주자든 도시 거주자든 직장 생활과 학교 생활에 아무런 차이가 없다. 재택 근무를 하면 울릉도에 살아도 문제될 것이 없다.

게다가 재택 근무를 하면 휠체어 생활을 하는 사람은 매우 유리하게 된다. 오랜 생활 잘 적응해왔기 때문에 이동에 제약을 받는 장애자일수록 재택 근무가 편하고 원격 강의가 편리하여 상대적 차별이 줄어들기 마련이다. 재택 근무를 하게 되면 출퇴근을 위해 굳이 승용차를 장만하지 않아도 좋다. 출퇴근 시간에 교통 혼잡도 사라지고 지하철도 붐비지 않아 한산하게 된다. 석유 소비도 크게 줄어들고 대기도 맑아지기 마련이다. 그러므로 모든 분야와 활동 영역에서 원격 문화로 가는 것이 그동안 소외되었던 사람들에게는 새로운 기회가 열리는가 하면, 인구 분산 효과와 함께 도시 사회의 교통 정체와 대기 오염 해소에도 큰 도움이 될 것이다.

3. 언택트의 원격 문화와 온택트의 긍정적 전망

비대면의 원격 문화가 대세를 이루는 상황이 조성되자 세계 지성들은 다투어 코로나 19 이후 시대의 사회를 언택트 사회로 상정하고 문제적 상황을 예측하고 있다(브리고, 2020). 그러나 나는 좀 다르게 생각한다. 기존의 콘택트 사회에서 변화되는 새로운 사회는 언택트 사회가 아니라 뉴콘택트 사회라고 여기는 까닭이다. 콘택트에서 언택트로 가는 것은 대안도 아니고 바람직하지도 않을 뿐 아니라 인간은 사회적 동물인 까닭에 근본적으로 언택트를 지향하지도 않는다. 콘택트의 방법이 다를 뿐 콘택트를 거부하는 것도 아닌 까닭이다. 따라서 미래는 새로운 콘택트 사회 또는 콘택트 다양성 사회로 갈 것이라고 하는 것이 더 정확한 전망이라 하겠다.

왜냐하면 현대인은 가족들끼리 같은 집에 살면서도 제각기 자기 모니터를 매개로 다른 사람들과 소통하고 교류하는 데 익숙하기 때문이다. 스마트폰은 물론, 텔레비전과 컴퓨터 모니터를 제각기 들여다보며 정보를 검색하고 다른 사회와 교류하며 친구들과 채팅한다. 부부끼리 같은 방에 앉아서도 서로 다툰 듯이 스마트폰을 제각기 들여다보며 카톡방에서 따로 소통한다.

직장 동료는 물론, 친구들끼리 같은 공간에 함께 있어도 대면 소통보다 모니터를 이용한 원격 소통 방식을 선호한다. 인터넷과 스마트폰의 대중화로 공간적 거리를 초월하여 서로 소통하며 관계를 맺는 것이 일상화(임재해, 2019)된 까닭이다.

공간적으로 멀리 떨어져 있어서 만날 수 없는 가족과 친구들도 인터넷 또는 SNS를 수단으로 시공간의 구애를 받지 않고 수시로 더 자유롭게 소통하고 접촉한다. 한 집에 사는 가족끼리도 이 방에서 저 방으로 폰을 하고 카톡으로 의사소통을 하면서 일일이 대면 접촉을 하지 않고 원격 접촉을 한다. 같은 사무실에 근무하는 직원들도 서로 자리를 찾아다니면서 대면 소통을 하는 것보다 온라인 채팅이나 문자, 카톡으로 원격 소통을 하기 마련이다. 그러므로 사무실과 같은 좁은 공간에 함께 있다고 해서 콘택트가 아니고, 서로 대면하지 않는다고 하여 언콘택트라 할 수도 없다.

다만 콘택트의 방법만 다를 뿐이다. 온라인 채팅으로 오히려 더 쉽게 더 자주 직장 동료들이나 가족과 접속하고 소통하는 사회가 된 것이다. 언제 어디서든 서로 접속이 가능한 가상 공간에서 만나기 때문이다. 가상 공간에서는 아무런 간섭을 받지 않고 사생활 침해도 없는 까닭에 양방향 소통이 더 원만하게 이루어진다. 따라서 마음 맞는 사람들끼리 양방향 소통을 하면서 공감대를 이루고 서로 교류와 협력을 함으로써 가상 공동체의 일원이 되는 것이다.

공동체를 구성하는 필수 요소가 종래처럼 같은 마을에 사는 지역성이 아니라 스마트폰 번호를 서로 공유하는 것이다. 폰 번호만 서로 알게 되면, 페이스북 공동체(임재해, 2012b)가 만들어지는 것처럼 카톡방 공동체 또는 스마트폰 공동체도 만들 수 있다. 오래 함께 살아온 이웃도 서로 스마트폰 번호를 모르면 친밀한 관계라 할 수 없다. 길에서 잠깐 만나거나 서로 스쳐도 전번을 알려주고 전번을 서로 등록하는 사람이라면 이미 가까운 이웃이나 다름없다(임재해, 2012b). 전번을 공유하게 되면, 가상 공동체의 일원으로 접속과 소통이 가능해지는 것은 물론, 언제든 현실 공간의 만남 가능성까지 열려 있는 까닭이다.

　따라서 이제는 같은 아파트, 같은 동, 같은 층에 사는 이웃보다 전번을 공유하는 사람들이 사실상 콘택트의 열쇠를 가진 것이나 다름없다. 아파트의 열쇠를 갖춘 것처럼 언제든 등록된 전번으로 양방향 소통과 접촉이 가능하기 때문이다. 스마트폰에 깔려 있는 다양한 앱은 무제한 접속의 열린 세계로 들어가는 창이다. 현실의 창은 하나지만, 온라인의 창은 무한하게 열려 있다. 그러므로 미래 사회로 갈수록 현실 공간의 만남이 가지는 제약과 불편을 넘어서 온라인 접속에 의한 자유로운 만남과 소통이 더욱 중요한 비중을 차지하는 온택트Ontact 사회가 될 것이다.

　더군다나 코로나 바이러스가 물리적 대면 접촉을 금지하는 까닭에 비대면 접속의 확산은 더욱 가속화될 것이다. 코로나 19가 사람들을 온라인 콘택트, 곧 온택트 사회로 가지 않을 수 없도록 밀어붙이는 까닭이다. 온택트 사회가 되면 현실 공간에서 확보한 사회적 신분보다 누가 사이버 공간에서 많은 접속을 하고 호응을 받는가 하는 것이 사회적 위상을 결정하는 준거가 된다. 현실 공간에서는 대부분의 사람이 사회적 신분과 경제적 수준, 직업, 외모, 성별, 인종, 나이 등에 따라 차등화되어 있다. 직원 모임이나 회의를 하게 되면 격식을 앞세우고 계급과 직책에 따라 발언의 무게 중심이 다르다. 상대적으로 하위 직급은 발언 기회도 없으며, 받아쓰기 하느라 시간만 낭비한다.

그러나 온라인 회의에서는 그러한 격식과 차별이 없고 민주적 의사소통으로 회의 주제에 대한 집중도가 더 높아질 뿐 아니라 실제 업무 역량이 뛰어난 사람이 인정 받는 능력주의 체제로 가게 된다. 회사의 직급과 상관없이 접속자 누구든 자기 의견을 피력할 수 있는 기회가 사무실 회의보다 더 자유롭게 부여되고 있다. 온라인에서는 직급의 위상보다 개인적 능력이 자기 의사 표현 기회를 보장하게 되는 까닭이다.

따라서 회의 효과가 대면 회의보다 더 크다. 대면 회의를 금지하자 자연스레 비대면 회의가 잦아질 수밖에 없다. 코로나 19의 지시에 따라 접촉을 금지하는 것이 곧 언택트 사회로 가는 것은 아니다. 비대면 회의처럼 온라인에서 다른 방식의 안전한 접촉 방법을 얼마든지 모색할 수 있기 때문이다. 그러므로 격리와 차단을 겨냥한 비대면의 원격 문화는 언택트 사회가 아니라 뉴택트Newtact 사회 또는 멀티택트Multitact 사회라 해야 마땅하다. 모두 온라인에 의한 접촉인 까닭에 줄여서 온택트 사회라 할 수 있다. 언택트 사회라는 규정은 콘택트가 아예 불가능한 사회인 것처럼 인식할 위험도 있다. 그러므로 콘택트가 가능한 새로운 방식의 온택트 사회를 상정하는 것이 더 바람직하다. 언택트와 달리 온택트는 온라인 콘택트로서 미래의 콘택트 방식을 적극적으로 포함하는 개념이다.

온라인의 사이버 공간에서는 더 다양한 접속과 관계망이 이루어지는 사회다. 지역과 신분, 연령, 성별, 인종의 장벽을 쉽게 넘어서 접속이 가능한 까닭에 더 인간다운 삶을 누릴 수 있다. 격리와 차단에 종속된 언택트만 추구해서는 공동체가 붕괴되고 개인적인 삶도 망치게 된다. 따라서 코로나 19 이후를 섣부른 언택트 사회로 표방하는 것에 반대한다. 지금까지 대면 문화를 누린 시대를 콘택트 사회라 한다면, 앞으로 온라인 접속으로 비대면 문화를 누리게 될 시대는 언택트 사회가 아닌 온택트 사회로 전망하기 때문이다. 그러므로 온택트 사회에서는 사이버 세계의 접속에 따른 새로운 예절이 문제된다.

우리 시대는 스킨십skinship이 이루어지는 '사랑의 접촉'보다 클릭십click-ship[4]에 의한 '소통의 접속'이 지배하는 생활 세계에 이르러 있다. 타자와 접촉, 특히 이성과 접촉을 잘못하면 문제적 상황이 벌어질 수도 있으므로 스킨십은 가능하면 삼가야 할 예절이다. 그러나 클릭십은 사이버 세계의 시작이자 끝이며, 지켜야 할 기본 예절이다. 우선 클릭하지 않으면 사이버 세계로 들어갈 수도 없고 사이버 세계에서 마음껏 여행을 즐기더라도 투명 인간처럼 존재감이 전혀 없다. 누구와 상호 소통하면서 자기 존재를 인정 받으려면 클릭해야 할 뿐 아니라 다수의 클릭을 받아야 하기 때문이다(임재해, 2019).

지금 우리는 콘택트 사회의 스킨십 문화에서 온택트 사회의 클릭십 문화로 가고 있다. 페이스북에서든 유튜브에서든 사이버 공간에서는 클릭십이 접속의 기본적 행동 양식이자 친교를 맺고 상호 소통하는 최소한의 예절이다. 인터넷의 생활 세계에서 클릭십을 잘 발휘하며 또한 다수 접속자에 의해 클릭십 호응을 받고 지지 댓글을 많이 받는 것이 명성의 척도다. 구독자 수나 '좋아요' 수가 곧 그 사람의 명성을 결정하는 준거인 까닭이다. 그러므로 클릭십이 가장 중요하다.

학교 생활에서 성적이 낮아 소외된 학생들이나 언론에 노출된 적이 없어서 사회적 인지도가 없던 사람들도 인터넷이나 페이스북, 유튜브 등에서 클릭 수에 따라 높은 지지를 얻을 수 있다. 주부들의 살림살이나 농부들의 농사 활동은 물론, 아이들의 재롱과 반려견의 일상도 사이버 세계에서 관심을 끌고 유튜브에서 조회 수가 크게 오르면 유명해지고 그에 따른 경제적 수익도 창출할 수 있다.

온라인에서는 우뚝한 학벌이나 재벌 2세의 금수저, 명품 가

---

4 페이스북과 같은 SNS의 포스팅과 댓글에 적극적으로 클릭하는 마음가짐이나 정신적 태도를 클릭십이라는 말로 일컬었다. 사람들끼리 몸으로 만나는 물리적 공간의 '스킨십'에 대한 상대적인 개념으로, 사이버 공간에서 이루어지는 접속을 '클릭십'이라고 조어한 까닭에 영어 사전에는 없는 말이다. 여기서 처음 만들어 쓰는 말이어서 앞으로 용어화될지 알 수 없지만, 네티즌이나 앱티즌에게 매우 유용한 디지털 용어가 될 것이다. 특히 코로나 19와 관련하여 물리적 거리두기를 해야 하는 만큼 마음과 마음은 더 가까이 소통해야 할 필요가 있으므로 클릭십은 더욱 바람직하다.

방, 고급 승용차, 빼어난 외모 등이 문제되지 않는다. 오프라인과 달리 인정 투쟁의 기준이 다른 까닭이다. 이력서가 화려한 잘난 인물이 아니라 호기심을 자극하는 흥미로운 인물, 사회적 성공을 거둔 우뚝한 인물이 아니라 접속자에게 구체적 도움이 되는 유용한 인물이 온택트 사회의 선택과 지지를 받는다. 그러자면 사회적 스펙보다 접속자의 관심을 유발할 만한 창조적 발상이 중요하고, 권력과 금력의 후광보다 자기 개인의 숨은 재능을 발휘하는 역량이 두드러져야 한다.

따라서 온택트 시대는 콘택트 시대의 기득권을 해체하고 새로운 만남의 세계를 민주적으로 열어갈 수 있다. 혈연과 학연, 지연, 인종, 종교에 따라 사회적으로 주어진 편파적인 콘택트 사회에서 개인의 능력에 따라 창조적 다양성과 일상적 유용성이 선택 받는 수요자 중심의 민주적 온택트 사회로 가게 되는 것은 또 하나의 혁명이다. 이 혁명은 계급 모순과 민족 모순을 한꺼번에 해결하는 온라인 세계의 인정 투쟁 혁명이다. 온라인에서 이루어지는 접속과 선택, 댓글, 공유, 지지 등은 외부의 영향력에 휘둘리지 않고 접속자의 자발성이 보장되는 까닭에 주권 침해가 전혀 없다. 그러므로 콘택트 사회보다 온택트 사회가 더 민주적이고 더 참여적이며 더 능력주의적인 사회가 될 것이라는 점에서 희망적 전망이 가능하다.

이전에는 예사 시민과 학생들이 직장이나 학교에서 집단 생활을 하는 까닭에 온라인 접속이 자유롭지 못했다. 상급자나 교사로부터 일정한 제약을 받는 까닭에 틈틈이 하는 카톡이나 SNS

가 고작이다. 다만 직장 고참이나 교장, 교감 등 직급이 높은 간부들만 자유로운 접속 기회를 마음껏 누렸다. 하지만 재택 근무나 원격 수업이 주류를 이루는 온택트 시대에는 온라인 접속 기회가 자유롭게 보장된다. 아무도 엿보지도 간섭하지도 않는 자기 공간에서 사이버 세계의 자유로운 섭렵은 물론, 자기 생활 영역의 범주를 사이버 공간에서 다양한 차원으로 확장할 수 있다.

따라서 차단과 격리의 비대면 사회를 언택트 사회라고 간주하는 부정적 인식을 극복하고 다중 접속이 가능한 멀티콘택트 사회 또는 깨어 있는 동안 늘 접속이 가능한 온택트 사회로 가게 된다는 긍정적 전망에 더 기대를 걸어야 한다. 앉아서 자유롭게 유목하는 온택트 사회의 노마디즘이야말로 시간을 절약하고 연료 소비를 줄이며 대기를 맑게 하여 지구를 살리는 대안 콘택트 문화로 적극 의미 부여를 할 필요가 있다.

그럼에도 현재의 콘택트 사회에 안주하는 사람들은 차단과 격리에 따른 언택트 사회를 과잉 해석하여 불안을 조성할 수 있다. 그러나 새로운 사회로의 전환은 일정한 충격이 있게 마련이다. 왜냐하면 기존의 구조물을 허물지 않고서 새 구조물을 지을 수 없기 때문이다. 파괴 작업은 창조 공학의 일환이다. 공든 탑이 무너지는 것을 파괴라고 여길 것이 아니라 그 자리에 더 나은 새 탑을 쌓으려는 전망을 구상해야 희망적이다. 현재 잘못 가고 있는 미국 중심의 세계 질서와 기후 위기를 악화하는 시장 경제 체제를 아무도 허물 수 없었는데 코로나 19가 인간을 대신해서 단시간에 해체해준 까닭이다. 그러므로 현재 체제에 갇히지 않아야 코로나 팬데믹을 변혁 운동의 계기로 삼고 이후의 시대를 창조적 전망으로 열어갈 수 있다.

혈연과 학연, 지연으로 뭉쳐진 한국 사회는 사실상 낡은 사회이자 과잉 콘택트 사회다. 과잉 콘택트 관행을 무너트려야 새로운 사회가 열린다. 열린 사회는 닫힌 사회와 다른 공간에 별도로 존재하는 것이 아니라 동전의 양면처럼 그 이면에 함께 존재한다. 언택트의 이면에 온택트가 있다. 같은 시공간에 모일 수 없는 까닭에 거리와 시간을 초월해서 언제든지 만날 수 있는 온라인 접속을 더 자주 하기 마련이다. 시공간의 제약을 전혀 받지 않고 접속할 수 있는 까닭에 페이스북이든 트위터든 서로 떨어진 사람들끼리 즐겨 접속한다. 자연히 언택트 체제에서는 온택트가 더욱 빈번하고 긴요해질 수밖에 없다. 코로나 19에도 온택트가 문제되지 않는 것은 현실 공간에서는 모이면 문제가 되지만, 사이버 공간에서는 많이 모일수록 신바람이 나기 때문이다.

"모든 것이 정지되는 속에서 새 것이 잉태되고 있다(김채현, 2020)." 언택트의 정지가 온택트의 접속을 불러일으킨다. 강단 강의가 멈추고 원격 강의가 시작되자 교수의 무능이 드러나고 강사의 능력이 인정 받게 되었다. 이력서 위주의 스펙 사회는 지고 실제적 역량 중심의 능력 사회가 뜨고 있다. 정규직의 기득권 체제는 무너지고 비정규직의 자유 경쟁 체제가 구축된다. 대학에 연구실이 있는 교수들도 재택 강의를 하면 연구실이 없는 강사의 처지와 다르지 않다. 교수와 강사의 가장 큰 차별이 보수의 다소 못지않게 심각한 것이 연구실 유무다. 재택 근무를 하게 되면 교수와 강사 사이의 상대적 '다소' 차별은 있어도 절대적 '유무' 차별은 없어진다.

재택 근무와 재택 강의를 하면 굳이 직장과 학교와 가까운 도심 아파트에 살지 않아도 그만이다. 시골에 살면서도 서울의 직장에 근무하고 일류 대학의 강의를 들을 수 있다. 중고등학생도 좋은 학군으로 가기 위해 도심으로 이사를 가거나 위장 전입을 하지 않아도 능력껏 학교에 다닐 수 있다. 그러면 이농 현상보다 귀촌 현상이 늘어나면서 도시의 과밀 인구도 해소하게 될 뿐 아니라 도시와 시골의 지역 격차도 줄일 수 있다. 그러므로 언택트 사회라는 어두운 전망을 극복하고 혁신적인 온택트 사회가 새로 구성되고 있다는 개벽 수준의 전망을 해야 바람직한 미래를 만들어갈 수 있다.

4. 원격 문화의 일상화와 의식주 생활 세계 구상

구제역이나 조류 독감과 달리 코로나 19를 아주 빠르게 전 지구적으로 감염시킨 주체는 돼지도 닭도 아닌 사람이다. 사람이 이동하는 경로를 따라 바이러스도 이동하고, 사람들이 모이는 공간에서 바이러스도 모이는 까닭이다. 사람들이 빨리 이동할수록 확산 속도도 빠르고 사람이 많이 모일수록 바이러스 감염자도 증폭되기 마련이다. 바이러스는 발생 원인도 사람이고 지구적 확산도 사람 탓이다.

따라서 신종 바이러스의 발생과 확산을 막으려면 사람이 달라져야 한다. 현재 진행 중인 코로나 19는 백신이 발명될 때까지 장기간 지속될 뿐 아니라 앞으로 새로운 바이러스가 창궐할 가능성이 높다. 백신이 발명되고 접종률이 높아져도 새로운 변종에 의해 바이러스 확산은 계속된다. 그러면 사람의 생활 세계는 자연스럽게 바이러스의 감염을 방지하는 활동을 계속하지 않을 수 없게 마련이다. 일시적인 사태가 아니라 반복적인 상황으로 가게 되면 인간의 방역 생활은 일상 문화로 자리잡게 될 것이다.

인간 중심의 시각으로 보면 바이러스 감염을 막는 위생 활동이자 방역 생활이지만, 탈중심주의 시각으로 보면 바이러스야

말로 인간의 일상생활을 건강하게 변화시키는 문화 변동의 주체라 할 수 있다. 다시 말하면 코로나 바이러스가 연출한 무대에서 인류 전체가 사회적 거리두기와 마스크 착용, 손 씻기 등 일정한 방향의 연기를 하지 않을 수 없게 된 상황이라는 것이다. 그러므로 인류의 자발적 문화 변동이 아니라 코로나 바이러스에 의한 강요된 문화 변동이 불가피하게 된 사실을 받아들여야 한다.

코로나 19의 연출은 사람들에게 접촉 금지를 가장 먼저 요구한다. 사람과 사람 사이의 관계를 일정한 거리 속에 이루어지도록 요구한다. 일상적으로 악수를 금지하고 포옹을 삼가게 하며 여럿이 모이지 못하게 만든다. 감염 가능성이 있으면 자가격리의 낮은 단계 조치가 이루어지고, 감염 확진이 되면 가택연금, 병실 입원, 음압병동 수용까지 높은 단계의 의료적 격리가 이루어진다. 그러므로 코로나 19의 연출에 따라 사람들은 차단과 격리를 최우선 가치로 움직일 수밖에 없다.

사람들의 이동은 곧 바이러스의 동선이자 침투 경로고, 사람들의 모임은 곧 바이러스의 창궐을 뜻한다. 따라서 사람들의 이동과 모임은 국제적이든 지역적이든 가정적이든 규모와 상관없이 문제적이다. 사람들이 곧 바이러스의 숙주인 까닭이다. 따라서 사람들의 관계가 민감하고 접촉도 친밀하기 마련인 가정의 일상적 의식주 생활도 바이러스 감염에 매우 취약할 수밖에 없다. 그러므로 의식주 생활의 변화에 따른 전망과 예민한 대응이 긴요하다. 먼저 재택 생활과 자가격리의 최후 보루인 주생활부터 주목해보기로 한다.

집의 기능부터 크게 달라지게 된다. 재택 근무를 비롯해서 재택 공부, 재택 신앙, 집밥 식사를 하는 것은 물론, 직업에 따라서 재택 공연과 훈련을 해야 하는 재택 연습 공간이기도 하다. 게다가 확진자 접촉으로 감염 우려가 되는 가족을 2주간 격리해야 하는 공간이 집이다. 종래에는 집이 밤에만 잠깐 머무르는 한갓 잠자리 공간으로서 거의 하숙집 같은 곳이었다면, 이제는 24시간 머물면서 직장과 학교 기능은 물론, 운동과 훈련, 공연 기능까지 하는 종합 공간의 집으로 변신해야 한다. 감염 의심 환자가 발생할 경우 집은 자가격리 조치 가능한 간이 병원 기능도 할 수 있어야 한다.

막연하게 평수 넓은 아파트가 고급 주택이라는 고정관념에서 벗어나지 않을 수 없다. 투자 가치가 높고 현대적 편의 시설을 갖춘 투기적 가치의 고층 아파트보다 24시간 부모, 자녀가 함께 편안하고 안전하게 머물면서 각자 자기 일과 공부, 훈련, 휴식을 자유롭게 할 수 있는 구조를 갖춘 기능적 가치의 전원주택이 더 바람직하다고 할 수 있다.

전원주택에서는 아파트에 없는 마당 문화를 누릴 수 있다. 마당에서 운동은 물론, 일정한 훈련과 연습 활동도 가능하다. 개와 닭 등 가축을 기를 수 있을 뿐 아니라 정원수를 심고 꽃밭을 만들 수 있으며 텃밭에 채소를 가꾸어 자급자족할 수 있다. 가족 구성원의 다양한 성격과 가구주의 직업 또는 취미에 따라 맞춤형 설계도 긴요해질 전망이다. 아파트 단지나 공공 건물 건축을 담당하는 대형 설계회사보다 소형 설계사무소가 맞춤형 단독주택 설계의 재능을 발휘할 때다.

가족 가운데 확진자가 발생했을 때, 집안에서 가족과 접촉을 줄이면서 혼자 격리 생활을 할 수 있는 공간이 있어야 집의 안전성이 보장된다. 혼자 방 안에서 독립 생활이 가능한 원룸 시설의 방 하나를 특별히 갖출 필요가 있다. 자가격리용 방은 전시에 숨을 수 있는 비밀 공간을 집안에 마련해두는 것과 같은 안전 장치다. 집이 사무실이고 집이 학교이며 집이 놀이터이자 피난처로서 안전해야 하기 때문이다.

자연히 도시 밀집 지역 아파트 단지 거주보다 시골의 전원 주택을 선호하는 경향에 따라 귀촌 인구가 더 늘어날 것이다. 재택 근무로 도시 사무실 공간이 텅 비는 것처럼 도시를 떠나 시골로 이주하는 경향이 나타나면 도심의 공동화 현상도 나타나고 집값 하락도 예상된다. 그리고 도시 인구의 분산으로 인구 과밀화에 따른 부작용도 크게 줄어들 조짐이다. 그러므로 인구 밀집의 도시적 상황이 더 바람직하게 바뀔 가능성도 크다.

가옥 구조도 거실과 침실 공간으로 구성된 종래의 설계에서 직장 생활의 사무 공간과 교실 수업을 대신하는 학습 공간 위주로 설계되어야 한다. 앞으로는 신앙 생활도 교회나 성당, 사찰에 가지 않고 집에서 원격으로 하는 경향으로 갈 것이다. 가족들의 신앙에 따라 가정 예배가 가능한 신앙 공간이 만들어질 수도 있다. 따라서 방마다 기능적 독립성을 더 잘 확보하고 외부와 네트워크가 원활하도록 컴퓨터 또는 노트북을 갖추어야 한다. 이런 상황에서는 붙박이용 PC보다는 쉽게 휴대할 수 있는 노트북이나 태블릿 컴퓨터가 더 유용하다. 따라서 노트북과 태블릿 컴퓨터의 수요와 보급이 대폭 늘어날 전망이다. 일반 컴퓨터에도 노트북처럼 영상 회의나 영상 수업이 가능하도록 으레 카메라가 기본적으로 장착되어 있고 ZOOM 프로그램이나 앱도 깔려 있어야 한다. 앞으로 주택은 층간 소음 방지는 물론, 방간 소음 차단 기능도 완벽하게 해야 사무와 학습에 지장이 없다. 그러므로 벽채의 단열 기능과 집안의 냉난방 기능 못지않게 방간 소음 방지 기술 시공이 더욱 발전되어야 할 것이다.

집안의 청소 기능도 큰 변화를 초래할 것이다. 왜냐하면 사람들이 자주 접촉하는 시설물, 특히 손으로 자주 만지는 시설물을 아주 청결하게 관리해야 감염을 막을 수 있기 때문이다. 집안 구조물에서 온가족 누구나 손으로 가장 많이 만지는 것이 출입문 손잡이다. 바깥 외출을 마치고 집안으로 들어올 때는 출입구 손잡이를 만지기 전에 소독액으로 손부터 닦는 것이 바람직하다. 기술적으로는 손잡이를 만지지 않고 출입할 수 있도록 자동화가 필요하다. 출입문의 자동화도 손으로 스위치를 눌러야 하는 경우는 여전히 감염 가능성이 있다. 따라서 손이 아니라 발로 터치하는 스위치를 만드는 것이 더 안전하다.

집안 청소나 공공 기관 청소도 방식이 크게 바뀌어야 할 상황이다. 청소 도구 하면 바닥을 닦는 걸레가 떠오르는 것처럼 그동안 대부분의 청소는 바닥을 쓸고 닦는 청소였다. 따라서 자동 청소기도 바닥을 닦는 형태가 일반적이다. 청소 시기도 아침 또는 저녁에 하루 한 차례 이루어지던 것이 이제부터는 바닥 청소

보다 손이 닿는 손잡이 청소가 하루 몇 차례씩 수시로 이루어지게 될 것이다. 특히 다중이 이용하는 공공 시설의 경우는 더욱 그러해야 한다. 그러므로 가볍게 소독액을 뿌리는 작업과 손이 닿는 곳을 부분적으로 닦아내는 청소가 새로운 청소 문화를 이루게 될 것이다.

집안의 상비약 상자 구성도 달라지게 되었다. 간편한 밴드나 붕대보다 마스크가 더 중요한 상비품이다. 충분한 마스크 확보는 물론, 체온계가 비상약품 상자의 필수품이 되어야 한다. 체온계는 누구나 쉽게 측정할 수 있는 감염 감별기인 까닭이다. 집 안에서 누구든 환자가 발생하면 체온부터 재는 것이 가정 의료의 기본으로 자리 잡을 것이다. 출근하거나 모임에 나갈 때 조금이라도 몸이 찌뿌듯하면 체온부터 재고 열이 있으면 자가격리에 들어가는 것이 바람직하다.

집은 잠자리 공간이 아니라 온 가족이 24시간 2주일 이상 머물러도 가장 안전하고 쾌적한 독립 공간이어야 한다. 바이러스 침투로부터 온 가족을 지켜주는 벙커이자 일과 공부, 놀이, 신앙 생활을 집안에서 할 수 있는 다기능 공간으로 거듭나게 되었다. 집에서 문제가 생기면 사회적 시설로 이동하여 대피하는 것이 아니라 오히려 사회적으로 문제가 되면 안전한 집으로 이동하여 칩거하는 것이 최상의 대책이다. 그러므로 집은 거주 공간으로서 편의성과 함께 기능적 가치가 더욱 높아지게 될 것이다.

집이 중요하면 집밥도 중요하다. 직장 회식이 줄어들고 가족들도 외식을 삼갈 뿐 아니라 학생들도 학교에 가지 않아서 삼시 세끼 집밥을 먹는 경향으로 가고 있다. 큰 홀에서 단체로 먹는 외식 산업은 축소되고 배달 음식업은 성행하는 시대로 가고 있다. 온 가족이 함께 식사하는 시간이 늘어나서 가족 문화의 건강성을 회복하는 동시에 집밥에 익숙해진 아이들은 식중독 없는 영양 섭취를 제대로 하고, 어른들은 외식과 술을 줄일 수 있게 되어 가족 건강이 한층 나아질 수 있다.

집밥 문화도 혁신 가능성이 높다. 종래처럼 찌개나 전골 등 큰 냄비에 끓여서 식구들이 공동으로 퍼먹는 방식은 자제될 것이다. 제각기 쓰던 숟가락이나 젓가락을 공동으로 먹는 음식에는 먹을 때 사용하지 않아야 감염을 줄일 수 있기 때문이다. 따라서 반드시 밑접시를 이용하여 덜어 먹거나 음식을 더는 데만 사용하는 수저를 별도로 갖추어야 할 것이다. 가족마다 별도로 밥상을 차리는 전통 상차림 양식도 대안 상차림으로 다시 등장할 것이다. 전통 잔치에서는 많은 손님이 한꺼번에 몰려도 상차림은 독상이 기본이었다. 특별한 회식 상차림이 아닌 경우에는 독상 차림의 전통이 새로운 양식으로 회복될 가능성이 높다.

식당에서도 옆자리와 칸막이 시설을 하거나 혼자서 먹을 수 있도록 좌석 배치를 하게 되었다. 여럿이 앉는 긴 테이블 구조에서 한두 사람이 앉는 일인용 좌석이 격리에 수월하기 때문이다. 비대면의 격리에 따른 혼밥 또는 혼술 경향이 더 진전될 수 있다. 공동 배식을 하는 업체의 식당이나 학교 식당에서는 자리를 마주하지 않고 한 방향으로 보고 앉아서 먹도록 하는 기이한 풍속도 새로 출현했다.

집밥을 먹는 가족들이 늘어나자, 이미 동네 반찬 가게는 반찬이 없어서 못 팔 정도로 성업 중이라고 한다. 외식 산업은 축소되고 배달 음식과 반찬 산업은 더 발전할 전망이다. 집밥 문화의 경향에 따른 식기나 조리 기구 개발로 집밥 문화를 새로 만들어갈 주방 기구 산업의 창조적 발전이 기대된다. 집밥의 비중이 커지자 요리 강좌도 인기를 끌게 되었다. 전업주부들만 배우던 요리 강좌가 가족들 전체로 확산되기 시작한 것이다. 출근하던 남편들이 재택 근무를 하면서 집안에서 요리하고 설거지를 거드는 풍속이 일상화될 조짐이다.

독립 거주자는 각자 혼밥이나 혼술을 할 처지에 있는 사람들끼리 온라인에서 접속하여 함께 밥을 먹거나 술을 마실 수 있다. 온라인 공간에서 서로 정해둔 식사 시간에 밥을 함께 먹으면서 서로 즐기는 음식과 요리에 대한 정보를 교환하고 세상 살이와 관련된 밥상머리 대화를 나누면서 혼밥의 외로움을 극복할 수 있다. 온라인 술판에서도 서로 좋아하는 술과 안주를 차려 놓고 술잔을 들어 함께 건배하며 노래를 불러 술을 권할 수 있다. 현실 공간에서는 불가능하지만, 온라인 공간에서는 혼밥, 혼술 주체들의 작은 잔치가 삼삼오오 이루어질 수 있다.

식문화의 변동처럼 의문화의 변동도 코로나 19의 지시에 따를 수밖에 없다. 마스크 패션이 전 세계적이다. 돌림병 코로나 바이러스의 감염을 막기 위해서는 몸에서 감염 통로가 되는 입과 코, 손, 그리고 눈을 차단해야 한다. 입을 통로로 한 전염과 감염은 마스크 착용으로 막는 것이 기본이기 때문이다. 마스크를 거부하던 국가에서도 이젠 마스크 착용을 일반화하고 있다.

마스크를 쓰게 되면 사람들을 볼 때 서로 눈을 보게 된다. 대화할 때도 상대방의 눈을 보면서 이야기하는 것이 바른 태도다. 눈은 그 사람의 진정성을 드러내는 마음의 창이다. 마스크의 일상화로 여성들의 얼굴 성형과 화장 양식도 달라진다. 마스크로 가려지는 입과 코, 턱보다 늘 드러내게 되는 눈이 매력의 포인트다. 따라서 쌍거풀과 눈썹을 비롯한 눈 성형이 늘어날 것이며 립스틱보다 눈 주위를 꾸미는 아이메이크업용 화장품과 이것을 지우는 화장품 수요가 늘어날 전망이다.

눈도 중요한 감염 경로다. 바이러스가 눈으로 침투될 뿐 아니라 바이러스 묻은 손으로 눈을 만져도 감염이 되는 까닭이다. 따라서 공중 전염이나 접촉에 의한 감염을 막기 위해 안경을 착용하는 것이 도움이 된다. 시력과 상관없이 안경을 끼는 까닭에 다중 집회에서는 마스크와 함께 선글라스 착용을 권장할 만하다. 선글라스가 실내 생활에는 불편한 까닭에 야외에서는 선글라스처럼 색깔이 짙어지고 실내에 들어오면 색깔이 사라져 투명해지는 가변성 안경, 곧 변색렌즈를 사용한 트랜지션스 안경의 수요가 늘어날 수 있다. 그리고 이러한 안경은 방역 기능과 함께 새로운 패션의 안경이 될 가능성이 높다.

문제는 마스크와 안경을 함께 사용하게 되면 안경에 김이 서려 불편하게 된다는 점이다. 따라서 안경에 김이 서리지 않게 마스크를 착용하는 방법(나경철, 2020)은 물론, 아예 김이 서리지 않게 하는 마스크와 안경을 개발할 필요도 있다. 이런 기능을 갖춘 마스크와 안경의 수요가 늘어날 것이기 때문이다. 이미 안경 김서림 방지제나 김서림 방지 안경닦이가 안티포그용으로 시판되고 있다. 마스크와 안경이 일상화되면서 안경은 물론, 마스크의 패션화도 가속화될 것이다. 자연히 마스크 디자이너라는 새로운 일자리도 만들어갈 수 있다.

전염병 감염에 가장 중요한 매개 구실을 하는 것이 손이다. 바이러스가 묻은 손으로 입이나 눈을 만지면 감염되는 까닭에 손 소독이나 손 씻기를 일상화해야 한다. 새로운 청결 문화가 자리 잡아서 다른 질병의 발생도 막아주는 순기능도 한다. 실제로 코로나 19 이후에 감기 환자가 줄어들고 안과 환자도 줄어들었다고 한다. 손으로부터 감염을 줄이기 위해 손의 청결 외에 장갑을 착용하는 방법도 있다. 장갑이 일종의 손 마스크이자 손 방호복이다. 따라서 추위를 막는 방한용 장갑이 아니라 돌림병을 막는 방역용 장갑을 생활화할 필요가 있다. 여름철에도 외출 시에는 착용이 간편하며 보기에도 아름다운 패션형 방역 장갑이 유행할 수 있다. 그러므로 이전 시기보다 장갑은 새로운 여성 패션으로 자리 잡을 가능성이 높다.

그렇다고 하여 손이 한갓 패션의 수단이기만 한 것은 아니다. 왜냐하면 일상생활에서 손이 가장 문제적인 활동을 하는 까닭이다. 인간은 누구나 손으로 대부분의 중요한 일을 한다. 선행도 손으로 하지만, 악행도 손으로 한다. 이웃을 도우는 따뜻한 손길은 아름답지만, 손버릇이 나쁘면 악의 손이 된다. 따라서 범죄와 단절을 나타낼 때 '손을 씻었다'고 한다. 그러므로 손을 씻는 의미는 도덕적이기도 하다. 범죄 이력을 입증하는 가장 긴요한 자료가 손이 남긴 지문이다. 이제는 손이 사람의 생명을 위협하는 바이러스 전파의 가장 중요한 매개 구실을 한다. 손의 접촉이 곧 바이러스의 감염 통로다. 따라서 손은 윤리적이어야 할 뿐 아니라 가장 위생적이어야 한다. 손길만 도덕적으로 깨끗해야 하는 것이 아니라 손 자체도 위생적으로 청결해야 하는 것이다. 그러므로 손에 대한 철학적 의미 부여도 새롭게 이루어질 전망이다.

손으로 악수하는 인사법도 삼가게 된다. 서로 안아주며 얼굴을 비비는 서구식 포옹 인사법은 더욱 문제적이다. 밀도 있는 접촉으로 감염 위험이 높기 때문이다. 이 기회에 허리를 숙여 목례하는 전통적인 인사법을 되살릴 필요가 있다. 이 사태가 장기 지속적으로 예상되는 까닭에 악수나 포옹의 접촉형 인사법은 극복되어야 한다. 일정한 거리를 유지하며 정중하게 허리를 굽혀 인사하는 한국의 전통적 인사 방법이 미래의 대안 인사 방법으로 세계화될 가능성도 있다. 그러므로 문화 되돌이 현상(임재해, 2006)이 더 적극적으로 나타날 것이라 생각한다. 처음으로 '문화 유턴 현상'이라고 일컬었지만, 그 뒤로는 '문화 되돌이 현상'으로 일컫는다. 문화 되돌이는 잊히거나 사라졌던 과거의 전통을 다시 찾아가거나 선택하여 이어받는 경향의 문화적 현상을 말한다.

5. 포스트코로나 시대 인류 사회의 변혁적 진보

아날로그 문명이 디지털 문명으로 전환되는 시기에 코로나 19의 느닷없는 출현으로 더 급격한 전환이 이루어지게 되었다. 그렇다고 하여 새로운 시대는 과거와 전혀 다른 시대로 비약하는 것은 아니다. 어떤 영역에서는 과거로 회귀하는 것이 가장 바람직한 탈근대일 수 있다. 따라서 탈근대의 방향 모색은 서로 모순 관계에 있는 두 가지 구상을 함께해야 한다. 하나는 다가올 미래를 가능한 정확하게 예측하고 흐름을 앞서서 성큼 나아가는 전위적 혁신의 미래 구상이고, 둘은 우리가 지나쳐 왔거나 버리고 왔던 과거 문화를 재계승해야 하는 전통적 회귀의 미래 구상이 있다.

앞의 탈근대로 가려면 온택트 사회의 디지털 문명과 AI 문명을 더 앞당겨 실현하는 길이고, 뒤의 탈근대로 가려면 생태학적 전통 생활의 건강성을 회복하여 지속 가능성을 확보하는 길이다. 이 두 길은 정반대의 길이자 시간적 선후가 서로 모순 관계에 있지만, 생활 세계에서 실현되는 문화로서는 동시에 가능하고 또 함께 추구해야 할 것이다. 가장 전통적이면서 가장 첨단적이야 할 뿐 아니라 과거의 전통을 현재화하고 다가올 미래를 현실로 적극 끌어들여야 한다. 코로나 바이러스는 이 두 길을 함께 가라고 인류에게 닦달하고 있다.

전위적 변혁의 탈근대는 상당히 불확실하다. 아무도 가보지 않은 길이기 때문이다. 참고할 준거가 없을 뿐 아니라 예측 불가능한 까닭이다. 따라서 용의주도한 설계와 창조적 발상, 능동적 의지가 함께 작동해야 실현이 가능하다. 반면 전통적 회귀의 탈근대는 분명하다. 이미 우리 인류가 겪어온 체험적인 생활 세계이기 때문에 정확하게 알 수 있을 뿐 아니라 익숙하기까지 하다. 그러므로 전통적 탈근대의 길은 가려고 하는 의지만 확고하다면 쉽게 실현이 가능하다.

그러자면 근대를 이끌어간 자본주의 체제의 산업화, 도시화, 금융화를 극복해야 한다. 산업화는 농업을 피폐화하고 이농 현상을 조장하였으며, 도시화는 인구를 집중화, 과밀화를 조성해서 교통 체증과 대기 오염을 조장했다. 수도 시설이 고장 나거나 전기가 끊어지는 사고가 나면 온 도시가 불편한 공간으로 돌변한다. 시골처럼 자급자족이 불가능한 까닭이다.

은행에 잔고가 많고 지갑이 두둑해도 자가격리되거나 가택연금 단계에 이르면 어떤 낭패를 당할지 알 수 없다. 금융 자산이 고립 상황에서는 무의미한 까닭이다. 미국 중산층도 시가지가 봉쇄되자 집안에 휴지가 떨어져서 쩔쩔 맸다고 하는 가구가 한둘이 아니다. 마실 물과 음식물이 장기간 자급되지 못하면 더 황당한 상황에 놓일 수 있다. 일정한 공간에 고립되면 금융 자산이 아니라 기본적인 생존용품의 자급이 중요하다. 도시와 달리 시골 주민들은 농경 활동으로 자급자족 체제와 이웃사촌 관계를 이루는 까닭에 세계적인 팬데믹 현상과 상관없이 자립적인 자율 공동체로서 안정성을 유지할 수 있다.

바이러스도 자연 생태계로 구성된 농촌에서는 기세가 꺾이고 풀이 죽는다. 도시에서는 날개를 달고 쏘다니는 코로나 바이러스가 시골에서는 족쇄를 찬 듯이 머뭇거리기 일쑤다. 인구가 분산되어 있을 뿐 아니라 야외 생활을 주로 하는 까닭이다. 코로나 19가 한창 기승을 부릴 때에도 시골 마을에서는 평소처럼 자유로운 일상을 누릴 수 있었다. 인구가 너무 많아서 문제인 낯선 군중의 도시 사회와 달리, 시골은 인구가 너무 적어서 문제인 익숙한 얼굴들로 구성된 공동체 사회다. 그러므로 격리와 차단의 경계심이 예민하게 작동되지 않는다. 공동체답게 모두 안면을 트고 지내는 익숙한 관계의 사회기 때문이다.

격리와 차단에서 문제되는 대상은 어느 집단에서나 낯선 사람이다. 낯선 사람은 마치 전시의 밀정처럼 그 감염 여부를 전혀 짐작할 수 없다. 따라서 개인적 차단과 격리가 이루어지는 경우에는 으레 낯선 사람들이 집중적 대상이다. 입국자들을 2주간 격리시키는 것도 사실상 같은 논리다. 실제로 바이러스와 관련한 여론 조사에서 낯선 사람에 대한 신뢰가 아주 낮은 것으로 나타났다.[5]

---

5 「포스트코로나 19…달라지는 미래」, 시사IN 제 664호, 2020. 5. 30. 참조 (http://news.kbs.co.kr/news/view.do?ncd=4458699)

도시란 사실상 낯선 사람들로 구성된 과밀 사회다. 바이러스가 대규모로 창궐할 수 있는 최적의 조건을 갖추고 있으므로 서로 의심하기 마련이다. 그러나 시골 마을에서는 서로 안면을 트고 지내는 공동체 생활을 하는 까닭에 낯선 사람이란 없다. 앞으로 더 안전한 미래 생활을 위해서는 차단과 격리가 문제되지 않고 자급자족이 가능한 시골로 귀촌하는 사람들이 늘어날 전망이다. 그러므로 농촌 공동체 문화는 전통 문화이자 '오래된 미래 문화'라는 호지Helena Norberg-Hodge의 탁견(호지, 김종철 외 옮김, 2001)[6]이 새삼 설득력을 지닌다.

코로나 19는 지구촌의 몸살이다. 몸살의 고통은 몸의 질병을 알려주는 고마운 신호다. 특히 전염병은 위생 관리를 철저하게 만드는 순기능을 발휘한다. 코로나 19의 전염성과 발열성은 지구촌의 불건강성에 대한 자명종 구실을 하며 인간 바이러스의 반생태학적 문명에서 깨어나도록 경고하는 기능을 하고 있다. 따라서 코로나 19라고 하는 지구촌 질병의 본질을 제대로 알고 슬기롭게 대응하면, 이미 여러 가지 순기능으로 지구촌의 건강이 되살아난 것처럼 코로나 19 이후의 새로운 세계 체제가 바람직하게 재편될 수 있다.

온택트 문화가 일상화되면서 콘택트 사회의 지배 세력인 기득권이 해체되고 세대 차에 따른 노소의 능력이 전도되며, 도농의 입지가 투기에서 거주 대상으로 바뀌며, 강대국 중심의 선후진국 우열이 역전되기에 이르렀다. 이러한 권력의 해체와 우열의 역전 상황은 변혁을 넘어서 세계사의 혁명이라고 해도 지나치지 않다. 그동안의 혁명은 많은 민중의 희생적 투쟁을 거쳐 인간 사회 내부에서 계급적 상하 관계의 전복으로 이루어졌다. 그러나 코로나 19는 계층 간의 투쟁 없이 모든 인간을 대상으로 강고하게 굳어진 기존 체제의 변혁을 연출하고 있다. 그러므로 역사적으로 불가능할 것 같은 혁명이 천지개벽 수준으로 진행된다고 해도 지나치지 않다.

왜냐하면 그동안 지구는 하나의 세계라는 말이 구호에 머물렀으나 이제는 달라졌기 때문이다. 인류는 지구촌 공동체의 구성원으로서 모두 대등한 존재라는 사실이 실감나게 인식되고 있다. 어릴 적부터 평등을 가르치고 배웠지만, 실제 생활에서는 거의 작동되지 않는 것이 평등 개념이었다. 그러나 코로나 바이러스는 모든 진실을 실감나게 일깨워주고 있다. 따라서 팔레스타인의 목을 조르기만 하던 이스라엘도 과거와 달리 팔레스타인을 지원하려고 나섰다.

> 이스라엘 총리 베냐민 네타냐후는 코로나 바이러스 확산을 막기 위해 팔레스타인 당국에 적극적인 지원과 협조를 제공했다. 인도주의적 동기에서 우러나오는 친절이 아니라 바이러스가 유대인과 팔레스타인을 구분하지 않기 때문이다(지젝,

---

6 저자는 "올바른 미래를 찾는 우리의 노력은 불가피하게 자연(인간 본성을 포함하는)과의 더 큰 조화를 이루는 어떤 근본적인 패턴으로 돌아갈 수밖에 없는 것"이라는 생각에 라다크의 마을 공동체 문화를 오래된 미래 문화로 인식했다.

2020).

코로나 바이러스는 네타냐후Benjamin Netanyahu 총리에게 유대인과 팔레스타인은 하나라는 사실을 실감나게 일깨워 주었다. 팔레스타인이 바이러스에 감염되는 것은 곧 이스라엘인의 목을 조르는 일이었기 때문이다. 두 민족은 서로 이웃이자 하나의 공동체로 재인식된 셈이다. 아무리 높은 장벽을 세워도 둘을 갈라놓을 수 없다. 하느님이 수천 년 동안 애써도 일깨워주지 못한 진실을 코로나 19 바이러스가 단숨에 일깨워준 것이다. 보이지 않은 신의 손이 작동하는 것처럼 보이지 않는 코로나 19의 말없는 경고이자 영적 가르침이 빚어낸 이스라엘의 기적이다.

성자의 가슴속에 영적 스승이 자리 잡고 있는 것처럼 우리 몸속에는 수많은 바이러스가 존재한다. 코로나 19는 위기의 인류를 구하려고 지금 여기 우리에게 현현한 바이러스의 하나며, 우리 시대의 메시아이자 미륵이고 진인眞人이다. 그러나 이러한 해석은 인간중심주의 편견에서 벗어나지 못한 것이다. 코로나 19는 바이러스의 감염으로 인간 종을 격리시킴으로써 지구촌이 생태학적으로 되살아나는 현상을 충격적으로 보여주었다. 인류가 아니라 지구촌을 건강하게 되살리는 것이 코로나 19가 일으킨 기적의 진실이다. 그러므로 인류가 자기 가슴에서 제각기 발현되고 있는 코로나 19의 가르침을 온전하게 자각한다면 인류가 만들어가는 지구촌의 미래는 지속 가능성을 더 희망적으로 전망해도 좋을 것이다.

그러나 낙관은 사려 깊지 못하다. 우리 사회가 코로나 19 이후 시대의 세계를 앞장서서 이끌어가야 한다는 현실 인식과 함께 집단 의지가 필요한데 그러한 조건을 갖추었다고 하기 어렵다. 현실 인식은 물론 집단 의지도 가장 허약한 부분이 지구 가열화에 따른 기후 위기 인식이자 집단적 대응 역량이다. 기후 비상 사태를 해결하는 대응 능력은 코로나 19처럼 국가 차원에서 아무리 발버둥쳐도 소용이 없다. 지구촌의 구조적 문제기 때문이다.

"세계를 바꾸는 게 문제가 아냐. 세계를 있는 그대로 두기 위해서 최선을 다하는 게 중요한 거야."라고 말할 만큼 현상 유지가 절박한 지경이다. 앞으로 새롭게 출현할 바이러스의 창궐로 더 가공할 팬데믹 현상을 맞이하게 될 가능성도 크다. 따라서 "적어도 우리가 세계를 지금 있는 모습대로 두고자 할 경우에만 우리는 세계를 급진적으로 변화시킬 수 있을 것"(지젝, 2000)이라는 역설적 주장이 설득력이 있을 만큼 생태계 위기가 돌이킬 수 없는 비상 상황으로 가고 있다.

지구 가열화를 멈추고 기후 비상 사태를 막으려면 세계를 휘어잡고 지구촌 규모의 대응력을 발휘할 수 있어야 한다. 그렇지만 어느 누가 나서더라도 현실적 역량은 한참 못 미친다. 코로나 19에 대응하는 질병관리본부처럼 기후 위기를 극복하는 국제적 협력기구를 주도하고 세계적인 전문가들로 기후관리사령부를 만들어 인류의 집단 지혜를 창조적으로 발휘해야 가능한 일이다. 그렇다고 해서 국제적인 행동 지침을 일관되게 따르는 데서 만족할 수 없다. 인간은 생태계의 파괴자가 아니라 수호자라는 철학적 각성 운동도 세계적으로 전개되어야 한다. 그렇지 않으면 지구촌의 미래는 보장될 수 없다.

결국 코로나 19의 반면교사 기능은 인류를 생태학적 자각에 이르게 했으며 지구촌의 뭇 생명은 공동 운명체라는 인식에 이르도록 만들었다. 코로나 19의 백신이 개발되어도 인류가 생태주의 체제로 가지 않으면 코로나 19의 팬데믹은 끝나도 끝날 수 없다. 왜냐하면 코로나 19와 같은 지구촌의 여러 생태학적 반면교사들이 지구 가열화에 따른 기후 위기를 경고하고 인류의 생태학적 혁신을 명령하려고 기다리고 있기 때문이다. 다만 자연 생태계가 인간의 상상력을 초월하는 불가사의한 지능을 발휘해서 스스로 생존력을 발휘할 수 있기를 바랄 따름이다.

7장

—

디아스포라 현상과
문학의 상호성

—

박인기

1. 디아스포라의 개념 : 발생과 확장

　디아스포라diaspora는 그리스어 διασπορ씨를 뿌린다에서 온 말
로서, 우리말로는 '이산離散' 또는 '민족 분산' 혹은 '민족 이산'
으로 번역된다. 디아스포라의 사전적 정의는 '민족의 정체성을
공유하는 주민들이 고향을 자발적으로 혹은 강제로 떠나 멀리
떨어진 지역에서 거주하는 것(또는 거주하는 사람)'으로 그 뜻을
매긴다. 원래 디아스포라는 역사적 고유성을 띤 말로 이해되어
왔다. 즉 유대민족이 바빌론 강제 이주(BC 6세기)를 겪고, AD
90년 로마에 의해 멸망한 이후 2천 년 동안 나라를 잃고 세계 각
지로 흩어져 살아온 현상에서 생겨난 말로 인식되는 것이 일반
적이기 때문이다.

　그러나 고대 그리스 시대부터 디아스포라는 정복과 지배의
역사 속에서 일반적 현상으로 나타나기도 했다. 고대 그리스인
들은 소아시아와 지중해 연안을 정복하여 식민지화하는 과정에
서 자국민들을 이주시켜 세력을 확장했다. 고대 그리스에서 디
아스포라는 식민지화를 목적으로 정복지로 이주한 지배 도시국
가의 시민들을 언급할 때 사용되었다(홍미정, 2015).

　어원적으로 디아스포라는 그리스어 전치사 dia(영어로

'over' 혹은 'through', 우리말로 '~넘어', '여러 방향으로', '경유')와 동사 spora(영어로 'to sow', 우리말로 '씨를 뿌리다')에서 유래되었다. 디아스포라는 대문자 Diaspora를 써서 팔레스타인 또는 근대 이스라엘 밖에 거주하는 유대인을 가리키는 말로 사용되어왔지만, 소문자 diaspora로 의미가 확장되면서 이주민, 국외로 추방된 난민, 초빙 노동자, 망명자 공동체, 소수 민족 공동체와 같은 의미도 지니게 되었다(이미림, 1991).

현재 학문 분야에서 디아스포라는 고전적인 의미인 '유대인의 이산'보다는 더욱 일반적인 의미로 '흩어진 특정 민족'으로 확장되어 사용되고 있다. 그러므로 '흩어진 민족' 단위로 이루어지는 디아스포라 연구는 전쟁, 정치적인 탄압, 경제적인 동기 등 다양한 이유로 민족 단위로 추방되거나 이주하여 자국 이외의 지역에서 살아가는 사람들을 대상으로 한다(홍미정, 2015).

특히 제국주의 식민지 경영과 관련하여 근대 공간에서 이루어진 디아스포라는 다양한 고통을 겪어야 했다. 코리언 디아스포라도 예외가 아니었다. 재일한인在日韓人 디아스포라 연구자인 서경식 교수는 근대의 노예 무역, 식민 지배, 지역 분쟁, 세계 전쟁, 그리고 자본 중심의 세계화 등이 디아스포라 발생의 원인이었음을 말한다. 이 대부분은 자기가 속해 있던 공동체로부터 폭력적으로 이산을 강요 당한 사람들과 그들의 후손이었는데 이들에 해당하는 용어로 디아스포라를 사용했음을 지적한다. 이들 디아스포라는 이중 언어 사용과 더불어 다문화적 상황에 놓이며, '이산 자아'를 형성하며 자기 정체성을 추구하는데 고국에 대한 향수, 문화의 혼종성, 타국에서의 차별과 배척이라는 조건 속에서 디아스포라 정체성을 획득한다고 말한다(서경식, 2012).

일반적으로 디아스포라 이주자는 일정한 곤경을 당면하며, 동시에 그것에 대응하는 정신적 정체를 형성하고자 한다. 디아스포라는 고국과 이주국 사이에서 민족적·언어적·문화적 갈등을 겪으며 경계인, 이방인, 소수자 등의 자리에 놓임으로써 정체성의 혼란을 겪는다. 디아스포라기 때문에 주체의 자리에 가지 못하고 '타자의 위치'에 놓인다.

이 점과 관련해서 사프란William Safran 교수의 진단이 널리 원용된다. 대체로 디아스포라는 이주하는 지역이 그 나라의 중심 지역이기보다는 주변 지역이다. 주변으로의 이주는 거주국 사회로의 온전한 진입을 어렵게 하고 소외와 고립이 따르게 된다. 이를 버텨내는 정신적 대응 기제로서 조국에 대한 집합적 기억이나 신화를 더욱 의미 있게 공유하는 삶을 영위하려 한다. 그런 형편에서 디아스포라는 후손들에 대한 기대도 진취적·개척적이기보다는 모국 중심의 퇴행으로 기울 수 있다. 뒷날 자녀들이 귀환해야 할 장소로서 조국을 이상적으로 상징하는 의식을 가지는 경우가 대표적이다.

물론 긍정적인 경우도 많다. 예컨대 조국이 식민지 상황이거나 어려울수록 상실된 조국을 회복과 번영을 위해 정치적·경제적 헌신을 하려 한다. 이런 예는 일제 강점기나 그후 대한민국 정부 수립 이후까지 재외한인, 특히 재일 동포와 재미 동포의 행적에서 많이 찾을 수 있다. 그리고 조국이 발전하고 있을 때는 조국과의 지속적인 관계를 유지하고, 조국과 함께 소속되어 있다는 공속 의식을 유지하려 한다(Mishra, 민족문화대백과사전에서 일부 재인용).

이 분야 국내 연구자인 윤인진 교수는 민족 단위 디아스포라 특성을 다음의 다섯 가지로 설명한다. 1) 이주의 출발이 한 지역(나라)에서 이루어지되 많은 사람이 두 개 이상의 외국으로 분산되는 현상일 것을 강조한다. 이는 아마도 민족 단위 디아스포라 현상의 총체성을 주목하려는 데서 강조한 대목이 아닌가 생각된다. 2) 정치적·경제적 기타 압박 요인에 의하여 비자발적이고 강제적으로 모국을 떠난 현상, 3) 고유한 민족 문화와 정체성을 유지하고자 노력하는 현상, 4) 모국과의 유대를 지키려고 노력하는 현상 등을 특성으로 삼는데 이는 디아스포라의 보편적 속성으로서 코리안 디아스포라 경우에도 그대로 나타나는 현상이라 하겠다. 여기에 더하여 윤 교수는 디아스포라 특성 하나를 더 언급한다. 그것은 5) 디아스포라는 다른 나라에 사는 동족에 대해 애착심을 가지고 서로 연대하려고 노력하는 현상이다. 이는 19세기 말에서 20세기 초의 한인 디아스포라에서는 나타나기 힘들었던 현상이다. 자신과 소속 집단의 생존 문제가 바로 앞에 놓여 있었으므로 여건이 허락지 않았다. 디아스포라 간 연대나 협조를 구축하기에는 어려움이 많았다.

그후 각 지역 디아스포라가 안정된 정착과 현지 주류 사회에 진출하면서 정체성 확장에 도전 받기 시작했다. 다른 지역으로 이산된 동족 디아스포라에 대한 애착과 공감을 형성해 나갔다. 이는 디아스포라로서의 동류 의식이 지역 간 경계를 넘어서서 더욱 확장된 글로벌 공동체 의식으로 글로벌 환경에 맞게 진화되고 있음을 보여준다. 지금은 상호 협력과 연대를 위한 교류가 매우 활발하다. 이 다섯 번째 현상은 디아스포라 공동체의 역동성 또는 디아스포라의 미래 방향성을 디아스포라 특성의 하나로 짚었다는 점에서 의의가 있다.[1]

근대 세계에 기반한 디아스포라 특성은 탈근대와 세계화 여건에 따라 새로운 특성들이 나타나기도 하였다. 코헨Robin Cohen은 사프란이 주장한 디아스포라의 여섯 가지 조건을 수정, 확장하여 제시하였다. 피해자로서의 디아스포라, 노동자로서의 디아스포라, 무역과 통상 환경에 따른 디아스포라, 문화 환경에 따른 디아스포라 등으로 유형화하였다(Robin Cohen & Carolin Fischer, 2018). 이중 문화 환경에 따른 디아스포라는 음악, 미술, 건축, 영화, 미디어, 스포츠 등의 활동과 관련하여 글로벌 세계 공간으로 이주 환경을 택하는 경우가 늘어나고 있음을 고려한 것이라 할 수 있다. 현대 글로벌 사회에서는 디아스포라 발생이 이주자의 자발성에 따라서 발생하는 경우가 늘고 있음을 보

---

1 한인 디아스포라의 경우, 2000년대 이후 세계 한인 사회의 연대와 협력 교류 증진을 위한 '세계한인회장 연합회', 글로벌 환경에서 재외 동포들의 무역 활동을 공조하고 협력하기 위한 '세계한인무역협회(World-OKTA)', 한민족 차세대 인재 육성을 위한 '글로벌 한상드림재단', 세계 한상의 발전을 모국과 함께 도모하는 모임인 '세계한상대회', 지구촌 1,600여 한글학교의 운영과 교육력 발전을 함께 모색하고 추진하는 '대륙별 한글학교 협의회(연합회)' 등이 대표적이다.

여준다. 또 이주의 시기(기간) 문제도 반드시 일생의 이주만을 의미하지 않게 되었다.

디지털 정보 통신 환경의 발달로 고전적 의미의 국경은 유연해지고, 이주는 더욱 빈번하게, 더욱 다채롭게 일어난다. 글로벌 생태란 국경의 약화를 뜻한다. 이런 생태 변화에 따라 디아스포라의 양상이 더욱 유연하게 변화되고 있다. 교류와 협력이 다양한 양태로 이루어지는 초긴밀 사회Hyper-connected Society로 진입함으로써 글로벌 네트워킹 생태가 가속화하는 환경에서는 디아스포라의 개념도 달라지고 있다. 이주의 조건이나 전제로 큰 의미를 지녔던 '집단(또는 민족)'이라는 변수가 다소 약해진 것도 읽을 수 있다. 특히 한 세대 중에 파생적으로 일어나는 두 번째, 세 번째 이주의 발생은 디아스포라의 집단성 자질이 줄어드는 성향과 상관을 가진다고 할 수 있다.

2. 디아스포라 현상 : 디아스포라의 확장적 이해

'현상'으로서의 디아스포라

디아스포라(우리로서는 재외 동포로 바꾸어 생각해도 좋다)를 이해하려 한다고 했을 때 또는 디아스포라를 연구한다고 했을 때, 디아스포라라는 대상을 어떻게 상정해야 하는가. 즉 우리는 그들의 무엇을 알아야 (알려고 해야) 그들을 온전하게 이해하는 데에 접근할 수 있는가. 그들이 살아 온 사실적 역사도 있고, 현재의 그들 삶의 현실적 조건도 있고, 디아스포라의 다양한 역량을 드러내 보이는 계량적 지표도 하나의 사실로서 존재한다.

물론 디아스포라에게는 의식과 정체성 등 자신의 본질과 가치를 표상하는 차원도 있다. 그리고 미래를 향하는 비전과 세계관도 있다. 그리고 이러한 요소들은 각 대륙 지역별로 조금씩 다르다. 우리는 대체로 디아스포라를 확정된 지식·정보 콘텐츠로 이해하려고 한다. 디아스포라에 대한 기본적인 이해는 그런 사실적 정보나 지식으로 출발은 할 수 있겠지만, 디아스포라에 대한 앎과 이해의 궁극은 디아스포라의 총체를 어떤 의미 있는 관념idea으로 내재화하는 데에 이르러야 할 것이다.

디아스포라는 이미 하나의 '세계'다. 그 세계는 매우 '역동적인 세계dynamic world'다. 집단은 역사적으로 개인은 시간적 역동의 사연을 지닌 세계다. 또한 디아스포라의 세계는 공간적 역동성으로 가득한 세계다. 디아스포라 집단과 개인이 각기 나라와 지역을 옮겨 다닌 사연과 서사를 역동성 넘치게 감당하고 있는 세계다. 이를 코리안 디아스포라로 국한해서 이해한다고 해도 마찬가지다.

오대양 육대주에 걸쳐 이산 분포되었으므로 '세계'기도 하지만, 여기서 '세계'는 그 이상이다. 훨씬 더 큰 함의를 가진다. 눈으로 확인할 수 있는 사실fact로 구성되는 현실로서 디아스포라의 세계도 있지만, 그 현실의 표면에서는 포착되지 않는 유의미한 것들이 디아스포라의 '세계' 안에는 들어 있다. 또 쉽사리 물적 가치로 환산할 수 없는 디아스포라의 정신과 정서 자질들도 디아스포라의 세계를 구성하는 요소다. 이는 물론 디아스포라를 온전하게 이해하는 중요한 코드다.

이처럼 디아스포라의 역동적 세계를 온전하게 이해한다는 것, 즉 디아스포라를 '총체'로서 이해한다는 것은 간단치 않다. 디아스포라가 자신들의 시간과 공간을 통하여 빚어내는 경험과 업적의 총체를 어떻게 파악해야 할 것인가. 그런데 디아스포라는 이런 요소들로만 구성되는 '세계'는 아니다. 그것에 더하여 디아스포라의 비전과 가치와 철학 등 그들의 정신 영역이 내포하고 외연하는 작용의 총체는 어떻게 파악할 것인가.

디아스포라 이해의 온전함을 도모하고, 디아스포라의 총체에 다가가기 위해서는 디아스포라라는 대상을 어떻게 상정해야 할까. 그들의 역사를 청취하는 것만으로, 그들의 현황을 통계로 파악하는 것만으로, 그들의 현지 적응 수준을 파악하는 것만으로 또는 디아스포라 차세대의 교육 현실을 이해하는 것만으로 등 한 면만으로는 되지 않는다. 이 모두가 융합하여 녹아들어 있는 디아스포라의 총체상總體相에 접근하기 위해서는 디아스포라는 '현상'[2]으로 수용해야 한다. 앞에서 디아스포라를 '세계 또는 우주'의 위상으로 놓으려 한 것도 '디아스포라 현상'을 강조하려 한 데서 오는 발상이다.

따라서 이런 디아스포라 현상은 복잡계의 면모를 지닐 수밖에 없다. 총체로서의 디아스포라는 그것을 구성하는 하위 범주를 설정하는 데도 상당한 연구가 따른다. 총체의 세부detail를 구성하기도 어렵다. 디아스포라는 그 자체로도 대단히 복잡하고도 융합적인 기제로 작동하면서 자신의 변화를 추동한다. 또한 디아스포라는 자기 밖의 요소들과 상호 작용하며 생태학적으로 진화한다. 이 메커니즘은 더욱 다채롭고 역동적이다. 따라서 우리는 디아스포라라는 세계를 고정된 양태로 보아서는 아니된다. 그렇다면 디아스포라 총체를 어떻게 보아야 할 것인가. 디아스

---

2 이때의 현상(現象, Phenomenon)은 '본질'과 대립을 이루는 뜻으로서의 '현상'이 아니다. 즉 '객체의 외면에 나타나는 모습'을 뜻하는 '현상'이 아니다. 객체(여기서는 '디아스포라')의 개개 요소 하나라기보다 그것들 전체의 변전하는 그대로의 모습을 '현상'으로 보았다. 즉 어떤 대상의 역동적이고 총체적인 면, 그 모두를 아우르는 상태를 '현상'으로 설명하였다. 예컨대 '산업화 현상', '고령화 사회 현상' 등에서 쓰인 '현상'과 궤를 같이 한다.

포라는 자신을 둘러싼 생태와 더불어 부단히 살아 움직이는 작용태作用態라 할 수 있다. 그런 관점에서 디아스포라 세계를 보아야 한다. 그것이 곧 '디아스포라 현상'이다.

디아스포라의 총체를 온전히 이해하고 파악하기 위해서는 디아스포라를 하나의 역동적 '세계'로서 인식하고 접근해야 한다고 했을 때, 가장 적실한 것은 디아스포라를 '현상'으로 보는 것이다. 여기서 현상은 디아스포라 세계를 '살아 움직이는 작용태'로 보려고 했을 때, 드러날 수 있는 디아스포라의 존재 방식이다. '디아스포라 현상'은 디아스포라 세계를 어떤 유기적 작용 체계로 보려는 접근 방식과도 통한다. 디아스포라 세계 내적인 작용, 그리고 디아스포라 세계가 외적으로 교섭하는 작용 등이 모두 포함된다. 그 모두가 '현상'으로 녹아들기 때문이다.

디아스포라를 '현상'으로 접근하면 이주를 사실 차원에서 확인하는 것을 넘어서서 인문학적 사유와 가치를 길어 올릴 수 있다. 특히 문학은 디아스포라의 총체를 반영한다. 또 디아스포라로부터 문학적 감수성을 발휘하고, 그 현상을 작품으로 형상화함으로써 디아스포라를 재현하고 재발견하게 한다. 역으로 디아스포라 현상은 문학을 통하여 그 현상은 기록의 체제로 반영되고 문화의 차원을 확보한다. 또한 디아스포라 현상은 작품화된 텍스트가 됨으로써 다채롭고 풍성한 해석의 그물semantic network을 갖게 된다.

디아스포라에 대한 사회적 상상력을 투사하고, 과학적 탐색을 할 수 있는 것도 디아스포라를 동적이고 유기적인 현상으로 보려는 데서 가능하다. 예컨대 다음과 같은 사회적 상상력을 할 수 있다. 디아스포라 집단 내부의 관습과 규범은 그 디아스포라 집단이 거주하는 나라의 법이나 규범보다 훨씬 더 강한 구속력을 가진다는 상상을 해볼 수 있다. 실제로 14~15세기 스페인과 포르투갈에 살던 유대인 디아스포라 공동체는 내부적으로 강력한 유대교 교리 규범을 적용하여, 이를 어긴 일부 동족들에게 사형을 포함한 내부 처형을 하였다. 이를 피해서 많은 유대인 디아스포라가 네덜란드 등지로 재이주하였다. 또 디아스포라 현상을 더 폭넓게 자연 과학적 현상과 결부해서 상상해본다면 디아스포라는 전쟁 등 인류 문명 시대 이전부터 있었다고 볼 수 있다. 자연의 대재난이 디아스포라를 불러오기도 했기 때문이다. 즉 디아스포라는 빅 히스토리Big History 상에 그 원형Archetype을 가지고 있다고 할 수 있다. 디아스포라를 현상으로 상정하면 그 발생과 변이를 더 보편적(합리적)으로 상정해볼 수 있는 이점이 있다.

디아스포라를 '현상'으로 이해할 때의 이점

디아스포라는 그 자체로는 비교적 단일하고 단선적인 이동으로 보일지 몰라도, 그것이 일어나고 재생성되는 모든 시간과 공간의 과정에서 서서히 복잡성을 만들어간다. 또 어떤 디아스포라 현상을 문학이 '내성內省의 사고'로 반영하고 의미화하는 과정에서 디아스포라의 사회적·인문학적 의미는 풍부해진다. 이산과 이주가 인간 행동의 역동성을 부풀게 하고, 동시에 도전과 응전의 역사를 만들어내기 때문이다. 그 인간 행동이 공동체적 행동이면 더욱 그러하다. 유대인 디아스포라가 지난 2000년 동안 세계 각지에서 피압박 사태에서 형성한 '응전으로서의 수월성'과 역동적 진화의 사례들이 이를 입증한다.

디아스포라 논의는 디아스포라를 '현상'의 개념으로 봄으로써 디아스포라의 총체성을 파악할 수 있는 이점을 지닌다. 더구나 디아스포라를 사회과학적 인식으로만 드러내지 않고, 문학이나 철학 등의 인문학적 인식으로 심화하려고 했을 때는 더더욱 '디아스포라 현상'을 주목할 필요가 있다. 디아스포라를 '현상'으로 읽음으로써 그들 삶과 역사의 총체성을 문학으로 표상할 수 있기 때문이다.

디아스포라를 '현상'의 개념으로 본다는 데에는 코리안 디아스포라의 과거와 현재와 미래를 시간상으로 총화總和한다는 관점이 녹아 있다. 그리고 그들의 뿌리인 모국을 비롯하여 그들의 현존을 나타내는 오대양 육대주를 공간적으로 총화하여 보려는 관점도 녹아 있다. 이는 코리안 디아스포라를 과거의 역사적 현상으로만 번역하려던 것과는 차원을 달리한다. 코리안 디아스포라의 개념은 다음 세 가지 수준을 포괄하는 것으로 보아야 할 것이다.

첫째는 한국을 지리적으로 떠나 지구촌 다른 지역으로 이주해 간 한국인 개개인을 가리킨다. 법적으로는 이들의 2세와 3세 후손 개개인도 포함된다. 그리고 외국에 입양된 한국인도 여기에 든다. 그러한 자격 조건을 가진 개개인이 '코리안 디아스포라'의 개념이다. 이때의 '한국인 자질'은 다분히 혈통의 요건을 중시한다. 그러나 이점도 세계 시민성을 지향하는 미래에는 변화의 도전을 받을 것으로 보인다.

둘째는 위와 같은 조건 자질을 가진 개개인들이 이루는 공동체를 일컬어 코리안 디아스포라로 부른다. 디아스포라에 '공동체 개념'을 적용한 것이다. 공동체의 현실적 실체를 고려하여 특정의 지역에 이산 이주한 한인 집단을 '코리안 디아스포라'의 개념으로 접근할 수 있을 것이다. 문학이 형상화하는 코리안 디아스포라는 대체로 이러한 지역 공동체의 조건을 가지는 경우가 대부분이다.

셋째는 코리안 디아스포라는 시간의 공유, 즉 역사성의 조건을, 자신을 설명하는 중요한 개념으로 지니려 한다. 우리 근현대사에서 디아스포라의 발생과 전개는 19세기 중후반, 2020년 가정 150년 전을 기점으로 한다. 이 150년 시간이 담고 있는 역사적 경험의 내용은 코리안 디아스포라의 정신사를 만들어 온 것이라 할 수 있다. 이 시기의 상당 부분이 국권 상실의 시대로 피압박을 겪었던 시기이므로 나라 없는 설움의 정서를 디아스포라의 심리적 정체로 내면화했기 때문이다.

요컨대 디아스포라를 '현상'으로 보는 접근은 '총체의 차원'에서 디아스포라를 이해할 것을 요청한다. 이는 이해의 타당성과 해석의 풍성함을 얻는 데 유용하기 때문이다. 해석의 다원적 풍성함은 본래 인문학적 탐구의 가치 특성이다. 현대 글로벌 환경에서 다문화 현상이 복잡계의 모습을 보일수록 해석의 다채로움이 허용되고, 의미 있는 주관성subjectivity 통찰 사이의 상호 작용이 활발해지는 담론 풍토를 만들어가야 한다. 그런 점에서 디아스포라 현상을 다루는 문학의 담론이 왕성해야 한다. 그것이 작품이든 평론이든 논문이든 가리지 않고 많이 나와야 할 것이다. 이런 산출이 많아지는 토대 위에 이른바 '다문화 인문학' 연구 지형도 새로워지고 질적으로 발전할 것이다.

문학은 이러한 접근을 문학적 형상화 방식으로 가능하게 한다. 문학 작품은 현상의 총체를 반영하고 재구성하는 형상화의 기제를 가지기 때문이다. 예컨대 김영하(2020)의 작품 『검은꽃』은 1905년 멕시코로 향하는 1,033명의 코리안 디아스포라의 시공간적 총체를 그 어떤 사회과학 논문보다도 더 현상에 방불하게 그려낸다.

이 작품은 1905년 이후 반세기를 넘는 시간의 총체를 담는 데도 그 어떤 다른 학문 논저의 방식 못지않게 유효하다. 그리고 이 작품이 다루는 공간 변화의 총체, 즉 제물포와 태평양을 잇는 공간에 이어 멕시코 유가탄 반도 에네켄 농장의 노동 공간, 그후 멕시코 혁명의 전투 공간, 과테말라의 밀림의 독립국 '신대한' 수립 공간, 다시 쿠바와 하와이로 이어지는 재이주의 공간 등은 디아스포라 현상의 연속 총체가 어떤 것인지를 느끼게 한다.

문학은 이를 폭넓게 소통하는 스토리텔링 기제를 가지고 있다. 문학의 이런 특성을 능가할 수 있는 다른 장르를 찾기는 어렵다. 이는 문학이 '코리안 디아스포라의 현상'을 이해하고 해석할 수 있는 코드를 끊임없이 생성하고 변전하는 힘을 가지고 있음을 보여주기 때문이다. 문학의 다양한 작품 공간은 코리안 디아스포라 현상에 구체적으로 호응하는 공간이다. 그래서 문학은 디아스포라 현상 이해의 풍성한 코드로서 작동한다.

3. 디아스포라 현상의 문학적 반영

문학 생태로서의 디아스포라 현상

문학은 인간 세계의 '현상'을 언어적 형상물로 재현하여, 일정한 미적 감동과 함께 어떤 의미를 드러내는 예술 장르다. 역으로 문학이 텍스트로 그려낸 세계는 그 또한 하나의 '현상'이다. 반영되고 재현된 어떤 세계를 대두하게 하는 것이 문학이다. 그 세계 안에 인간 삶의 다양한 양태가 들어 있고, 인간 심리와 행동의 모든 형질이 서로 맞물리며 녹아들어서 삶과 의식과 역사를 빚어낸다. 특히 소설 문학은 하나의 작품이 하나의 세계(현상)를 만들어낸다. 그런 점에서 디아스포라 현상은 디아스포라 문학으로 재현되고, 이러한 디아스포라 문학 또한 디아스포라 현상의 일종으로 존재하고 작용한다.

2008년 6월, 필자는 예루살렘에서 히브리대학의 오스트리아 출신 유대 교육 전공자 이타이어Iteier 교수를 만나 유대 민족의 수월성Excellency이 어디서 연유했으며 그 근거를 무엇으로 보느냐고 질문했다. 그는 유대 민족이 오랜 기간 디아스포라로 살아오면서 생긴 현실 응전의 힘이 문화적 유전자로 자리 잡았을 수 있다고 말했다. 그러면서 그는 유대인 수월성은 다음 다섯 가지에서 기인한다고 말했다. 그것은 1) 언어Language 2) 종교Religion 3) 문화Culture 4) 모국Homeland 5) 민족성/민족의식Peoplehood이다. 그가 말하는 모국은 유대인 디아스포라에게는 1948년 지금의 이스라엘이 건국되기 이전까지, 지난 2,000년간 비록 그것이 현실에서는 부재 공간이 되어 사라졌지만, 그 역사적 공간이 민족의식을 담보하고 유대인 디아스포라에게 동기와 비전을 일깨우는 기제로 작동했다고 답을 했다. 그가 언급한 언어와 종교와 문화는 자신들 디아스포라의 삶을 역동적 총체, 즉 '현상'으로 기록하고 기억하고 전승하며 가치화하는 기반 기제가 되었음을 엿볼 수 있었다. 동시에 디아스포라 현상을 의미 있게 지속하는 정신 기제가 된다. 이를 통해 디아스포라의 현상을 기록 실체로 현동화actualizing하는 것이 바로 문학이다.

따라서 디아스포라 현상은 문학에게 다양한 모티프(주제)와 더불어 인물과 세계에 대한 새로운 지평을 제공한다. 디아스포라의 공간이 확장될수록 문학은 그 생성 가능태의 풍성함을 기할 수 있다. 한국 문학의 경우, 디아스포라 현상은 무엇보다도 문학의 공간 지평을 더 넓게 열어가게 하는 기반을 제공한다. 한국 문학의 경계에 대한 새로운 각성과 더불어 한국 문학의 작가는 누구인가, 독자는 누구인가 하는 문제를 더 근본적으로 모색하도록 자극한다. 이는 곧 코리언 디아스포라 현상이 한국 문학의 새로운 생태 환경이 되었음을 보여주는 것이라 할 수 있다.

디아스포라 현상을 문학의 생태로 이해하고 의미화하는 데에서 다음 세 가지의 이점을 발견할 수 있다. 이는 물론 문학이 디아스포라 현상을 의미 있게 형상화하는 현실(현상) 반영의 기능(현실주의, realism 기능)을 그 어떤 예술 장르보다도 두드러지게 발휘한다는 데서 생겨나는 이점이다. 또 의미 있게 주목할 사실은 문학이 언어를 질료로 한 세계를 형상화하는 언어 텍스트라는 점이다. 즉 문학은 디아스포라의 언어와 문화와 민족성 peoplehood 등의 요소가 만들어낸 산출물이지만, 이렇게 산출된 문학은 다시 디아스포라 공동체에 자신들의 언어와 문화와 민족성을 새롭게 각성하고 가치화하는 작용을 한다. 이를 전제로 디아스포라 현상을 문학의 생태로 이해하는 데서 얻는 이점을 살펴본다.

첫째는 디아스포라를 역동적 총체로 보려는 관점을 문학이 비교 우위의 입장에서 살릴 수 있다. 따라서 디아스포라를 고정된 사실이나 연대기적 기록으로 파악하려는 수준을 넘어서서 디아스포라의 영향과 동력을 현재 또는 미래의 차원에서 생각해볼 수 있다. 디아스포라 문학에서 이주의 상상력을 더욱 다양화함으로써 디아스포라의 가능태를 새롭게 구상할 수 있을 것이다. 이는 우리 문학의 글로벌 감수성을 개발하는 중요한 입지를 제공한다. 예컨대 글로벌 생태에서 의미 있는 도전을 추구하는 디아스포라의 미래와 결부하여 문학은 한인에 대한 새로운 상상력을 펼쳐 나아갈 수 있게 한다. 이는 디아스포라 문학(또는 한국 문학)의 한 방향성이 되어야 할 것이다.

둘째는 디아스포라의 공간을 한국 문학의 새로운 공간으로 확장하고 개척할 수 있다. 이는 범박하게 말하면 750만 디아스포라 한인 재외 동포 삶의 공간을 우리 문학이 적극적으로 주목함으로써 가능해진다. 물론 그 공간은 다시 그 바깥에 놓인 맥락들을 불러오게 함으로써 한국 문학의 공간 지평을 세계로 넓혀 가게 할 것이다. 우한용(2020)은 우리 소설의 공간 확장과 소설 공간의 세계화를 자신의 창작 체험을 바탕으로 제기하고 있다. 한국 작가들의 공간 체험이 세계 공간으로 나아갈 때, 문학의 주제나 작가의 세계관에서도 질적인 발전을 기할 수 있음을 말한다. 이는 한국 문학의 구심력과 원심력을 제고할 수 있는 하나의 바탕이 된다. 지구촌 750만 재외 동포가 살아가는 삶의 공간을 한국 문학의 공간으로 받아들이는 데에 문학적 노력을 쏟아야 할 것이다.

셋째는 디아스포라를 문학적·예술적으로 재생성(또는 재생산)하고, 그것을 인류의 문화재로 소통할 수 있다는 점이다. 디아스포라 현상이 문학이나 예술을 통해서 소통되는 것 자체가 디아스포라 현상에 든다는 점을 다시금 확인할 수 있다. 디아스포라 현상이 문학과 예술을 통해 문화의 차원으로 확장되는 것을 의미 있게 주목하자는 것이다. 문학 서사는 아니지만, 영화 서사로서 영화 〈미나리〉[3]가 2021년 아카데미상을 수상한 것은

---

3 〈미나리(Minari)〉는 2020년 개봉한 미국의 드라마 영화로, 정이삭이 감독과 각본을 맡았다. 스티븐 연, 한예리, 윤여정, 윌 패튼, 앨런 김, 노엘 케이트 조, 스콧 헤이즈가 출연했으며, 1983년에 미국 아칸소주로 이주한 한인 가정의 이야기를 주제로 하고 있다. 정이삭 감독의 자전적 경험을 토대로 아메리칸 드림을 꿈꾸며 농장을 가꾸는 한인들의 삶을 영화에 담았다(위키백과).

코리언 디아스포라 현상이 영화 예술을 통해서 전 세계에 소통되는 장면을 만들어낸 것이다. 그만큼 '디아스포라'라는 주제는 세계성을 띤 보편의 가치를 가지게 되었다.

그러한 예는 많다. 기원전 이스라엘 민족의 바빌론 강제 이주는 그들의 종교성을 더욱 견고하게 하는 계기가 되었고, 그 역사와 인물을 기록한 문헌과 문학은 구약 성서의 주요 텍스트로 남아서 유대인은 물론이고, 기독교를 믿는 세계인의 문화 유산으로 자리 잡았다. 이스라엘의 역사 문화를 이해하는 근저에 민족 전체가 노예 상태의 이집트에서 탈출하여 40년 광야 생활을 겪고 가나안 땅으로 이주하는 이른바 모세의 출애굽The Exodos이나 기원전 600년경 그들이 겪은 바빌론 유수의 경험이 있다. 이를 배제하고는 그들의 역사 문화 자체를 설명하기가 어렵다. 출애굽을 다룬 영화 〈십계〉나 베르디 오페라 〈나부코프〉는 이런 특정의 이스라엘 디아스포라를 세계인 일반이 공유하는 예술로 이끌어 올렸다.

요컨대 문학은 디아스포라 현상을 일부 이주자들의 편벽한 문제 또는 특수한 소재 영역으로 대하는 수준을 넘어서야 한다. 디아스포라 현상이 문학의 생태 환경이 되고 있음을 각성해야 한다. 다양한 글로벌 커넥션이 일상화되는 지구촌 상황에서 디아스포라 현상은 더 빈번하게 보편화되어 가고 있고, 그에 따른 다문화 환경에 현대인 모두는 상관적으로 노출되어 있기 때문이다.

디아스포라 문학에 대한 인식과 현황

디아스포라 문학은 한국 문학 담론에서는 '이주 문학'이나 '이민 문학' 등으로 불려 왔다. 이는 이주와 이민이라는 구체적 동인을 초점화하여 비교적 제한된 주제 범주로 다루면서 사용한 명칭이다. 디아스포라를 현상의 개념으로 확장하면서 '이산 문학'이라는 용어가 더 일반화되는 모습을 보인다. '디아스포라 문학'에 대한 글로벌 관점을 수용하면서 '이산 문학'이라는 용어의 함의를 의미 있게 고려한 것으로 보인다. 자연스럽게 '디아스포라 문학'이라는 용어도 함께 쓰이고 있다.

이산 문학에 대한 정의는 '다양성·타자성·혼종성·다문화성을 특징으로 하는 이주자의 삶과 정체성을 그린 문학'(민족문화대백과사전)으로 관계자들에게 공유되고 있다. 다양성, 타자성, 혼종성, 다문화성 등을 이산 문학의 특성으로 전제한 것이 눈에 뜨인다. 이는 오늘날 디아스포라를 향하는 인류애적 관심과 그것의 글로벌 가치를 수용한 것으로, 디아스포라 현상에 녹아 있는 문제 인식을 문학이 공유하려고 하는 것이다. 이는 원래 사회학과 인류학의 주제이면서, 국제 문제의 부조리한 현실로 등장하는 전쟁과 평화, 국제적 재난과 위기 등의 문제에 결부되는 것이다. 따라서 디아스포라를 다루는 오늘의 문학은 인류의 진보와 지구촌 공동체의 공동 진화를 위한 세계 시민성의 가치를 중요하게 상정하지 않을 수 없다. 디아스포라를 작품의 주제로 삼으면서 당위sollen와 현실sein 사이의 틈이 클수록 문학이 다가갈 여지도 더 넓어진다고 할 수 있다.

한국의 국내 공간을 한국 문학의 중심 공간으로 보는 관점에서는 디아스포라 문학을 '재외 한인 문학', '해외 동포 문학', '재외 동포 문학' 등의 용어로 부르기도 한다. 그러나 이는 좁은 의미로 쓰여온 용어로, 작가가 어디에 있느냐 하는 점을 중시하는 명명법이다. 이 개념에 따르면 디아스포라 문학의 작가 범주에서 국내 작가가 배제되는 면이 있다.

오늘의 한국 문학은 디아스포라 문학이 가능역을 더 넓고 다양하게 함으로써 미래 지향의 전망을 그 동력으로 갖추어야 한다. 코리안 디아스포라가 많은 중국, 일본, 미국, 러시아, 중앙아시아를 비롯하여 지구촌 전체의 코리안 디아스포라 작가의 작품, 그리고 해외 입양인 문학에 이르기까지의 모든 작품을 대상으로 해야 한다.

'해외 입양인 문학'의 경우는 다양성, 타자성, 혼종성, 다문화성 등 이주자 삶의 정체성을 디아스포라 현상에 맞게 잘 보여주고 있으며, 현재도 기록 문학 위주의 텍스트들은 많이 산출되고 있다. '재외동포문학상'을 운영하는 재외동포재단에서는 이 부문 작품 제출을 해외 입양인이 쓴 입양국의 언어로 된 것과 그것을 한국어로 번역한 번역본을 같이 제출하게 하여 심사한다. 예측건대 해외 입양 코리안이 아니라 하더라도 해외 이주 한인들도 이주 3세대, 4세대들에 이르면 한글로만 작품을 쓰지 않게 되는 장면이 더욱 늘어날 것이다. 한국 문학은 한글로 써야 한다는 속문주의屬文主義 기준도 코리안 디아스포라 문학의 전개와 미래의 진화 양상에 따라서는 일정한 유연성을 발휘해야 할 것으로 본다.

그리고 주제 면에서도 우리의 디아스포라 문학은 변화가 있다. 식민지 시대에 강제적으로 이주한 1세대 디아스포라 작가들은 두고 온 나라와 민족에 대한 정체성과 그 향수가 삶의 중심이 되었다. 한국어도 잊지 않고 보존하며 글을 썼다. 그러나 이후 제2·3세대의 작가들은 작품의 변화를 보인다. 민족과 나라 Homeland에 대한 회귀적 정체성이나 그리움의 정서가 엷어진다. 또한 한국어를 상실했기에 한국적 주제나 정서 표현보다는 인류 보편의 주제와 현대적 의식을 담는 쪽으로 변화하고 있다.

국내의 디아스포라 문학의 경우, 주제론 차원의 관심 영역도 빠르게 확장되고 있다. 국내에 들어 온 외국인 노동자, 결혼 이주 여성, 탈북자, 한민족 디아스포라 등을 주인공으로 그들의 디아스포라 의식이나 디아스포라 현상을 다룬 작품들이 늘어나고 있다. 2019년 말 현재 국내 체류 외국인은 252만 명을 넘는다.[4] 이들은 민족 중심의 배타주의, 그에 따른 외국인 혐오 정서, 세계 시민성 의식의 부족 등으로 우리 사회에서 배척 당하며 이주 생활을 하는 '타자'의 자리에 놓인다. 최근의 이산 문학에서는 귀환이나 정체성 혹은 뿌리 찾기 등의 주제보다는 이주국에서의 적응과 문화 혼종성, 네트워크를 형성하는 트랜스내셔널 이주자로서 긍정적 모습을 다루거나 이를 주제화하는 양상을 보인다(이미림, 1991).

---

4 법무부 출입국 외국인정책본부.

이런 현상을 디아스포라 문학은 주목해야 한다. 이렇게 함으로써 한국 디아스포라 문학의 기반 기제를 튼실하게 할 것이다. 물론 이들 작품을 생산하는 국내 작가들의 작품들도 모두 이산 문학의 범주에 넣어야 한다.

코리안 디아스포라의 진화와 문학적 반영

현상의 개념으로 디아스포라에 접근하면 코리안 디아스포라의 존재와 활동의 변화상을 현재화(미래화)하여 이해할 수 있는 이로움이 있다. 이는 코리안 디아스포라를 진화의 맥락에서 이해하는 데로 나아가는 것이라 할 수 있다. 물론 이는 코리안 디아스포라에 대한 총체적 이해에서 가능한 것이고, 또 역으로 디아스포라의 진화를 발견하는 데서 디아스포라의 총체를 인식하는 것이 가능해진다. 코리안 디아스포라를 다루고자 하는 작가에게는 이 대목이 중요하다. 디아스포라 커뮤니티의 이념적 지향이나 그들의 미래 감수성을 통찰할 수 있는 작가 의식 또는 창작관이 필요하다. 이를 가질 수 있게 하는 원천이 '현상'을 통찰하고 통어할 수 있는 데서 나오기 때문이다.

무엇보다도 중요한 것은 한국 문학의 프레임 안에서만 디아스포라(코리안 디아스포라) 문학을 대하던 인식과 태도를 바꾸어야 한다는 점이다. 한국 문학의 영토 바깥, 지구촌 각지에서 코리안 디아스포라로 살아오면서, 글을 쓰는 한인 작가들을 한국 문학의 유효한 자산으로 대해야 할 것이다. 식민지 역사를 겪었던 우리는 지금까지 국학 이념과 비교적 협소한 민족 개념이 강하게 작용했던 한국 문학의 개념을 유지해왔다.

한국 문학은 자신을 정의하는 조건에서 첫째, 문학의 주체를 한국인으로 규정한 것, 특히 문학 생산의 주체를 국적 기반의 한국인으로 비중을 두었다. 둘째, 문학의 표기 수단을 한글·한국어로 정하였다. 셋째, 문학의 내용을 한국인의 사상과 감정 등으로 매겨 왔다. 문학 생산 주체로서의 한국인도 지역으로는 한반도 국내로 하여, 국적 기준을 적용해온 면도 없지 않다. 문학의 표기 수단도 코리안 디아스포라들의 거주국 언어나 세계 공용어인 영어 등에 의한 표기에 대해서는 그 어떤 너그러움이나 유연성도 발휘하지 못했다. 한국인이 한국인의 사상과 감정을 잘 형상화하였어도 표기가 영어이면 한국 문학의 범주에 들지 못하는 것이다. 코리안 디아스포라 문학으로서는 한국 문학의 자리에 다가갈 수가 없는 여지가 일정 부분 발생하는 것이다. 이는 1950년대의 국문학 학계의 인식을 기준으로 적용해온 것이라 할 수 있다. 그동안 디아스포라 현상에서 상당한 진화가 있었고, 자본의 흐름에 따른 디아스포라의 빈번한 발생과 파생은 글로벌 삶의 생태에서 일반화되었다. 이런 변화에 한국 문학이 생태학적 적응을 한다는 차원에서도 한국 문학의 범주와 기준, 그리고 그에 따른 지형은 달라져야 할 것이다.

이들 코리안 디아스포라 문학은 그간 국내 작가들이 생산한 디아스포라 문학과는 다른 층위와 다른 범주의 디아스포라 문학 (코리안 디아스포라 문학)의 자리에 있음을 주목해야 할 것이다.

대표적인 예로 지난 한 세기 동안 조선족 작가들이 생산하고 소통해온 문학은 문학으로서의 일반성과 더불어 디아스포라 문학의 자질과 특성을 불가피하게(확고하게) 가진다. 이를 어떻게 해석하고, 가치 매김을 해야 할 것인지를 묻지 않을 수 없는 것이다.

디아스포라 현상을 문학이 잘 반영하기 위해서는 개별 작가의 노력을 포함하여 디아스포라 지역 전체의 문학 활동이 일군의 작가들에 의해 지속적으로 이루어지는 데서 그 총체성을 더 유효하게 기대할 수 있다. 지구촌 전체에서 이런 수준의 한글 문학 토대를 갖춘 코리안 디아스포라 지역은 흔하지 않다. 그 가운데도 이러한 특성을 비교적 잘 가꾸어 온 디아스포라 문학으로 '조선족 문학'의 경우를 주목할 수 있다.

조선족으로 불리우는 한인 동포들은 디아스포라 사태에서도 한국어 사용 전통이 길고 단단하다. 그리고 일정한 지역 기반(연변조선족자치주)을 토대로 지난 한 세기에 걸쳐 한인 공동체를 이루며 스스로 문단 메커니즘을 형성하고, 비교적 풍성한 동인지와 발표지들을 발간해왔다. 이는 다른 지역의 코리안 디아스포라에서는 찾기 힘든 문학의 〈생산-소통-수용〉 인프라를 갖춘 것이라 할 수 있다. 이들 디아스포라 작가들은 조선족 디아스포라 현상과 정체성을 문학 활동을 통해 상당한 수준으로 내면화(또는 개별화)하였다.

그리고 다시 그 성과를 재再문학화하여 순환함으로써 디아스포라 현상을 미학적으로 또는 이념적으로 사유할 수 있는 문학 기반과 문화적 토양을 만들어온 것이다.[5] 이런 성과로 조선족 작가들의 문학 활동은 자신들 개개인의 디아스포라 정체성을 포함하여 그 지역(재중국) 디아스포라 현상의 총체를 문학으로 담아내는 지점을 만들어내었다고 할 수 있다. 즉 디아스포라의 전체상을 문학으로 기록하여 감당하는 데까지 나아갈 수 있었다. 이들은 역동성 있는 '현상으로서의 디아스포라'를 상당한 시공간에 걸쳐서 조선족 문학이 폭넓게 반영하는 데에 일정한 성과를 보여주었다. 최병우 교수가 2019년에 출판한 『조선족 소설연구』에는 조선족을 대표하는 열다섯 명의 작가를 다루고 있다. 최병우 교수는 그들의 작가론적 주제와 표상을 다음과 같이 정리하고 있다.

1) 체험의 서사화(김학철)
2) 역사적 사실의 허구적 변용(리근전)
3) 개혁 개방과 농촌 개발(리원길)
4) 농촌 개혁과 그 주체(류원우)
5) 권위에 대한 비판과 부정(정세봉)
6) 문화대혁명의 상흔과 극복(우광훈)
7) 시대 변화와 인심의 변화(윤림호)

5 그러나 이러한 현상을 '한국 문학'의 범주로 파악해야 하는가에 대해서는 논의가 필요하다. '한국 문학'을 규정하고 개념화하는 조건들이 '코리안 디아스포라 문학'의 범주, 조건과 반드시 일치하는 것은 아니기 때문이다. 물론 '코리안 디아스포라 문학'이란 무엇인가에 대해서도 본격 논의들이 있어야 할 것이다.

8) 비극적 역사의 희화화(박선석)

9) 조선족 이주사와 소설화(최홍일)

10) 조선족 정체성의 변화 양상(허순련)

11) 사랑과 원초적 생명 의식(리혜선)

12) 공동체 와해와 정체성 위기(박옥남)

13) 마을 이야기로 펼친 조선족사(최국철)

14) 예술혼 현실 그리고 역사(김혁)

15) 초국가적 이주에 관한 시각(김금희)

이들 작가론의 주제들을 디아스포라 현상과 관련해서 재정리해보자.

첫째, 디아스포라의 체험 요소를 문학의 내용으로 소화하는 데 주력한 작가군(1, 2, 8)

둘째, 디아스포라의 역사적 요소와 상상력을 작품화한 작가군(2, 8, 9, 13, 14)

셋째, 이주국 현실의 현장 참여와 비판을 다룬 작가군(3, 4, 5, 6)

넷째, 디아스포라 공동체의 변화와 진화에 관심을 가진 작가군(7, 10, 12) 등으로 범주화할 수 있다.

물론 이런 범주화가 절대적이지는 않다. 디아스포라 문학의 관점에서 디아스포라의 틀로 나눈 것이기 때문이다. 작가 자신은 특정의 디아스포라 주제를 염두에 두고 작품 창작을 한 것이 아니라는 입지를 가질 수 있다. 더 나아가서는 본인의 창작 의도에는 디아스포라 변인이 없었다는 주장을 할 수도 있다. 다른 특정의 주제를 드러내는 과정에 의도하지 않게 끼어든 것이라 할 수도 있다. 이는 미주나 유럽의 재외 동포들이 코리안 디아스포라로서 만들어내는 디아스포라 문학과는 결을 달리하는 것으로서 디아스포라의 토양 위에서 생산된 문학이면서도 디아스포라 주제를 특정화하지 않고, 문학 일반의 가치와 지향을 더 많이 반영한 문학으로 흐름을 형성했다고 할 수 있을 것이다. 그만큼 연변 등 중국 동북 지역에서 조선족 공동체가 상당히 긴 역사를 가지고 단단한 민족 문화적 유대를 견지한 점, 이 지역이 한반도와 국경을 맞대고 땅의 연속성을 유지하고 있는 점 등이 미주나 유럽 지역과 비교해서 디아스포라 감수성을 상대적으로 누그러트렸을 수도 있다.

그러나 중국으로 이주해 간 디아스포라 역사가 150년도 넘는 데에서 작가 자신의 디아스포라 정체성이 은연중에 내재화되었음을 부정할 수는 없을 것이다. 그 내재화 속에는 떠나 온 모국과 조상에 대한 인식과 영향이 디아스포라 문학의 일반성으로 작용함을 증언하는 작가들의 전언을 쉽게 찾아볼 수 있다.

지금까지 수많은 문학 선배님이 나의 문학 생활과 창작에 조언을 주고 영향을 주었지만, 그래도 나의 문학 계몽 선생은 글 한 자 깨치지 못한 할머니가 우선 순위다. 그 생활적인 계몽이 이다지도 끈질긴지 나도 문득문득 놀란다. 할머니가 하셨던 수많은 이야기들은 나에게 역사와 현실이라는 2중성적인 형상

으로 다시 인화되었고, 그것이 칼러이든 흑백이든 인쇄지로 나
갔다. 나의 문학은 할머니와 공동 작업이고 고향과 민족과의
공통적인 작업이다.

(최국철, 연변작가협회 주석, 「황토에서 자란 내 마음, 함부로
쏜 화살 찾으러」 중에서, 2016)

이런 바탕 위에서 조선족 작가들이 거주지 중국의 생태 조
건에 맞물려 있는 조선족의 삶과 역사와 사회를 꾸준히 재현해
온 것만은 부정할 수 없다. 다만 그들의 문학에 특정의 디아스포
라 의식(우리가 떠나와 여기에 있음을 의식하는 면)이 지배적으
로 전제되지 않았다고 생각한다면, 그 자의식은 무엇이겠는가.
그것은 중국에 있는 코리안 디아스포라 또는 그들 디아스포라
문학의 또 다른 개별성이라 할 수는 없겠는가 하는 점을 되짚어
보아야 할 것이다.

아쿠다카와상을 받은 재일 동포 작가로, 일본 문단에 널리
알려진 유미리 작가의 경우도 특정의 디아스포라 주제만을 고수
하지는 않았다. 문학의 보편적 주제로서 자신의 자아 정체성을
찾으려는 문학적 시도를 꾸준히 해오는 과정에서 자신만의 디아
스포라 문학을 보여주는 지점을 확보하였다고 할 수 있다. 그는
불우한 과거를 마주할 수단으로 소설 창작을 택한 만큼, 재일 동
포 소재의 작품을 꾸준히 쓰며 자신이 누구인지 응시하는 긴 시
간을 가졌다고 말한다. 예컨대 『8월의 저편』(2004)이 대표적이
다. 이 작품은 일제 강점기 때 손기정과 함께 마라토너로 활동했

던 작가의 외할아버지가 당면했던 운명을 조명하는 소설로, 과거와 미래 속에서 자신의 정체성을 찾으려는 노력이 담겨 있다.[6]

한 저널은 이산을 다룬 재일 동포 작가들의 문학에 대해서 이런 리뷰를 한다.

가족의 붕괴·이산·차별 등은 유미리 씨만이 겪은 불행은 결코 아니다. 1971년 외국인으로서는 처음으로 아쿠타가와상을 받은 이회성 씨는 사할린에서 태어나 광복 후 홋카이도로 이주한 자신의 역경을 바탕으로 「다듬이 소리」, 「백년의 길손들」 같은 작품을 남겼다. 재일 동포로서는 두 번째로 아쿠타가와상(1988년)을 수상한 고 이양지 씨도 고교 중퇴·가출·부모의 이혼 등을 겪으며 「유희」라는 작품을 남겼다. 비록 일본어로 쓰인 작품들이지만, 재일 동포만이 겪을 수 있는 뼈저린 체험을 토대로 한 것들이다. 그런 점에서 일본 문학도 아니고 한국 문학도 아닌 '재일 동포 문학'의 기수로서 유미리 씨에게 거는 기대는 크다.[7]

코리안 디아스포라 작가들이 생산하는 문학은 우리의 입지에서 보면 우리 디아스포라 문학의 중심역을 차지하지만, 그들

---

6 재일 동포 작가 유미리 인터뷰 기사, '재외동포의 창' 2020.5
7 시사저널(http://www.sisajournal.com)

이 살아가는 이주국에서는 주변부 문학으로 놓이는 이중의 위상을 가진다. 이런 상황에서 해외 입양 출신 작가들의 작품에 대해서는 우리 디아스포라 문학의 각별한 위상을 우리 스스로 만들어갈 필요가 있다. 그들 글쓰기의 대부분이 조국으로부터 버려진 아이들이 외국에서 성장한 후 자신의 뿌리를 찾기 위해 고국을 방문하면서 분열과 혼돈을 체험하는 과정을 담고 있다. 정체성 혼란의 극한을 반영하는, 디아스포라 글쓰기의 한 전형을 이룬다. 대표작으로는 쉰네 순 뢰에스의 『꽃다발 먹기』(손화수 옮김, 2006), 제인 정 트렌카의 『피의 언어』(송재평 옮김, 2012) 등이 있다.

국내 작가의 디아스포라 문학으로는 탈북 여성이 세계 공간을 헤쳐나가는 황석영의 『바리데기』(2007), 정도상의 『찔레꽃』(2008), 강영숙의 『리나』(2011) 등이 있으며, 외국인 노동자의 고통과 비극적 현실을 그린 박범신의 『나마스테』(2005), 하종오의 시집 『입국자들』(2009), 『국경 없는 공장』(2007), 『아시아계 한국인들』(2007) 등이 있다. 조선족 이주 여성이나 결혼 이민자가 등장하는 천운영의 『잘 가라, 서커스』(2011), 서성란의 『파프리카』(2009), 김인숙의 『바다와 나비』(2003), 김재영의 『코끼리』(2005) 등 다문화 사회로 진입하는 우리 사회를 반영하는 일련의 문학들이 발표되었다.

초기에는 일방적으로 차별과 배제로 타자의 자리에 내몰리며, 고통 당하고 억압 받는 이주자의 현실을 재현하는 데 초점을 두었다면, 최근에는 공존과 긍정의 유대 의식을 모색하고, 거주

지역 사회와 화해와 연대의 가능성을 모색하는 변화를 보인다. 글로벌 경제 환경이 몰고 오는 이주 생태의 변화, 불가피하게 다가오는 다문화 사회로의 진입은 우리 사회에 외국인과의 생산적 공존을 모색하게 한다. 인권, 윤리, 톨레랑스, 세계 시민 의식 등은 사회 변화를 촉진하는 주제이기도 하지만, 그런 만큼 이를 현실 반영의 문제로 다루는 문학을 짙은 리얼리즘의 역할을 하게 한다. 그리하여 당위Sollen와 현실Sein의 화두로 디아스포라를 주제화하는 과업이 문학의 과업임을 재확인하게 한다.

이제 한국 문학은 코리안 디아스포라들이 자신의 해외 거주지에서 작가가 되어 생산하는 문학에 대해서 더욱 주목해야 한다.[8] 이들의 작품은 어떤 의미로이든 디아스포라 문학으로서의 일정한 의의를 지니기 때문이다. 디아스포라 현상의 진화와 더불어 디아스포라 문학의 공진화를 생각해야 할 것이다. 코리안 디아스포라 문학의 진화는 한국 문학의 역할과 가능태를 한 차원 더 높이는 데로 영향을 미칠 것이다. 문학이 문화를 추동하는 한 축이 된다고 볼 때, 지구촌에 사는 750만 전체 코리안 디아스포라들의 존재와 그들의 문화적 지향은 대단히 중요하다.

---

8 거주국에서 상당한 문학적 평가를 받으며 작가로서의 역량을 인정 받는 재외 동포 작가들이 있다. 재미 작가 이창래는 헤밍웨이문학상과 미국 도서상을 받았다. 재일본 작가 서경식은 에세이클럽상을 받았다. 현월, 이회성, 이양지, 유미리는 일본 문단에서 아쿠타가와상을 받았다. 또한 재러시아 작가 아나톨리 김은 톨스토이문학상을 비롯해 러시아의 각종 권위 있는 문학상을 수상했다. 조선족 작가 허련순은 김학철문학상을 받았다. 입양아 출신 문인인 쉰네 순 뢰에스도 노르웨이의 브라게문학상을 받았다.

4. 디아스포라 문학의 미래와 방향성

한국 문학이 디아스포라를 다루는 방향

한국인이 근현대 150년에 걸쳐서 펼쳐온 디아스포라 현상도 오늘날에는 특수성보다 보편성을 주목하는 쪽으로 변화하고 있다. 코리안 디아스포라 현상도 이미 4세대에 걸친 변전을 겪고 있다. 한 세기 전 제1세대가 감내했던 디아스포라 상황과는 현저히 다른 디아스포라 생태를 맞고 있다. 제1세대가 지녔던 명제, 즉 이주지에서 살아남아야 한다는 생존(생계)의 명제는 이제 거주지 주류 사회로의 진출과 성공의 명제들로 변전하고 있다. 동시에 그들이 세계 시민 정신Global Citizenship으로 살아가는 문제, 이를테면 인권과 다문화 가치들이 지금 디아스포라 세대의 중심 의식을 채우고 있다. 자연히 모국과의 관계에도 변화가 온다. 정서적 의존도 달라지고, 주고받는 관계에서도 일방적 의존에서 벗어나 수평적 균형을 찾으려 한다.

이런 지향을 바탕으로 문학이 디아스포라를 다루는 방식을 다음의 네 차원으로 생각해볼 수 있을 것이다. 그러면서 새로운 방향성을 모색할 수 있으리라 생각한다.

〈우리 문학이 디아스포라를 다루는 네 가지 차원〉

첫 번째 차원 : 이산을 주제로 삼는 방식을 살피는 차원

    1.1 작품의 동기와 주제로 이산을 특정하는 방식

    1.2 이산을 인간 삶의 보편적 관심사로써 다루는 방식

두 번째 차원 : 작품의 바탕을 어디에 둘 것인가 하는 차원

    2.1 공동체와 현실에 두는 사회적 접근 방식

    2.2 개인과 정서에 두는 심리적 접근 방식

세 번째 차원 : 작품의 시간성을 어디에 둘 것인가 하는 차원

    3.1 기록성 중시 차원에서 다루는 방식(과거 중심, 역사성,)

    3.2 전망의 중시 차원에서 다루는 방식(미래 중심, 세계성)

네 번째 차원 : 작품에서 미래 가치를 추구하는 방향의 차원

    4.1 세계 시민성 차원에서 주제 가치를 다루는 방식(디아
        스포라의 원심력 가치)

    4.2 한민족 공동체 차원에서 주제 가치를 다루는 방식(디
        아스포라의 구심력 가치)

위의 네 가지 차원은 1.1 단계에서 4.2 단계로 갈수록 발전한다는 것을 염두에 둔 것이지만, 반드시 그러하지만은 않다. 경우에 따라서는 각 차원이 다른 차원에 융합될 수도 있다. 이 점을 전제로 해서 차원별로 디아스포라 문학의 기능과 특성을 알아보기로 하자.

첫 번째 차원은 문학(작가)이 그 창작 동기 면에서 '이산'이

라는 주제를 명시적으로 특정하고 목적으로 삼는 문학이다. 김영하 작가의 『검은꽃』이나 김숨 작가의 『떠도는 땅』이 여기에 해당한다. 그간 우리가 익숙하게 알고 있던 디아스포라 문학이라할 수 있다.

우리 디아스포라 문학의 경우 식민지 시기 일부 작품은 민족, 계급 등의 이념이 작품의 동기(주제)로 작용하기도 하였다. 이 점이 너무 강하여 '작품이 갖는 보편성으로서의 감동'을 상쇄하는 경향이 있었다. 그런가 하면 이산을 창작의 주된 동기로 삼되 인간 삶의 보편적 관심사로써 이산을 다루는 데에 치중하는방식도 있다. 이런 작품들은 이산 자체를 작품의 목적으로 삼는데서 비교적 자유로운 접근으로 이산을 다룰 수 있다.

두 번째는 작품의 주된 바탕(흐름)을 어디에 두고 생산할 것인지를 모색하는 차원이다. 공동체와 현실에 바탕을 두는 방식과 개인과 정서에 바탕을 두는 방식이 있을 것이다. 전자는 현실주의realism 영역에 가깝고, 후자는 심리주의 또는 낭만주의 영역에 가깝다고 할 수 있다. 전자가 소설 장르로 접근한다면, 후자는 시나 극문학의 장르로 다루기 좋다. 근래에는 이들이 잘 조화된 코리안 디아스포라 작가들의 현지 작품들이 등장한다. 그리고 문학과 친연성이 높은 영화 장르가 그런 조화(사회성과 개인심리의 조화)를 보여주는 경우가 있다.

세 번째는 작품이 어떤 시간역時間域을 주로 다루었는지를 짚어보는 차원이다. 역사성을 중시하는 작가는 과거의 역사적 디아스포라 사건event들을 다루고자 한다. 여기에는 디아스포라 문학이 그들의 역사를 기록하고 재생하는 이른바 기록성의 차원에서 중요하다는 문학관이 반영되어 있다고 해야 할 것이다.

그런가 하면 현재를 포함한 디아스포라의 미래 시간을 중시하려는 작가가 있다. 미래 시간을 중시한다는 것은 문학이 전망의 기능을 발휘하고 예언하려는 데에 방점을 두는 작가 정신이 나타난 것이라 할 수 있다. 이런 전망의 기능은 이른바 삶의 총체성 구현을 내세우는 문학 본연의 입지이기도 하다. 미래 중심의 통찰을 중시하고, 미래 지향의 멘탈을 가진 작가는 우리가 사는 이 세계의 본질, 즉 세계성에 대한 탐구를 디아스포라의 주제로 다루어 보려는 작가이기도 하다.

네 번째 차원은 세 번째 차원에서 다루었던 미래 지향의 디아스포라 문학의 방향을 다시 한번 되짚어 보는 차원이다. 즉 작품의 미래 가치를 어디에 둘 것인가 하는 문제를 디아스포라 문학의 방향 또는 방식으로 제기한 것이다. 코리안 디아스포라로서는 정체성 가치가 어떻게 진화될 것인지 하는 문제가 미래 지향의 가치에도 그대로 나타날 것이다. 이를 이원적 구조로 내다본다면, 지금까지 이어왔듯이 '민족 정체성'과 '세계인 정체성'으로 나타날 것이다. 무엇보다도 미래 세계의 디아스포라 정체성은 세계 시민 정체성으로 많은 변화가 있을 것이다. 이는 코리안 디아스포라들이 그들의 삶의 생태와 관련해서 세계 조류에 호응하는 긍정적 면모를 보이는 것으로, 디아스포라의 원심력을 크게 키운다는 가치를 안으로 품고 있다고 하겠다.

반면 한민족 공동체의 정체성을 미래 생태에 맞추어 미래 지향의 주제 가치로 진화하는 방식을 예측해볼 수 있을 것이다. 이는 코리안 디아스포라의 구심력 가치를 살리는 방식이라 할 수 있다. '세계 시민성'으로서의 정체성 지향과 '세계 속 한민족 공동체'로서의 정체성 지향은 대립할 수 있을까? 미래라는 생태가 어떠할 것인지에 영향을 받겠지만, 그 미래가 바람직하게 진화된 세계에 가닿는 것이라면, 이들 양자의 정체성은 코리안 디아스포라의 정체성의 총제를 향하여 상호 작용하는 모습을 띨 것이다. 디아스포라 문학이 이런 지점을 견인하여 가는 역할과 작용을 할 수 있기를 기대한다.

그간의 우리가 디아스포라 문학에 부여한 어떤 자질이 있다면 그것은 대체로 1.1항, 2.1항, 3.1항 등에 기울어지는 것이었다. 과거의 디아스포라 역사를 기록 가치와 더불어 다루어 높은 평가를 받은 문학은 우리 문학계에 공식 인정을 받은 본격 문학 작품들이었다.

그러나 디아스포라 현상에 대한 인문학적 접근의 유연성을 더 많이 허용하려면 디아스포라의 생활 문학이나 코리안 디아스포라의 체험 서사 등이 폭넓게 조명되고 강화되어야 할 것이다. 디아스포라 현상을 다채롭게 반영하고 풍부하게 확장하는 데에 문학이 도움을 주기 위해서는 1.2항, 2.2항, 3.2항 등에 더 많은 문학적 관심을 기울여야 한다. 특히 디아스포라 문학의 방향성과 미래형 모색을 위해서는 4.1항과 4.2항 등 새로운 관심 영역을 열어가야 할 것이다.

디아스포라 현상의 보편화와 디아스포라 문학의 확장

디아스포라가 품고 있는 이주와 이산이라는 '일event'은 문학 서사narrative의 본질인 '사건event'과 친연성이 높다. 내러티브가 작동하는 기본 기제에 어떤 양태이든 이주와 이산의 '일event'이 가담하지 않는 경우를 찾기는 어렵다. '이사 가던 날'은 동화의 주요 모티프가 되고, '전쟁'은 이산을 충격으로 끌고 들어오는 운명적 모티프가 된다. 여기서 이사와 전쟁은 치명적인 '이산의 일event'이 될 수밖에 없다.

이주와 이산을 굳이 민족이나 공동체의 사건으로만 보려는 관점을 벗어나 개인(또는 '공동체 내 개인')의 사건으로 시선을 옮겨서 보면, 디아스포라 현상의 보편성은 더 많이 인정된다. 디아스포라 현상의 서사적 속성은 더욱 풍부해지고 다양화한다. 따라서 디아스포라의 보편성을 확장할수록 문학, 특히 서사 문학과의 상관성도 높아진다. 디아스포라를 특정의 인식 프레임에 묶어 두지 않고, 현상으로서의 자연스러움을 열어줄수록 디아스포라 현상은 더 광범위해지고, 이를 반영하는 디아스포라 문학은 그 보편성 자질을 새롭게 열어갈 수 있다.

이주의 보편화가 디아스포라 문학의 확장을 불러온다. 이주의 보편화는 이주의 빈번함과 맞물려 있고, 현대인의 이주 빈번은 현대 사회의 가장 큰 특징 중 하나인 자본의 흐름에 따른 것이다. 국내이든 국외이든 오늘날 우리는 이주의 가능성에 자주 직면하고, 실제로 여러 번 옮긴다. 그 근저에는 자본의 요인과 고용의 조건이 이주를 부추긴다. 교통과 통신의 발달이 이를 돕는다. 나라 밖으로 나간 디아스포라는 거듭 파생되는 제2, 제3의 이주와 쉽고도 불가피하게 만난다. 이주의 보편화 현상이다. 이주의 보편화는 정체성의 파편화와 개별화를 유발한다. 파편화된 정체성은 이전까지와는 다른 다양한 정체성으로 변환translation 된다. 이런 정체성 변환은 사회적이고 문화적인 현상으로도 부각된다.

디아스포라의 정체성을 상징으로 공유하고 감득할 수 있게 하는 것으로 문화 예술가들의 예술 활동을 주목할 수 있다. 다문화에 따른 인한 정체성 변환은 문학, 미술, 음악 등에서 구체적인 예술 작품이나 예술적 행위 등을 통해서 다양한 방식으로 상징화될 것이다. 미래 사회에서 디아스포라의 정체성 변화는 다양하게 나타날 것이다. 전통주의나 민족주의 혹은 근본주의의 강화로 향할 것인가. 지구촌의 어떤 지역에는 그런 지향도 있을 것이다. 다름의 인정을 기반으로 안정된 사회학적 정체성의 구축을 낙관할 수 있을까. 안정과 통합의 불가능성을 인정하는 포스트 모던의 또는 정보화 사회의 노마드 정체성, 그리고 그로 생겨나는 문화 혼종성이 만드는 새로운 정체성을 지향할 것인가.

이미 우리 사회에는 위에 언급한 정체성의 개념이 혼재混在하고 있으며, 다문화 정책의 방향성과 이주에 대한 시선이 어느 쪽으로 향하는지에 따라 어느 방향으로든 무게 중심이 쏠릴 것이다. 앞으로의 예술 작업들 속에는 아마도 이러한 다문화적 정체성의 사회 문화적 징후들을 예술가들이 포착하고 드러내면서 새로운 정체성의 지형도를 그려나갈 것이다(이미경, 2015).

앞으로의 디아스포라 문학은 '새로운 정체성의 지형도'에 부응하지 않을 수 없다. 이를 작가의 문화적 촉수로 포착하여 반영하고, 작품과 비평을 통해 반성의 사유를 공유해야 할 것이다. 새로운 정체성 확장은 디아스포라 문학의 개성과 보편성을 확장하는 데로 이어질 것이다. 개성의 발현은 '문화 혼종성이 만드는 새로운 정체성'을 찾고 가치화하는 방식으로 추구되리라 본다. 보편성의 발현은 '전통주의나 민족주의 등을 기반으로 하는 정체성'의 영역과 '다름의 인정을 기반으로 안정된 사회학적 정체성'이 균형을 구하며 상호 작용하는 데서 마련될 것이다.

디아스포라 현상의 보편화와 관련해서 우리 코리안 디아스포라 세계(재외 동포 세계)의 변화 방향을 어떻게 진단하고 추구하는 것이 바람직한지를 두 가지 정도로 생각해보고자 한다. 하나는 코리안 디아스포라의 잠재력 발현으로 그 영향력이 확장되는 것, 그래서 코리안 디아스포라 현상의 변화를 가져오는 것이다. 다른 하나는 그 확장된 글로벌 영향력이 모국과 어떤 상관적 상승을 가져오느냐 하는 문제다. 이는 물론 미래 가치에 부응하는 것이 되어야 하며, 미래의 글로벌 가치에 호응하는 방향성이어야 한다. 구체적으로 짚어본다.

첫째, 코리안 디아스포라 커뮤니티의 확장성을 이해하고 가치화할 수 있다. 각국의 코리안 디아스포라 사회(재외 동포 사회)가 해당 거주국 사회에서 정치적·경제적·문화적 진출을 확장해가는 현상이 나타날 것이다. 이러한 재외 동포들이 거주국에서 생성하는 힘이 무엇을 의미하며, 또 무엇을 할 수 있는

지에 대한 진단과 가치화 작업이 있어야 한다. 재외 동포 커뮤니티 간의 연합과 협응으로 힘을 확장하는 현상으로 발전하게 될 것이다. 이에 따라서 정치, 경제, 문화, 교육 등 재외동포 활동 영역 사이에 여러 가지 영향력이 확장되는 현상을 만나게 될 것이다. 이러한 확장성은 코리안 디아스포라 현상의 질적 변화를 가져올 것이다. 이는 재외 동포 사회가 국제적으로 또는 글로벌 차원에서 이전과는 다른 영향력을 가지게 된다는 것을 의미한다. 이 점은 미래 한국의 국가 전략 차원에서도 중요한 조건으로 등장한다.

둘째, 지구촌 코리안 디아스포라 공동체와 대한민국의 상관적 상승을 내다볼 수 있다는 점이다. 대한민국과 재외 동포를 분리된 섹트로 보지 않고, 통합된 상관으로 이해하는 상황으로 변화할 것이다. 물리적 국토 중심의 국경이 유연하게 통합되는 커넥트그래피(연결지리학 Connect ＋ Geography)[9] 개념으로 한국과 재외 동포 공간을 하나의 나라처럼 통합하고, 그 바탕 위에서 발전 전략을 모색할 수 있다. 요컨대 수많은 재외 동포 커뮤니티를 '우리나라 개념'으로 발전시키려는 지향이라 할 수 있다. 대한민국 미래 전략에 재외 동포 현상이 중요한 변수로 다가옴을 인식할 수 있다. 특히 통일 문제, 인구 문제, 경제 협력 문제, 국제 사회 지도력 문제 등에서 한국이 생산적 해법을 찾아가는 데 있어서 지구촌 코리안 디아스포라의 힘과 영향력은 높은 상관성을 가지고 찾아올 것이다.

전문가들의 다음과 같은 전망은 국내 문제와 연관하여 재외

동포 정책의 방향에 대한 중요한 시사를 준다. 예컨대 향후 노동력 부족 현상을 해결하기 위해서는 동포 또는 이민 활용이 가장 현실적인 방법임을 말한다. 중국 국적 동포는 이미 많이 들어와 있지만, 저출산과 고령화 문제를 안고 있어 효과를 기대하기 어렵다는 진단이 있다(이상돈, 2020). 그런가 하면 재외 동포 사회의 인구 구조도 변화하고 있으므로 그에 따라 달라진 그들의 요구를 파악하고 대응해야 한다는 진단도 귀 기울일 만하다(김성민, 2020).

그럼에도 재외 동포에 대한 이해의 중요성을 제대로 받아들이지 못한다. 십 년 가까이 『동아일보』 주일 특파원을 하며 다이스포라에 대한 감수성을 기른 심규선 논설위원의 언급이 참으로 적실하다. 그는 재외 동포에 다가가는 태도에서, 우리 국민의 인식 교정을 요청한다.

> 책임 있는 국가는 국민과 외국인을 끌어당기는 구심력과, 국민을 외국으로 내보내 세계인으로 살아가도록 지원하는 원심력을 갖추고 있다. 100여 년 한민국은 어느 것 하나 없었다. 그래서 백성들은 각자도생의 고달픈 장정長程에 나설 수밖에 없었다. 그랬던 한민국이 이제 겨우 그들의 후손에게 관심을 보이기 시작했다. 그러니 재외 동포를 우리의 잣대로 섣불리 재

9 지구상 인구가 제일 많은 나라를 들라고 했을 때, 중국을 말하지 않고, 30억의 가입 회원들이 소통하고 연결하는 페이스북이나 유튜버 등을 거론하는 21세기 글로벌 커넥션의 생태를 염두에 둔 지리학 개념이다.

단하지 말고, 먼저 경외의 마음을 표시하는 것이 순리다. 그것
이 조국의 품격이다.[10]

김봉섭 재외동포재단 전문위원은 코리안 디아스포라 현상
에 대한 우리 국민의 이해 수준에 대해서 우려를 제기한다. 그들
과의 미래를 향해 상호 작용하며 함께 발전 전략을 추동하기에
는 내국인들의 이해가 부족하다는 것이다. 정부의 국정 과제는
재외 통합이지만, 국민의 인식은 호의적이지 않은 만큼 재외 동
포의 영향력을 제대로 평가해 알릴 필요가 있다는 점을 현시점
에서의 필수 과제로 제안한다.

디아스포라 문학의 전망과 방향성

미래 글로벌 생태에서 디아스포라 현상은 다양한 변환을 보
일 것이다. 이를 반영하고 재현하는 디아스포라 문학도 새로운
방향성을 가지게 될 것이다. 무엇보다도 제1세대 이산을 의미화
했던 이산의 역사적 동인과 상황을 추적하고 가치 매김을 했던
문학에서 지금의 제3세대 디아스포라가 살아가는 현실의 일상
성과 삶의 보편성을 깊이 들여다보는 문학으로 옮아갈 것이다.
제1세대의 이산이 운명적 이산이었다면 제2, 3세대는 재이산, 재
이주의 방식으로 디아스포라를 경험한다. 이는 운명적이라기보
다는 2세들의 의지에 따른 이주임이 두드러진다.

이것이 함의하는 바는 크게 두 가지가 있다. 하나는 코리안

디아스포라의 이산적 삶의 조건이 생존, 생계 중심의 수동 모드에서 벗어나서 이제는 생활 주체로서 스스로 진출하는 적극적 능동 모드로 변화되었음을 의미한다. 다른 하나는 정체성의 변화인데 여러 번 언급한 대로 혈통 중심 정체성에서 세계 시민성 지향의 정체성으로 옮겨가고 있다는 점이다. 이 대목은 사회학이나 인류학의 관심사이기도 하지만, 디아스포라 문학이 주목해야 할 부분이다. 지금 여기 이 시점에서 문학의 화두로 '코리안 디아스포라, 그들은 누구인가?' 하는 물음을 작가들은 꾸준히 던져야 할 것이다. 그런 점에서도 문학은 디아스포라를 현상으로 따라 잡는 문화적 활동의 중심에 있다고 할 수 있다.

디아스포라들이 홈랜드를 가치화하는 방식에서도 상당한 변화가 일어날 것이다. 모국은 언젠가는 돌아가야 할 곳, 즉 귀소지歸巢地라는 인식이 지배적이었다. 그러나 미래 글로벌 생태에서는 연대하고 협응해야 할 파트너십의 공간으로 인식의 전환이 일어날 것이다.

만약 이런 현상이 보편화된다면, 한국 디아스포라 문학도 소설 장르 중심으로 구축되어 온 데에서 상당한 변모를 보일 것이다. 이산을 담아내는 디아스포라 한인들이 생산하는 생활 문학이 주목 받을 것이다. 그리고 그것을 가치화하는 문화적 현상이 활발해질 것이다. 일기나 각종 수필 장르들을 포함하여 개인적 기록들이 문학의 장으로 들어와 일정한 작용을 할 것이다. 전

10 심규선, '재외동포의 창' 2019.11.

문 작가들 뿐 아니라 일반인의 문학적 생산도 기록성 차원에서 대접 받을 것이다.

그리고 다큐멘터리 기록성이 강한 텍스트들은 영상 텍스트로 확장되면서 전통적 문학 텍스트들과 구분과 조화의 두 가지 양상을 빚어낼 것이다. 따라서 문학도 정통의 영역만 고수하지 말고, 그 범주와 영역을 좀 더 허용적으로 확장하는 변화를 추구해야 할 것이다. 디지털 매체 환경 발달에 따라 문학의 내용 질료 못지않게 그것의 소통 파워가 문학의 평가에 관여할 것이다. 특히 지구촌 전체를 문화적으로 연대할 수 있는 코리안 디아스포라의 통합체가 실제로 작동할 수 있다. 그에 따라서 다른 예술 영역, 다른 장르 영역과 융합된 문학의 존재 방식이 대두할 것으로 보인다.

디아스포라 문학 또는 이산 문학이라는 명칭과 범주는 그 고유성을 가지고 유지될 것인가. 이 점에 대해서도 예견하기가 쉽지 않다. 디아스포라 현상이 자본과 고용의 유연화로 다양해지고, 일상성 비슷한 양상을 띠면서 삶 일반에 두루 퍼져 있게 되는 것이다. 특히 글로벌 세계 시민성이 디아스포라의 일반적 정체성으로 널리 공유되면, 이를 반영하는 이산 문학은 지금의 의미 범주와는 다른 자질을 지닌 문학으로 그 의미 중심이 옮아갈 것이다.

그렇게 되면 이산 문학은 '이산 문학'이라는 라벨을 붙일 수도 있고, 라벨 없이도 존재할 수 있다. 이는 디아스포라 문학이 보편성을 확장해가는 데 따른 자연스러운 추세라 할 수 있다.

'이산 문학'이라는 라벨을 확실하게 갖는다는 것은 이산 문학을 특정의 조건과 특정의 의미 영역에 둠으로써 이산은 어떤 자질을 고유하게(또는 제한되게) 지닐 수 있다. 그러나 동시에 이산이 문학 안에서 더 넓게 수용되고 확장할 수 있는 여지를 감소시킬 수도 있다. 그러나 언어와 문화의 구분과 층위가 존재하는 한, 이산 공동체의 공동체다움을 구분하는 문화적 분별은 없어지지 않을 것이다.

그러면서도 미래의 디아스포라 문학은 세계 시민성의 주제를 이산과 관련하여 문학이 어떻게 다루어야 할지를 고민하게 될 것이다. 또 이산 안에 보편으로 내재하는 인간의 문제와 현실 역사의 문제는 여전히 문학의 주제로 다양하게 변용되어야 할 것이다. 다만 미래 생태에 다가가는 문학의 상상력이 미래 디아스포라 현상을 향하여 어떻게 새로워질 것인지를 고민해야 할 것이다.

8장

—

코리안 디아스포라
정체성과 문학적 반영

—

박인기

1. 들어가며

　정체성identity은 라틴어 'identitas'에서 온 말이다. '한 존재
가 지닌 본래의 진실한 실체'를 일컫는 말이다. 이때의 실체는
외현적 모습보다는 존재의 내적인 자질을 중심으로 한 본질에
가까운 실체다. 그래서 '나의 내적 실체와 전적으로 동일한 그
무엇'으로 설명하기도 한다. 에릭슨Erike Erikson은 저서
『Identity : Youth and crisis』에서 인간의 심리 사회적 발달에
대한 이론을 상세히 소개한다. 그는 정체감 없이는 사람은 살아
있다고 느낄 수 있기가 어렵다고 하였다. 이는 다분히 심리 발달
적 차원에서 짚은 말이지만, 오히려 사회적 차원에서 더 적실하
게 적용되는 말로 느껴지기도 한다. 특히 디아스포라 공동체에
적용하면 더욱 그러하다.

　이산離散, diaspora으로 낯설고 먼 공간으로 밀리듯 흩어진
디아스포라 개개인은 강한 공동체 정체성을 가질 수밖에 없다.
디아스포라 집단 정체성에 귀속되지 못할 때의 고통은 죽음에
직면하는 극심한 소외를 불러올 것이다. 프랑스 사회심리학자
뒤르켐David Émile Durkheim은 일찍이 사회적 소외는 심리적 절망
감을 불러오고, 이는 자살을 부른다고 밝혔다(황보종우 옮김,

2019). 독일어에서 '소외Entfremdung'라는 추상명사는 형용사 '낯설다fremd'에서 온 것임을 언어 형태상으로 보여준다.(우리말에서는 '낯설다'의 의미소에서 '소외'의 본질을 유추하기가 쉽지 않다.)

디아스포라는 실존으로서의 '낯설다'를 당면하여 겪어내야 한다. 물론 그 '낯설기'의 강도는 극심한 수준이다. 오래 친숙했던 곳을 떠나 매우 낯선 곳으로 왔기 때문이다. 그나마 이 낯선 소외감을 버티게 해주는 유일한 방벽은 디아스포라 공동체다(일 수밖에 없다). 그 안에서만 천지에 가득한 이 고통스러운 '낯설음(소외)'을 겨우 면할 수 있기 때문이다. 그런데 이 디아스포라 공동체로부터 배제되거나 소외된다는 것은 이중의 소외(이산에 따른 물리적 실제로서의 소외, 공동체로부터의 심리적·정신적 소외)를 겪는 것을 의미한다. 디아스포라 공동체로부터의 심리적·정신적 소외는 그 공동체의 정체성에 소속 구성원이 얼마나 충실히 일치하는지에 따라 극복될 수 있는 문제다.

이런 소외를 심리적으로나 사회적으로나 어느 정도 이겨낸 디아스포라 집단에게는 심리적으로는 디아스포라로서의 '숙명'이란 것을 일종의 안정 정서로 형성하는 데에 이르게 된다. 또 지녀온 정체성을 잃게 되었을 때, 디아스포라 공동체는 자기들 나름의 새로운 정체성을 형성하면서 공동체 문화를 만들어간다. 그러나 이런 적응과 변화의 구심점에는 떠나온 모국의 문화와 정신이 작동한다. 그러나 다른 한편의 원심력으로 이산 현지 삶의 생태와 문화가 새로운 정체성의 형질을 삼투한다.

이런 점에 있어서는 나라를 잃고 지구촌 전체로 흩어져서 2천 년도 넘게 세계 각지에서 온갖 위해에 노출되며, 디아스포라 공동체를 유지해온 유대인 디아스포라의 역사와 그들의 공동체 문화가 디아스포라 이해의 적실한 사례임을 확인할 수 있다. 나라 없는 자들의 생존 취약성을 구해줄 수 있는 자본과 경제력에 대한 희구는 그들에게 생존의 법칙과도 같은 것이다. 유대인의 상술과 자본 집착은 유대인 디아스포라의 문화적 유전자처럼 되었다. 또 개인의 수월성과 재능 함양도 개인과 종족의 안위를 동시에 지키는 한 방책이 되었을 것이다. 이를 정신적 정체성으로 지지해준 바탕에는 이른바 유대인 '선민選民 의식'을 키워온 '토라'로 불리는 모세 5경의 구약 정전이 있었다. 구약이 다루는 2,500년 전 바빌론과 페르시아에 의한 유대인 강제 이주 디아스포라 역사도 유대인의 디아스포라 정체성을 강화하는 정신적 기제가 되었을 것이다.

　　이는 유대인 디아스포라만의 특징이라 할 수는 없다. 정도의 차이는 있겠지만, 널리 그리고 멀리 이산된 디아스포라 일반의 특성이기도 하다. 19세기 말 북만주와 연해주 일대로 이산되어 코리안 디아스포라를 형성한 한인들이 1937년 소련 스탈린에 의해서 중앙아시아 일대로 강제 이주해야 했던, 그래서 그곳에서 '고려인'이라는 이름으로 디아스포라 공동체를 이룩하였던 경우에도 정체성을 부단히 (재)구축하고, 그 정체성으로 디아스포라 공동체를 유지하고 강화하는 기반으로 삼았다. 고려인들이 우리의 영농법을 그 땅에 전승하여 그곳 중앙아시아 주민들에게 가르치고, 소련 체제에서 한인 디아스포라 정체성의 요소들을 문화화하는 작업으로 한글 매체 '레닌 기치' 등을 제작하여 전파하고, 이를 유지하였다.

디아스포라는 불가피하게 다중의 정체성을 가진다. 한 번 일어난 이산은 한 지역으로만 정착되지 않고, 또 다른 이산을 파생하는 경우가 많아서 디아스포라들의 정체성 다중화는 살아남으려는 진화의 과정이라 할 수 있다. 불안정한 정착은 정체성의 불안정을 수반하고, 정체성의 다중화 자체가 갖는 불안정성이 확장되면, 디아스포라 내부의 분화와 더불어 또 다른 이산을 불러오는 과정을 겪는다. 디아스포라 1세대는 초기 이산의 현장에 정착하려 하지만, 2세대와 3세대는 앞세대의 집단 정체성에 순응하지 않는다. 새롭게 전개되는 역사와 그들 앞에 놓인 삶의 생태가 다르게 다가오기 때문에 새로운 정체성을 형성한다.

지구촌 어디를 막론하고 디아스포라들이 이주 이전 오래 유지했던 정체성은 이산과 함께 해체되거나 재편성된다. 이산이 삶의 형태나 구조 면에서 불안정성을 내포하므로 안주의 지점을 얻지 못하면 또 다른 이산을 구할 수밖에 없다. 게다가 밖으로부터 가해지는, 지금의 정체성을 변화 또는 해체하려는 압력들은 디아스포라 공동체가 유지해온 언어와 문화와 종교 등 이른바 정체성의 바탕 기제들을 흔드는 데에 이르기도 한다. 물론 코리안 디아스포라도 예외가 아니다.

1970년대 대한민국 체제에서 공식 이민 계약을 통해 브라질, 아르헨티나 등 농업 이민으로 떠난 디아스포라 1세대는 현지 농지에 정착하기도 전에 농업 종사의 현실적 어려움에 직면하면서 도회지 의류 상가나 봉제업 중심의 직업으로 흘러든다. 이처럼 생업과 연관된 이민자들의 정체성은 몇 번씩이나 도전을 받는다.

디아스포라 정체성의 해체나 재편성은 일회적이지 않다. 정치적 억압에 시달려야 하는 근대 이전 디아스포라의 경우는 그 억압을 피해서 이산이 이어지고, 그 억압을 버티고 이겨내는 방어 기제로서 정체성이 자리 잡을 수밖에 없었다. 당연히 민족의 역사와 언어, 그리고 민족 문화를 기반으로 하는 정체성이 주조를 이루게 되었다. 그러나 자본의 흐름을 따라 더 빈번한 이산이 이루어지는 현대에서는 디아스포라의 이산은 일상화되는 면모를 보이기도 한다. 정체성에도 현지 사회 진출이나 디아스포라 차세대의 미래 지향성mentality이 영향을 미치게 된다. 미국이나 유럽 등 선진국으로의 이산일수록 그러하다. 이산의 빈도만큼 정체성의 출렁거림은 피할 수가 없다.

2. 코리안 디아스포라의 역사적 장면, 두 개의 문학적 표상

코리안 디아스포라의 주제를 담은 문학 작품이 늘고는 있지만, 일정한 흐름을 형성하는 데에는 이르지 못하고 있다. 한국의 근현대 150여 년의 시간과 더불어 전 세계에 750여만 명의 코리안 디아스포라들이 살고 있다는 현실에 견주어 보면 우리 문학(한국 문단)으로서는 이 주제에 소극적이었다는 평가를 할 수도 있다. 우리 민족과 한반도를 구심력으로 해서 일어난 이산·이주의 원심력을 그 역사적 동인과 맥락으로 살펴서 그 의미를 채굴해 들어간 문학 작품을 충분히 온축해오지 못했기 때문이다.

즉 코리안 디아스포라에 대한 일반적이고도 보편적인 양상과 가치를 통찰할 문학적 관심을 우리 문단이 기울이지 못했다. 그 이전에 지역별로 코리안 디아스포라의 개별성 인식을 도울 만한 문학의 성과가 미약했다. 이는 물론 이 주제에 관한 작가의 적극적 의도가 창작의 동력으로 깊게 관여한 큰 작품이 많지 않다는 데서도 확인된다. 한국 문단에서는 '이산 문학'이니 '디아스포라 문학'이니 하는 표제어 자체를 공식적으로 공유하지도 못했다.

그런 빈곤 중에도 한민족과 더불어 우리 근현대 역사의 질

곡에서 번져 나오는 여러 층위의 파노라마적인 변인들을 작품 안에 결속력 있게 거느리면서 그 주제적 깊이를 다성적多聲的, polyphonic 울림으로 형상화한 작품을 들라고 한다면 김영하의 『검은꽃』(2003)과 김숨의 『떠도는 땅』(2020)을 주목하지 않을 수 없다.

이 두 작품은 근현대에 있었던 한국인의 이산 가운데 가장 주목할 만한 역사적 의미를 띠는 이산의 사변을 문학으로 표상하였다. 하나(『검은꽃』)는 이산·이주의 역사적 서막을 추적하는 작품이고, 다른 하나(『떠도는 땅』)는 가장 비극적이고 아픈 이산의 전설을 다시 끄집어내어 재현하는 작품이다. 코리안 디아스포라의 역사적 의미망으로만 보면 『검은꽃』은 1905년 처음으로 조선인이 태평양을 건너 미주 대륙으로 집단 농업, 이민, 이주에 나섬으로써 디아스포라의 운명을 열어나가는 이주移住 서사의 본격적 문학화라 할 수 있다. 그 역사적 사건이 일어나고, 다시 100년이 지나서 나오게 된 문학 작품이다.

디아스포라는 대사변적大事變的 현상이다. 종족이나 지역 차원에서 삶의 토대 기반이 흩어지고 재편성되는 사건이기 때문이다. 이런 디아스포라 현상을 문학이 반영할 때 '흩어짐'의 사건만을 좇을 수는 없다. 밖으로는 그 사변의 정치적·역사적·문화적 영향과 맥락을 보아야 하고, 안으로는 이산을 겪는 공동체의 정신사적 궤적과 가치를 수렴하고 형성해야 하기 때문이다. 그랜드 디아스포라Grand Diaspora, 거대 이산는 민족이나 국가의 틀을 흔드는 변화와 더불어 일어나고, 최초의 디아스포라로부터 제2차, 제3차에 걸쳐 이산이 계속 파생된다. 이산이 또 다른 이산을 낳는 방향으로 변전해간다.

이산의 역동성과 그것의 작품 내적 공간

디아스포라는 삶의 공간적·시간적 변이 등이 상당한 중층성重層性을 띠고 나타나며 다양한 역동성을 드러낸다. 이런 중층성을 의미 있게 압축하여 상징화하고, 주제로 심화할 수 있는 소설의 내적 공간을 어떻게 설정해야 할까. 그것은 마치 이산의 모든 동선을 축지법처럼 모으는 공간, 그리고 이산의 모든 시간을 이 공간 안으로 끌어들이는 소설적 기능을 띠는 것이어야 할 것이다. 강한 집중성을 담보하는 공간이면서 이주·이산의 현재성이 소설 안에서 담보될 수 있어야 하리라. 대표적인 이산 문학으로 거론한 『떠도는 땅』과 『검은꽃』은 이 점에서 '열차 안'과 '선실 안'이라는 상당히 유사한 공간 형식을 거느린다.

김숨 작가의 『떠도는 땅』(2020년 제51회 동인문학상 수상작)은 이산의 고통 상징이 집약되는 소설적 공간으로 시베리아 철도의 화물 차량 공간을 선택한다. 즉 주제를 초점화하는 방식(장치)으로 시베리아 철도 화물 열차의 차량 안이라는 특정의 '공간'을 주목하였다. 이 공간을 서사 전개의 틀로 부여하고, 소설이 담아내는 모든 이야기나 사건이 이 공간으로 초점화되도록 하였다. 서사의 내용은 그 공간 내 인물들의 대화 언어로 구성하였다.

열차는 들판에서 두 번을 더 섰다. 그때마다 여자들은 미닫이 문이 열리기 무섭게 황급히 열차에서 뛰어내렸다. 알 낳을 자리를 찾는 암탉들처럼 시커먼 침목이나 들판 여기저기 자리를 잡고 앉았다. 엉덩이를 내놓고 하늘을 원망 어린 눈길로 흘겨보며 오줌을 눴다. 오줌 방울이 튄 치맛자락을 털며 열차로 뛰어가 이불이나 옷가지를 들고나왔다. 휑한 들판에 대고 벼룩과 이를 털었다. 남자들은 들판 여기저기 말뚝처럼 서서 오줌을 눴다. 호위대원들이 이탈자를 막기 위해 호루라기를 불고 욕설을 퍼붓는 살벌한 분위기에도 사람들은 선로 주변에서 주운 나뭇가지로 불을 피워 밥을 짓고, 감자나 홍당무를 썰어 넣고 국을 끓였다. 열차가 갑작스레 떠나려고 해서 밥이 뜸 들고 있거나 국이 끓어오르는 냄비를 옷자락으로 감싸들고 황급히 열차에 오르기도 했다(김숨, 2020).

열차 공간은 이들 코리안 디아스포라에 대한 복합의 의미를 생성하고 전이하는 기능을 한다. 이 공간을 통하여 열차 내의 실제적 고통과 각종 공포에 당면하는 사람들의 무수히 많은 감정의 중층을 확인할 수 있다. 중요한 것은 역사적 인식의 중층도 이 공간 내의 각종 목소리로 드러난다는 점이다. 이들을 다루는 소련 당국의 태도에서 묻어나는 망국 조선에 대한 모멸은 '공간의 비인간적 협소함'에서 극한을 이루고, 이 공간을 이동시키는 소련 당국의 '폭력성'은 물격화된 식민지 백성들의 죽음과 버려짐을 통해서 그 극한을 보여준다.

작가는 이렇게 말한다. "강제 이주 열차가 준 강렬한 인상 때문에 그 열차에 실린 인간들의 공포와 고통을 그리고 싶었다." 실제로 이 작품에는 열차에서 태어난 신생아가 며칠 버티지 못하고 죽자, 아비가 어미 품의 아기를 빼앗아 광목천으로 감싼 뒤 눈보라 날리는 열차 밖으로 던지는 장면을 비롯해 한계 상황에 내몰린 사람들의 애절한 역사가 절제되고 간결한 문장으로 그려졌다(조선일보, 2020.10.19).

이 작품은 우리 문학이 근년에 이룬 디아스포라의 실체적 역동을 잘 담아낸 대표적 작품이다. 이 강제 이주 화물 열차의 좁은 공간은 어떤 디아스포라 현상들을 중층적으로 표상하는가. 먼저 다양한 인물이 보여주는 대화對話의 중층이 있다. 국권 부재의 유민으로 살아왔던 연해주 한인 각자의 삶의 세계가 서로 만나고 얽히면서 현실 세계의 중층을 보여준다.

이 작품의 끝부분 한 대목을 보자. 아기를 가진 임신부로 이 강제 이주 열차에 탄 금실이, 그리고 그를 챙기는 아주머니 들숙, 이 두 사람이 나누는 대화 장면이다. 금실이의 남편은 이 열차를 타지 못했다. 보따리 장사를 떠난 남편은 북만주 어디쯤을 아내의 행방도 모르고 다니고 있을 것이다. 이제는 서로 찾을 수 없이 이산이 되고 말았다. 이산 안에 또 다른 아픈 이산이 숨어 있다. 강제 이주 열차 안이다.

들숙이 금실 뒤에 자리를 잡고 앉는다.
"담비 사냥꾼인 내 아버지는 자신은 변발을 하고 다니면서 나는 머리카락을 자르지 못하게 했어. 태어나 한번도 자르지 않아서 열다섯 무렵에는 머리카락이 무릎까지 자랐어. 아버지는 밤마다 나무를 깎아 만든 빗으로 내 머리카락을 빗겨 주셨지. 날이 밝으면 강에서 떠온 차갑고 맑은 물로 내 얼굴을 씻기고 머리카락을 땋아 주셨어 …"

들숙은 손가락으로 금실의 머리카락을 쓸어내린다.

"아주머니 … 나는 심장이 터질 것 같아요."

"배 속 아기를 생각해." (중략)

"아주머니, 하지만 나는 머리카락을 자를 수 없어요. "

"어째서?"

"남편이 장사를 떠났거든요."

"그렇군 … 그래서 같이 못 온 거야?"

"내 남편은 보따리장사꾼이지요."

"쯧쯧, 떠도는 사내를 남편으로 두었군."

"네 … 내 남편은 철새 같은 남자지요. 집을 떠나 국경 너머 먼 땅까지 날아갔다 날아오지요. 그이가 돌아올 때까지는 나는 머리카락을 자를 수가 없어요. 괜히 머리카락을 잘랐다 남편에게 흉한 일이라도 생기면 안 되니까요. 남편이 장사를 떠나면 나는 개미나 거미도 함부로 죽이지 않지요. 나뭇잎도 안 찢고, 썩은 가지도 부러트리지 않지요. 나쁜 생각도 안 하고, 나쁜 마음도 안 가지려고 애쓰지요."

"조심하는 건 좋은 거야."

"아주머니 나는 남편과 생이별을 할까 봐 겁이 나요."

"살아 있으면 만나게 되어 있어."

"살아 있으면요?"

"그게 언젠가 될지 몰라서 그렇지, 살아 있으면 언젠가는 만나게 돼 있어."

"아, 언젠가는요 …?" 금실은 주먹으로 가슴을 친다.

들숙은 고개를 든다. 열차의 창문을 막은 양철 조각 새에 고인 배꽃 빛 달빛을 응시하며 쓸쓸히 웃는다(김숨, 2020).

독자는 이 열차 공간을 통해서 바로 '지금 여기'에서 벌어지는 이 '이산의 총체'를 서서히 알아차린다. 이 공간에서 쏟아놓는 목소리들을 음미함으로써 디아스포라 현상을 의미 있는 상징으로 해석하는 데에 이른다. 작가가 소설 내부의 공간으로 들어와 있도록 한 화물 열차의 공간이 어떤 힘을 발휘하는지를 느낄 수 있다. 심사위원 오정희 작가는 화물 열차의 3.5평, 어둡고 더러운 공간은 낯선 세계의 '설화적 공간'으로 살아난다고 말한다.

이런 코리안 디아스포라를 바라보며 소설의 독자는 역사적 각성과 정치적 상상력을 자극 받는다. 독자는 금실이야말로 선량한 백성이고, 그의 떠도는 남편이 주권 잃은 우리의 나라, 곧 '떠도는 나라'라는 생각이 들 것이다. 백성은 나라가 다칠까 저리도 노심초사하는데 나라는 답이 없다. 아니 나라는 없다. 백성이 간절하게 함께 있기를 원하는데 지금 나라는 부재중이다. 국권 상실의 시대, 멀리 먼 곳으로 흩어져 간, 우리 백성들이 겪었던 가혹한 수난을 독자들은 자신의 형벌처럼 음미한다. 금실은 남편을 이후 평생 만나지 못했을 것이다. 강제 이주의 땅이 너무 멀어서 서럽고, 두고 온 가족이 너무 멀리 떨어지게 되어서 아프다. 무엇이 이렇게 멀리 떨어지도록 했는가. 독자들은 이들 코리안 디아스포라를 운명으로 환원해보기도 하고, 역사로 치환해보기도 한다. 이 지점이 바로 이 디아스포라 문학 작품이 발휘하는 현재의 반성적 가치다. 그것은 인문학으로서 문학이 존재하는 이유이기도 하다. 그러나 사유의 내용이 비단 인문학적 가치로만 국한되는 것일까. 문학의 경우 꼭 그렇지만은 않다. 역사적·사회적 상상력과 사회과학적 통찰에 함께 다가가게 한다.

그런데 소설 내적 공간을 통하여 이산의 주제를 고여 들게 하는 주제 초점화 효과는 김영하의 『검은꽃』에서도 유사한 구조로 발견된다. 이 소설은 전체 분량의 1/3 이상이 태평양을 건너가는 해상의 이민선 '일포드Ilford'[1]호의 내부 공간, 그것도 주로 1,033명의 조선인 이민자들이 모여 있는 배 밑바닥의 선실 공간을 중심으로 여러 층위의 이야기가 구성되고 있다.

이 일포드호도 제대로 된 여객선이 아니라 화물선을 여객선으로 개조한 것이다. 『떠도는 땅』에서 강제로 이산이 되어 이주를 당하는 코리안 디아스포라를 실어 나르던 수단이 화물 열차이었던 것을 떠올리지 않을 수 없다. 망하는 왕조의 백성으로 기약 없는 이산의 행로에 드는 조선인이나, 빼앗긴 조국을 떠나와 겨우 정착 이주한 연해주에서 영문도 모르는 강제 이주로 아득한 이산의 행로에 드는 식민지 백성이나, 사람 아닌 화물(짐)의 위상으로 격하된 것이 이렇듯 뚜렷한 상징으로 떠오를 수 있다

는 것이 기묘하다. 두 소설이 소재로서 취한 역사적 사실인데도
20세기 초 코리안 디아스포라 현상에 내재하는 불운과 불행의
보편적으로 편재하였음을 다시금 음미하게 한다.

> 항해는 길었다. 애초부터 여객을 위한 시설이 전무한 일포드호
> 에서 승객들은 짐짝처럼 취급되었고, 그나마 적정 수용 인원을
> 세 배나 초과하였기 때문에 밀폐된 실내 생활을 해본 적이
> 없는 조선인들의 고통은 더욱 심했다. 그들이 건너야 할 바다
> 의 이름을 듣고 조선인들은 제멋대로 크고 평탄한 호수 같은 바

1 1902년에 한국인의 미주(하와이) 이민이 시작된 뒤 멕시코 이민도 이루어
졌다. 당시 한인의 멕시코 이민을 대리(代理)하였던 사람은 네덜란드·독
일계 영국인인 마이어스(John G. Mayers)라는 상인이었다. 그는 일본의
모지(門司)항에서 일포드호를 전세 내어 한인들을 수송하는 이민배로 이
용하였다. 원래 이름이 '샌 일포드'인 일포드호는 강철로 제작된 화물선으
로, 총 톤수는 4,266톤이다. 1901년에 영국 뉴캐슬의 한 조선소에서 건조되
었으며, 브리테인 스팀쉽 컴파니(Britain Steamship Company)가 소유하
였다가 비비(Bibby)해운에 소유권을 넘겼다. 1905년 4월 초에 한인 1,033명
을 태운 일포드호는 제물포항을 떠나 태평양을 건넜다. 당시 선실에는 임
시로 만든 2층과 3층의 나무 침대가 있었는데 평양과 부산 사람, 그리고 서
울과 기타 지방 사람을 나누어 생활하게 하였다. 그것은 일포드호의 선주
회사가 평양과 부산 사람들이 성격이 급하고 과격해서 자주 항의하는 것
을 귀찮게 여겼기 때문이라고 전한다. 일포드호는 5월 8일에 태평양 연안
의 멕시코 서남부에 위치한 살리나크루스(Salina Cruz)항에 도착하였지
만, 멕시코 해관 당국은 입항은 물론, 하선도 허락하지 않았다. 당시 배에
는 박선일의 2살 된 아들과 김영성의 4살 된 딸이 병에 걸려 죽었기에
1,031명의 한인이 타고 있었다. 이들은 4일 동안 배 안에서 머물다가 12일
에야 간신히 하선하여 멕시코에 첫발을 내딛었다. (한국민족문화대백과사
전, 일포드호(San Ilford))

다를 연상하고 있었다. 일찍이 미테오 리치는 마젤란의 작명을 좇아 클 태太, 평평할 평平, 바다 해海, '태평해'라 불렀다. 그러나 그 바다의 성질은 명명한 자의 소망과는 달리 거칠고 예측 불가능하였다. 거대한 파도가 배의 옆구리를 밀어젖힐 때마다 흘수선 아래 화물칸에 수용된 조선인들은 예의와 범절, 삼강과 오륜을 잊고 서로 엉켜버렸다. 남자와 여자가, 양반과 천민이 한쪽 구석으로 밀려가 서로 몸을 맞대고 민망한 장면을 연출하는 일이 계속되었다. 요강이 엎어지거나 깨지면서 그 안에 담겨 있던 토사물과 오물이 바닥으로 쏟아졌다. 욕설과 한탄, 비난과 주먹다짐이 일상사였고 고약한 냄새들은 가시지 않았다. 빨래나 목욕 같은 사치스러운 일은 아무도 꿈꾸지 않았다. 그저, 배가 빨리 도착하여 단단한 땅에 서는 것만이 승객들의 소망이었다. 선원들은 선실까지 내려오지 않고 계단 위에서 지시를 내렸으며 통역인 권용준이 그것을 알렸다. 그는 1,033명 중에서 유일한 권력자였다(김영하, 2003).

이 일포드호의 밑바닥 선실은 불안하고 어두운 공간이다. 그것은 그 무렵 조선이 당면한 시대 표상이기도 하고, 이 배에 오른 조선인 다아스포라들의 마음 풍경으로 볼 수도 있다. 또 그런 만큼이나 이주·이산의 현재성과 역동이 넘치는 공간이다. 작가는 왜 이 공간을 주목했을까. 1905년 첫 농업 이주를 위해 태평양을 건너 멕시코로 떠나는 조선 사람들의 시대고時代苦를 읽어낼 수 있는 소설의 공간으로 그 적절성을 간파했을 것이다.

이 시대고는 돈을 벌어 온다는 출구를 가지고 있는 것처럼 보이지만, 그 출구는 신기루처럼 막막한 것이 된다. 개인 주체로는 감당하기 어려운 더 큰 시대고와 대결해야 하는 운명으로 연결되어 있다. 4년 고용 계약이 끝나면 고국으로 돌아온다는 조건이 주는 안정의 회복을 믿지만, 이들은 결국 돌아오지 못하고, 정처 없는 이산의 인생으로 내몰린다. 이 공간은 이러한 시대고를 짊어진 사람들의 생존을 위한 각축 공간으로 소설적 기능을 드러낸다.

소설은 이 선실 공간을 통해서 이 디아스포라 사건event의 시간적 맥락을 조회하도록 독자를 끌어간다. 18세기 봉건주의 조선을 살아왔던 다양한 군상이 지닌 과거의 이력과 이념들이 서로 부딪치고 서로 화해하는 공간이다. 그런 점에서 역사를 응시할 수 있는 공간이다. 또 '지금 여기'를 실존적으로 살아가는 '인간의 조건들'이 교차하는 치열한 공간이다. 또 생물학적 존재로서 현재의 생존을 위해 각축하는 장임은 더 말할 것도 없다. 자아와 사회 사이의 틈새에서 시달리며 미래의 포부와 불안이 끊임없이 뒤바뀌는 공간이기도 하다.

그런 삶의 보편성을 둘러싸고 있는 지극히 구체적인 정황은 이산·이주의 '역동적 현재'라는 점이다. 그들 코리안 디아스포라들이 지녔던 다채로운 미래 의식까지도 이 공간에서 생성되는 것을 발견할 수 있다.

'선실'과 '화물 열차'는 이야기 진행의 중심 기능을 수행하는 작품 장치상의 공간으로서 여러 층위의 의미가 끼어든다. 독자는 이 공간에 동참함으로써 구체적 이산의 공감 역에 들게 된다. 두 작품이 보여주는 작품 내적 장치로서의 선실이나 화물 열차 공간은 마치 연극의 연출 의도를 살려내기 위한 무대상의 장치와도 같은 인력(引力)의 효과를 끌어낸다. 공간 안으로 들어오는 인물 개개인은 각기 자신의 디아스포라 스토리를 눈앞에서 역동하듯 연출한다. 영화의 카메라 연출 효과로 말하면 클로즈업(CU)의 효과에 대비될 수 있다. 이는 기법 차원의 문제로 볼 수도 있지만, 주제화를 위한 작가의 노력이 각별했음을 보게 한다.

코리안 디아스포라를 본격적으로 다룬 김영하와 김숨의 작품은 '화물 열차 안'이라는 공간과 '화물선을 개조한 배 밑바닥 선실'이라는 유사한 공간을 소설의 내적 공간으로 두어 매우 중요한 의미론적 기능을 감당하게 한다. 1937년의 연해주 한인들을 중앙아시아로 강제 이주하는 데 동원했던 시베리아 철도 열차도 사람을 실어나르는 객차가 아닌 화물을 나르던 화물 열차였다. 근대 코리안 디아스포라의 존재가 인격이 아닌 물격(物格)의 위상이었음을 볼 수 있다. 두 작가는 이 점을 포착하면서 두 공간을 서사 전개의 중심축으로 삼는다. 그래서 이 작품이 구사하고 있는 '선실'과 '화물 열차'는 이야기 진행의 중심 기능을 수행하는 작품 장치상의 공간으로서 그 의미론적 층위는 여러 층위의 다중성을 띠는 것이다. 독자는 이 공간에 심리적으로 동참함으로써 이 구체적 이산의 공감 역에 들게 되는 것이다. 소설 내적 공간이 갖는 심리적 유인력을 발견하게 된다.

멕시코에 도착해서 농장 노동에 일종의 집단 노동을 하는 이야기가 생동감을 얻고, 서사적 긴밀성을 확보하는 것도 이야기 전반의 일포드호의 선실 공간에 대한 초점화에 의해서 가능해지는 것으로 보인다. 이 작품이 코리안 디아스포라의 주제를 형상화하면서, 작품의 개성(한인 최초 멕시코 이주의 특수성)과 보편성(디아스포라 현상의 일반성)을 균형 있게 확보하는 서사 구성의 토대도 일포드호의 선실 공간이 제공하고 있음을 발견할 수 있다.

근대의 산물인 소설은 근대적 의식과 정신을 담는 구성, 전개 기술을 구축한 장르다. 그러나 근대 이후의 탈근대의 의식과 정신에 호응하려는 시도와 노력을 기울임으로써 장르의 진화를 이루어왔다. 그런 점에서도 이 두 작품은 형식이나 구조에서 어떤 새로움을 담으려고 하였다. 2020년 시점의 독자들이 갖는 감수성과 소통하려는 발신자(작가)의 의도로 볼 수 있을 것이다. 두 작품이 보여주는 작품 내적 공간으로서의 선실이나 화물 열차 공간은 마치 연극의 연출 의도를 살려내기 위한 장치와도 같은 인력引力의 효과를 끌어낸다.

또한 두 작품은 구체적 한인 디아스포라 현상을 한국 문학의 입지에서 개성적으로 그린 작품이라 할 수 있다. 그러면서 동시에 이주 주체로서의 인간 존재 또는 역사와 운명의 상관에서 이산을 감당해야 하는 인간의 조건 등을 탐구하는, 보편적인 차원의 인문 가치에 연결될 수 있다. 디아스포라를 인간 또는 인류적 현상으로 보는 관점이 자유로워지면 특정 이산의 특정 주제는 다시 배경으로 작용하고, 실존이나 고통의 존재론 또는 극한의 상황과 생의 의지 등에 주제의 무게를 허용하는 데까지 나아 갈 수 있을 것이다.

그런 점에서 이들 작품은 여러 개의 외국어로 번역하여 세계의 문학 마당에 내어놓아도 경쟁력과 더불어 세계인의 관심을 받을 수 있으리라 생각한다. 근현대의 어느 지점에서 코리안 디아스포라가 겪었던 개별의 이슈를 넘어서서 인간의 조건과 역사의 함의를 문학 보편의 가치로 발효해내는 작품들이기 때문이다. 디아스포라 현상을 문학의 열린 보편성으로 수용할 수 있다면 이는 한국 디아스포라 문학 전체의 성장에 도움이 되리라 본다.

이를 위해서는 작가 중심의 한국 문단이 노력하는 차원 이외에도 그에 못지 않는 교육의 역할이 필요하다. 한국 문학(또는 디아스포라 코리안의 문학)이 이루어내는 디아스포라 현상의 문학적 동기와 성과를, 교육이 의미 있게 주목하고 '교육의 콘텐츠 Curriculum Content'로 강화하는 노력이 있어야 할 것이다. 그뿐 아니라 교육은 우리의 사회 문화 전반이 코리안 디아스포라의 주제를 확산적으로 공유하고 그 가치를 재발견하는 노력을 문학과 더불어 꾸준히 해나가야 할 것이다. 특히 글로벌 커뮤니케이션 차원에서 다양한 매체 코드를 통해서 디아스포라 이슈를 글로벌 의제agenda로 이끌어 갈 수 있도록 해야 할 것이다. 이는 국내외 우리 디아스포라 문학의 역량을 강화하는 외연의 활동 코드라 할 수 있다.

식민지 시대 디아스포라 코리안 정체성의 심연

『검은꽃』의 끝 대목에는 식민지 백성으로서는 환상 같은 장면이 펼쳐진다. 그 현실은 정말 환상인 양 사라지게 되는 비극성을 불가피하게 동반한다. 물론 그것은 디아스포라이기 때문에 겪는 비극이다. 이 대목은 디아스포라의 본원적 상징이 무엇인지를 보여준다. 디아스포라로서는 잃어버린 내 나라를 향하는 또는 그것으로부터 분출되는 가장 원형적인 정체성의 모습을 보여주기 때문이다. 이는 비로소 세계 무대에서 식민지 약소 민족이 근대성을 각성하는 또는 근대 민족 국가를 희구하는 모습으로 해석할 수도 있으리라고 본다.

멕시코 유카탄반도의 에니켐농장에서 고통스러웠던 노동 계약이 끝난 후 코리안 디아스포라들은 각자의 현실과 운명에 따라 각기 기구한 삶을 구현한다. 이후 우여곡절을 겪으며 한인 디아스포라 40여 명은 무정부 상태의 과테말라 내전에 정부군과 맞서는 혁명군의 용병으로 참여한다. 3백만 불의 계약금이 걸려 있지만, 과테말라 열대 밀림 속에서 전투는 지지부진하고, 정세는 불투명하다. 실제로 그 어떤 통치권도 미치지 않는 이곳에 '잃어버린 나라'를 세우겠다는 생각을 모아간다. 의견이 갈리고 이탈자가 생기지만, 잠시 지도자 노릇을 했던 조장윤과 일찍이 멕시코 혁명의 소용돌이에 와중에 혁명군 대오에 들어가 활약을 했던 이정이 이 일을 주도한다. 소설은 그 장면을 이렇게 그린다.

띠깔에 도착한 날, 조장윤은 모두를 모아 놓고 들뜬 목소리로 말했다. 여기까지 아무 제지도 없이 도착한 것으로 보아 이곳은 무주공산임이 확실하다. 내가 오래전부터 생각해온 일이 있다. 이곳에 나라를 세우는 것이다. 저들(용병으로 우리를 계약한 과테말라 혁명군)에게 돈을 받으면 돌아갈 자들은 돌아가고 남을 자들은 남아 이곳에 나라를 세우자. 국호는 신대한 新大韓으로 하고 미국처럼 대통령을 뽑는 것이다. 그리고 이것을 일본과 미국, 조선에 알려 나라가 아직 살아 있음을 만방에 선포하자(김영하, 2003).

그후 일을 이끌었던 조장윤이 이곳을 떠나고, 의지와 결단이 강한 인물 이정이 이어받는다. 그는 마야족 혁명군 사령관에게 너희가 혁명에 성공하여 백인을 내몰고 너희의 독립국을 세울 때, 우리에게도 이곳에 우리나라를 세울 수 있는 땅을 허락해 달라고 한다. 사령관은 이정에게 따깔 북쪽의 밀림 지역을 허락한다. 고작 40명에 불과한 한인들이 나라를 세운다는 것을 가소로이 흘려듣는 투다. 소설은 이렇게 이어진다.

그리고 한 달 후 이들은 신전 광장에 따깔 역사상 가장 작은 나라를 세웠다. 국호는 신대한이었다. 그들이 알고 있는 국호는 대한과 조선뿐이었으므로 별로 선택의 여지가 없었다. 마야 혁명군 지휘관이 붉은 황소를 보내왔다. (중략) 박관수는 무당으로서 새로운 국가의 출현을 축하하는 고사를 고요하고 겸손하게 올렸고 김옥선이 가장 높은 곳에 올라가 피리를 불었다. 고사가 끝나자 이정이 말했다. 이 나라는 반상과 귀천의 구별이 없는 새로운 나라다. 지금 이곳의 우리가 그 운명에 책임을 진다. 멕시코와 조선에도 알려 그들로 하여금 새로운 나라 건설에 동참토록 하자. 그러나 이 건국 선언을 진지하게 생각한 사람은 거의 없었다. 이들의 나라는 그로부터 일년이 넘도록 띠깔의 밀림에서 살아남았다. 신대한은 탈영과 도둑질을 가장 먼저 금했다(김영하, 2003).

작가의 취재가 심도를 유지했던 만큼 신대한新大韓의 실체는 어떠했으며, 그것을 어느 정도 작가가 소설로 형상화한 것인지는 좀 더 알아볼 일이다. 그러나 이 부분이 작가의 현지 취재에서 어느 정도 사실로 확인한 것으로 짐작되든, 아니면 작가가 구사한 리얼리즘의 토양 속에서 상상력으로 구사된 것이든, 문학에서는 그것이 중요한 것은 아니다. 드러내고자 하는 문학적 진실이 그 시대와 역사 현실의 시공에 부합되는 것일 때, 폭넓은 공감을 얻으면 되는 것이다. 이 점이 사회과학의 탐구와 구명 방법과 다른 점이라 할 수 있을 것이다. 그러나 문학 작품이든 사회과학 담론이든 인간과 인간이 빚어내는 사회나 역사 현상에 대한 공감을 확보하는 차원의 어떤 진실성은 담론 유형과 상관없이 같은 가치를 가지는 것으로 볼 수 있다.

위에 인용한 대목은 소설『검은 꽃』의 거의 마지막 부분이다. 1905년 멕시코로 떠난 한인 디아스포라들이 모진 고생과 운명의 험로를 걸어서 과테말라 밀림에 세운 신대한은 일 년 후 어떻게 되었는가. 과테말라 정부군의 일대 토벌 작전에 노출되어 이정 이하 전원이 사살된다. 비장한 구석도 있고 독자에게는 허망한 기운이 감돌기도 한다. 이것이 363쪽 대 장편소설의 대단원이다. 작가는 어찌 이렇게 이야기의 결말을 보여주었을까. 이 소설을 본격적인 디아스포라 서사로 본다면 디아스포라 그들 정체성의 심연에 놓여 있는 모종의 '비극성' 또는 죽음을 무릅쓰는 저항적 운명을 시사 반지 않을 수 없다.

그런 점에서 이들 두 작품(『검은꽃』과 『떠도는 땅』)은 세계의 문학 마당에 내어놓아도 세계인의 관심을 받을 수 있으리라 생각한다. 근현대의 어느 지점에서 코리안 디아스포라가 겪었던 특정의 이슈를 넘어서서 이산과 관련한 인간의 조건을 문학 보편의 가치로 발효해내는 작품들이기 때문이다.

3. 코리안 디아스포라의 정체성 : 특수성과 일반성

디아스포라 정체성은 쫓겨 다니며 억압에 맞서는 정신 기제를 가진다는 점에서 일정한 고정태固定態를 지니고는 있지만, 그렇다고 해서 불변하는 것은 아니다. 디아스포라 공동체나 구성원도 주변 제반 생태와 상호 작용하면서 얼마간의 역동성과 유동성을 가지고 그 나름의 진화를 한다.

코리안 디아스포라는 근대 150여 년 동안에 형성, 변화해왔다. 거시적으로 보면 구한말 나라의 기운이 쇠퇴하던 때로부터 일제 강점기를 지내는 동안에 있었던 디아스포라의 역사는 상당한 특수성을 가진다. 이는 물론 식민지 근대를 감당하면서 우리 민족이 일제로부터 억압의 틀에 갇히면서 강제 이산을 겪는 데에서 생겨난다.

그에 비하면 나라를 되찾은 광복 이후 대한민국 시기에 형성되는 디아스포라는 이전의 코리안 디아스포라가 지녔던 근대 식민지로 표상되는 특수성은 희석된다. 잃어버린 국가, 함께 핏줄을 나눈 민족에 대한 그리움, 그리고 어디를 가더라도 회귀의 공간으로 따라오는 내 나라 한반도의 국토 공간 등에 대한 우울한 각성이 얼마간 심리적으로는 회복되기 때문이다.

또 한편으로는 디아스포라 지역에 따라서는 '생존으로서의 삶의 곤경'이 많이 해소되는 모습도 보인다. 특히 미주와 유럽 지역에서 코리안 디아스포라는 심리적 안정에 따른 삶의 보편적 경험과 욕구를 구하게 된다. 그 점이 그들의 문학에 나타나서 디아스포라로서의 고양된 정서나 문학적 서정을 구가하기도 한다. 또 지역에 따라서는 거주국 주류 사회에 당당하게 진출하는 차세대 코리안 디아스포라들의 모습이 보이기도 한다. 그만큼 코리안 디아스포라 정체성이 보편적이고 일반적인 삶의 차원에서 형성되고 가치를 드러낸다는 의미로 해석해야 할 것이다.

> 돈을 빌려 외국에 왔다
> 밤낮없이 일해서 빚을 갚고
> 돌아가지 못할 나라를 원망하면서
> 남아 있던 외로운 청춘을 팔았다.
> 변명도 후회도 낙담도 아양도 없이
> 한길로 살아온 외진 길이 있을 뿐
> (마종기, 「이슬의 명예」 중에서, 시집 『천사의 탄식』, 2020 중에서)

마종기 시인은 그 자신이 코리안 디아스포라이지만, 한국 문학의 영토에서 평생 작품 활동을 해온 작가다. 그런 점에서 그의 문단 내 위상과 작가적 존재는 다소 특이하다고 할 수 있다. 이 시는 시인 자신이 디아스포라로서의 생애를 정서적으로 환기하는 시다. 디아스포라 정체를 복합적 정서로 보여준다. 이국 삶의 고단함과 모국에 대한 원망이 담겨 있지만, 그 모두는 노년의 자리에서 담담하게 자기 존재를 안으로 긍정하며 참아내는 정서로 자아를 다스린다. 물론 이 시는 시 문학이 보편으로 다루는 시 정신이나 시적 감성 일반론으로도 풍부한 해석을 할 수 있을 것이다. 디아스포라 정체성이 삶의 보편적 주제나 정서로 녹아들고 있음을 그의 문학이 보여주는 예라고 하겠다. 그런 점에서 문학이 보편성(예컨대 일상의 일이나 정서) 안에 어떤 특수성(예컨대 이산의 주제)도 다룰 수 있는 영역이라는 점도 함께 환기되어야 할 것이다.

손에 쥐고 가기 모자라지는 않을까.
가끔은 무슨 말을 하는 듯 광채까지 난다.
세상에서 제일 힘든 것은 이별이겠지만
내 흙을 보고 있으면 이별도 부드럽다.
곁을 떠난 사람도 오가는 길에 보인다.

혹시라도 내가 이국땅에서 갑자기 가면
이 한 줌 흙을 꼭 내 손에 쥐어달라고
(마종기, 「서울의 흙」 중에서, 시집 『천사의 탄식』, 2020 중에서)

이 작품은 시인의 구체적 체험 서사가 바탕을 이룬다. 모국 서울을 방문한 시인은 그가 사는 나라로 돌아가면서 서울의 흙한 줌을 넣어 가지고 간다. 그 소회를 시로 표현하였다. 감성과 정서의 자연스러움과 함께 디아스포라 정체성이 녹아들어 있다. 즉 디아스포라의 정서가 달리 특화되지 않고, 누구나 경험할 수 있는 일상적 삶의 보편 정서에 닿아 있음을 느끼게 한다. 이런 정서의 영역이야말로 디아스포라 현상에 내밀하게 숨어 있는 정서(또는 정체성)의 질을 감당하는 것이라 할 수 있다. 디아스포라 문학에서 제대로 조명해주어야 할 대목이라고 본다.

외교부 산하 재외동포재단이 매년 재외동포문학상 제도를 통해 발굴하는 디아스포라 작가에 대한 주목이 필요하다. 2020년도 재외동포문학상 소설 부문 대상을 수상한 작가 김수연(본명 반수연)은 1998년에 한국을 떠나 캐나다 밴쿠버에서 22년째 코리안 디아스포라로 살아온 작가다. 2005년『조선일보』신춘문예 응모에 단편「메모리얼 가든」으로 당선하여 등단하였다. 코리안 디아스포라의 존재로서 모국의 신춘문예 제도를 통하여 제도권 작가가 된 것이다. 이 점은 한국 디아스포라 문학의 생산과 소비, 그리고 그 주체의 문제에 관한 새로운 가능태를 보여준다. 동시에 디아스포라 문학의 경계 확장과 글로벌 진화global evolution에 일정한 의미를 시사한다.

김수연의 수상작「혜선의 집」(2020)은 코리안 디아스포라에 의한 디아스포라 문학이라는 새로운 트랙의 유효함을 보여주었다. 이는 내국인 작가들이 취재와 기획으로 그려내는 디아스포라 문학의 성과와는 다소 다른 차원의 것으로, 작가 자신의 직접적인 디아스포라 체험들이 작품 안에서 발효되어 인생론적 의미 또는 가족사적 가치를 발견해간다. 보기에 따라서는 서사 자체의 풍성함보다는 디아스포라의 삶과 시간에 대한 내성적 반추를 의미화하는 경향을 보인다. 이는 국내 작가들이 건드리기 어려운 부분이기도 하다.[2]

김수연의「혜선의 집」은 일생을 이국의 땅에서 디아스포라로서의 힘들고 외로운 삶을 살아오며 자신이 이룬 것들이 과연 무엇인가 하는 내면의 의식이 서사를 구성하는 바탕이 되어 있다. 서사가 역동적 사건으로 점철되는 것이 아니라 사건들은 서사의 후면으로 물러나고, 그 사건들에 침윤된 모종의 정서로 서사를 구성하려는 경향을 보인다. 이산과 이주의 삶이 외적으로는 어떤 불안정에서 벗어난 듯 보이지만, 내적인 불안과 회한을 고통으로 각성하는, 전혀 다른 차원의 디아스포라 삶의 우수를 보인다.

며느리의 얼굴에는 짜증과 실망이 숨김없이 드러났다. 이제 그에게 혜선은 그런 것을 굳이 숨길 필요가 없는 존재가 된 것이다. 며느리는 곧 경멸과 무시를 노골적으로 드러낼 태세였다. 그것만은 겪고 싶지 않았다. 혜선은 방으로 돌아와 문을 꼭 닫아걸었다.

백인 며느리를 얻게 되었다고 했을 때 혜선을 애석하게 바라보던 친구들도 있었다. 하지만 혜선은 정말 괜찮았다. 며느리와 쓸데없는 기 싸움하지 않아도 되니 더 좋다고 농담처럼 말하기도 했다. 크게 보태주진 않았지만 짐을 지운 적도 없었다.

혜선은 지금껏 자신의 방식으로 살아냈듯, 남은 시간을 자신이 알고 있는 안전한 방식으로 견디어내고 싶을 뿐이었다. 그 누구도 위협하고 싶지 않았는데 어느새 모두를 위협하는 사람이 되어버린 것인가. 혜선은 무엇을 어떻게 해야 할지 몰라 방 안을 서성거렸다. (김수연, 「혜선의 집」, 2020 중에서)

심사자들은 당장 국내 유수 문학 잡지에 발표해도 손색이 없는 작품으로 평가하면서, 이 작품을 특별히 디아스포라의 조건과 관련하여 언급하지는 않았다. 혜선이라는 인물이 보여주는, 시간 앞에 유한한 그의 신체적·정신적 존재성, 특히 가족 내의 관계적 존재가 어떻게 훼손되는지를 의미 있게 형상화하였음을 평가한다.[3] 이 작품이 '재외동포문학상'이라는 기치 아래 창작되었지만, 디아스포라 문학의 자질은 겉으로는 드러나지 않고, 내재화하고 있음을 볼 수 있다. 이런 점이 북미나 유럽 지역 차세대 디아스포라 코리안이 생산하는 디아스포라 문학의 변화나 방향성의 일종이 되는 것은 아닌가 하는 생각이 든다.

2 코리안 디아스포라로서 작가이기도 한 반수연. 경남 통영이 고향인 그는 33살 되던 1998년에 남편 등 가족과 함께 캐나다 밴쿠버에 독립 이민으로 이주했다. 반수연의 작가 정체성은 디아스포라 정체성을 기본 바탕으로 함을 알 수 있다. "떠났지만 닿지 못하는 삶 아닐까요. 한 예로 이민자는 한밤중에 자다 깨어도 지금 한국이 몇 시인지 알아요. 자동으로 몸속에 두 개의 시간이 흘러요. 저도 캐나다에서 매일 뉴스를 봐요. 한국 정서도 잘 알고요. 도대체 지금 어디에 사는지 모르겠어요. 한국을 떠났지만, 캐나다에 닿지 못하는 거죠." (한겨레, 2021.7.19.)

15년 전 2006년 신춘문예에 뽑힌 김수연의 작품「메모리얼 가든」은 이 작품과는 결이 다르다. 거기에는 디아스포라 의식이 작품의 전면에 강하게 드러난다. 2021년 여름에 출판한 소설집 『통영』에는「혜선의 집」(2020), 「나이프박스」(2018), 「통영」(2015), 「사슴이 숲으로」(2014) 등 재외동포문학상 수상작 4편과 등단작인「메모리얼 가든」등 7편이 실렸다. 죽음과 질병 그리고 사랑하는 사람과의 이별, 어릴 적 고통스러운 기억 등 문학이 보편적으로 다루는 주제들을 응시하는 소설들이다. 다르다면 작품 속 인물들이 한국을 떠나 미국이나 캐나다에서 사는 이민자라는 것이다. 보편적인 주제와 서술 속에서 이민자 디아스포라의 시선을 주목해야 할 것이다.

　　성공한 아들을 뒀다고 자랑하는 박 영감은 공원묘지 묫자리를 산 뒤 그간 벽장에 보관해온 아내의 유골 가루 단지를 맡길 곳이 없다며 묘지 관리인에게 억지로 떠넘긴다. (「메모리얼 가든」) 소설「자이브를 추는 밤」에서는 세상에는 버려진 아이가 많다며 결혼 전부터 입양 계획을 밝힌 베트남계 예비 며느리를 의심스러운 눈길로 쏘아보는 한국인 예비 시모의 복잡한 심리가 펼쳐진다. 한국에서 맛본 전복죽 기억을 잊지 못해 가사 도우미에게 음식 타박을 하는 나이 들고 병든 '혜선'의 고통(「혜선의 집」)도 이민자가 처한 실존적 상황에 대한 타당한 보고일 것이다 (한겨레 2021. 7. 19.).「메모리얼 가든」에서「혜선의 집」에 이르는 작가의 변화는 어떤 의미를 갖는가. 이는 아마도 디아스포라 문학의 보편성 확장과 관련해서 좀 더 깊이 살펴볼 필요가 있다.

디아스포라 현상에 글쓰기가 호응하는 것도 디아스포라 현상의 일종이다. 그런 점에서 디아스포라들의 자기 서사는 문학적 의의가 있다. 그들이 생활 문학으로 수행하는 일상의 글쓰기 활동도 주목해야 할 부분이다. 그런 점에서 2020년도 재외동포 문학상 체험 수기 부문 대상을 수상한 김진아의 작품을 주목해 본다.

우리는 왜 이방인의 삶을 고집할까. 일 때문에, 공부를 위해, 사랑하는 사람을 따라서, 자신만의 꿈과 이유를 품고 타국에 도착한 사람들은 아무리 그 목표가 뚜렷하다 해도 낯선 토양에 적응하기는 쉽지 않다. 말은 잘 통하지 않고 어디를 가던 고향을 떠나온 외국인, 이방인이라는 신분이 꼬리표처럼 따라다닌다. 무언가 붕 떠 있다는 느낌이다. 나 역시 10년의 세월이 흘렀어도 여전히 프랑스어가 어렵고 지나가는 어린아이의 유려한 말솜씨를 보고 좌절할 때도 있다. 크리스마스에 초대받은 친구의 집에서 웃고 떠드는 그와 그 가족들을 보면서 즐겁지만 쓸쓸함을 느낀다. (재외동포문학상 체험 에세이 부문 대상 「슬기로운 이방생활」, 김진아 : 프랑스 거주)

3 「혜선의 집」이란 그의 정신과 영혼, 의지와 감성이 거주하는 몸인 것이다. 몸뿐 아니라 병들고 늙어가면서 조금씩 늘어나는 정신과 영혼의 혈극(穴隙), 즉 아귀가 맞지 않아 헐겁고 피폐해가는 마음도 오래된 집과 다르지 않은 것이다. 그 세밀한 균열의 틈새들을 긴장감 도는 상황 묘사와 감성적인 문장으로 낱낱이 돋을새김하는 솜씨가 대단하다. (심사평 : 오정희, 구효서, 우한용)

이 작품은 체험 에세이 장르이면서도 마치 한 편의 단편소설 같은 구조와 표현 미학을 구사한다. 같은 동네에 사는 프랑스인 할아버지가 한국인인 나(화자)에게 말을 건네온다. 그의 한국인 아내가 세상을 떠났는데, 아내의 서재에 남겨 둔 한글 책이 한국어를 아는 사람에게 유용하게 전해지기를 바란다며 그 일을 내게 부탁한다.

나는 그 프랑스 할아버지가 가져가 달라고 한, 고인이 된 그의 한국인 아내가 지녔던 한국 책들을 보며, 책 주인이 프랑스에서 이방인으로 지내며 프랑스에서 살아온 시간을 재음미한다. '외국인의 삶은 증명의 연속이다.'라는 명제가 이방인의 사회적 실존을 설명한다. 그런 정황에 어울리는 냉철한 상황 묘사가 디아스포라의 공간에 대한 감수성을 잘 드러낸다.

서술자 나는 오랜만에 돌아온 한국이 낯설게 여겨지는 순간을 맛본다. 그리고 다시 돌아간 프랑스의 집에서 일상의 귀환을 인사하는 것으로 체험 이야기의 결말을 보인다. 바로 이 장면에서 '이방인의 존재'로 나름 진화하는 디아스포라 한인의 내면 자화상을 발견한다. 화자가 몸으로 감당하는 시간과 공간의 변이가 의미 있게 드러난다. 이런 작품에서 발견하는 디아스포라 의식은 한 세대 전의 디아스포라들의 글쓰기 의식과는 분명한 차이를 드러낸다.

대한민국은 코리안 디아스포라의 지향점으로, 민족주의와 세계주의 조화를 이념적으로 포괄하는 '세계 속 한민족 공동체'라는 명제를 강조한다. 이는 코리안 디아스포라가 나아가고자 하는 미래 가치와 밀접한 상관을 갖는 개념이다. 지구촌 코리안 디아스포라들이 그들의 거주국과 세계 무대에서 정치적, 사회적, 문화적으로 어떻게 상호 작용하면서 삶을 영위하는지를 살피는 새로운 현실주의 문학이 필요하다. 코리안 디아스포라와 우리가 공동체로서 어떻게 미래를 공유할 수 있을지를 전망할 수 있는 문학의 화두들이 이어지기를 기대한다. 디아스포라의 가치와 더불어 디아스포라 문학의 미래 가치를 모색해야 할 때다.

9장

—

설화의 다문화 교육적
가치와 의미

: 설화의 문화 교육 효과를
  바탕으로

—

오정미

이 글은 「언어와 문화」 14-1 (한국언어문화 교육학회, 2018)에 실린
「설화의 문화 교육 '효과'에 관한 연구」를 수정, 보완하여 재수록한 것임.

1. 들어가며

　　설화說話. 설화라는 두 글자에서 떠오르는 이미지는 무엇일까. 설화를 업으로 연구하는 필자와 같은 사람들을 제외하면 대중이 생각하는 설화는 '옛날 옛적에'로 시작하는 옛이야기일 것이다. 호랑이 담배 피우던 시절의 옛이야기가 대중이 떠올리는 설화고, 그 의미처럼 현대 사회에서 설화의 가치도 퇴색되는 것이 현실이다. 그러나 빛바랜 사진처럼 의미와 가치가 퇴색되는 상황에서도 설화는 21세기의 새로운 옷을 입고 우리 곁에 늘 함께하고 있었다. 아동을 대상으로 한 전래동화로 재화되거나 애니메이션, 연극 등의 제2의 콘텐츠로 개발되어 대중과 함께 하는 문학으로서 향유된 것이다.

　　그런데 동화책이나 제2의 콘텐츠로 개발되기 전에 설화는 이야기의 힘, 즉 서사가 가진 힘만으로도 오랜 세월 시공간을 초월한 문학이었음을 기억해야 한다. 이를 증명하듯 설화는 오랜 세월 전승되어 왔고 그 생명력은 어느 문학보다도 끈질겼다. 어머니의 어머니 그리고 그 위의 어머니까지 〈바리데기〉, 〈선녀와 나무꾼〉, 〈콩쥐 팥쥐〉와 같은 설화가 전승되어왔고, 결국에는 내 아이까지도 향유할 만큼 강한 생명력을 가진 문학이 설화였다.

오롯이 서사의 힘만으로 시간과 국적을 초월하여 전승된 문학이 설화였고, 다문화 사회에서 설화의 서사 힘은 현재진행형이다.

설화의 서사 힘은 21세기 다문화 사회에서 더욱 빛을 발휘하고 있다. 설화는 현재 다문화 사회에서 문화 교육을 위한 텍스트로써 연구되고 교육 현장에서 활용된다. 외국 국적의 학습자에게 한국 문화의 이해를 위한 텍스트로써 가장 많이 선정되는 문학이 설화고, 각국 문화의 상호성을 살피는 상호 문화 교육의 텍스트로서 한국과 세계의 설화가 비교 문학적으로 연구되고 있다. 필자도 상호 문화 교육을 위해 한국과 함께 아시아 설화를 비교 문학적으로 접근하였고, 그 결과 가치 문화, 자연 문화, 생활 문화, 역사 문화를 중요한 교육 내용으로 제시한 바 있다(오정미, 2020). 그만큼 설화는 각국 문화를 소개하고 나아가 문화의 보편성과 특수성을 이해하게 만드는 다문화 문학으로서 손색이 없다.

그래서 이 글에서 설화가 가진 다문화 문학으로서의 교육적 가치에 대하여 피상적인 결과나 제언이 아닌 실제적 문화 교육의 효과를 구체적으로 제시하고자 한다. 즉 구조화된 형태로 한국어 교육에서 말하기·듣기·쓰기·읽기를 검증하는 것처럼 설화의 문화 교육의 효과를 구체적으로 검증하고자 하는 것이다. 그러나 예상하는 바처럼 학습자의 문화 교육의 효과를 객관적으로 평가하고 측정하는 방안이 부재한 상황에서 문화 교육의 효과를 실제적으로 제시하는 것은 쉬운 일이 아니다. 문화라는 추상적이고 광범위한 담론을 학습자가 교육을 통해 얼마만큼 배웠는지, 무엇보다 설화가 전달하는 문화 교육의 효과가 무엇인지를 검증한 사례가 없었기에 연구방법론부터 새롭게 정립할 필요가 있는 것이다.

　따라서 설화의 문화 교육적 가치를 객관적이고 실제적인 연구 결과로 검증하고자 필자는 K대학의 유학생을 대상으로 설화의 문화 교육 효과에 대하여 다양한 교육 방안을 통해 확인하고자 하였고, 이 글에서 그 결과를 제시하고자 한다. 먼저 객관적으로 검증하는 평가를 위해 학습자가 설화를 통해 문화 교육을 받은 후 최종적으로 글쓰기를 하는 '문화적 글쓰기'를 고안하였다. 문화적 글쓰기란 하나의 문화 키워드를 제시한 후 유학생이 관련 설화를 학습하고 최종적으로 글쓰기를 하는 것으로, 이 글에서는 문화 교육 전과 후의 글쓰기를 비교하여 설화를 통한 문화 교육의 실제적 효과를 구체적으로 밝히고자 한다. 전후의 글쓰기 비교는 문화 교육 효과를 종합적이면서도 객관적으로 확인할 수 있기에 교육 효과의 검증이라는 점에서 의미를 기대할 수 있기 때문이다. 이러한 과정과 결과는 다문화 사회에서 설화의 살아 있는 교육적 가치에 대하여 새로운 인식의 변화를 일으킬 것이며 다문화 문학을 교육의 중요한 담론으로서 우리 사회에 가져올 것이다.

2. 설화를 통한 문화적 글쓰기의 실제

　설화를 통한 문화적 글쓰기는 K대학의 '외국인 글쓰기' 수업에서 진행하였다. 이 수업은 유학생만 수강할 수 있는 교양 수업으로, 쓰기를 목표로 한 수업이다. 총 35명의 유학생들은 3급에서 6급의 한국어 실력을 가지고 있으며 국적, 학과, 유학 기간 등이 모두 다양하다.

　설화를 통한 문화적 글쓰기 수업은 사전 연구가 2017년 1학기에 이루어졌으며, 이 글은 그 문제점을 보완하여 재실행한 2학기(2017.09~12)의 결과를 토대로 하였다. 문화 교육을 중심으로 전과 후로 글쓰기가 나뉘는데 문화 교육 전의 글쓰기는 유학생들이 기초 지식을 바탕으로 자유롭게 글쓰기를 한 것이고, 문화 교육 후의 글쓰기는 유학생이 설화를 통해 문화 교육을 받은 후의 글쓰기로 '문화적 글쓰기'다. 문화 키워드가 제시되면 문화 교육 전에 1차 글쓰기가 진행된다. 본 연구에서는 '가족 문화'라는 키워드를 제시하였고 유학생들은 먼저 '가족 문화'라는 키워드로 '문화 교육 전의 글쓰기'를 하였다.[1] 분량과 구체적인 글의 주제는 자유롭지만, 다만 한국의 가족 문화에 대한 내용이 포함되어 있어야 한다. 단 한 줄이라도 키워드와 관련한 한국 문화를 언급해야 하는데 그 비중과 내용은 자유롭다. 그리고 문화 교육 전의 글쓰기가 마무리되면 본격적으로 설화를 통한 문화 교육이 진행되고, 그후 문화적 글쓰기를 실행한다.

본격적인 문화 교육은 총 3단계다. 우선 1단계에서 유학생들은 선정된 설화의 어휘를 학습하고 설화의 서사를 이해한다. 2단계에서는 이해한 한국 설화를 통해 제시된 문화 키워드를 중심으로 질문하고 토론하는 시간을 가진다. 예컨대 1단계에서 본 연구자가 선정한 설화 〈선녀와 나무꾼〉 속 어휘를 학습하는데 특히 '가족 문화' 어휘인 '노모, 혼인, 색시' 등과 같은 관련 어휘를 집중적으로 익힌다. 2단계에서 가족 문화와 관련한 대가족 문화, 가부장제 등에 대하여 질문하고 토론하는 시간을 가진 후 가족 문화 속에서 〈선녀와 나무꾼〉의 서사를 집중적으로 분석한다. 이때 교수자의 역할이 매우 중요하다. 설화 〈선녀와 나무꾼〉의 다양한 주제와 해석 중에서도 교수자는 문화 키워드로 선정한 주제, 즉 '가족 문화'를 바탕으로 강의하고 토론을 통해 문화 교육

---

1 설화를 통한 문화 교육에서 문화 키워드를 선정하는 것은 가장 중요한 과정이다. 문화 키워드를 선정하는 기준은 무엇보다 설화 원형에 대한 이해를 바탕으로 한다. 예컨대 설화 〈선녀와 나무꾼〉의 경우, 본 글에서 '가족 문화'를 키워드로 선정한 배경은 다음과 같다. 설화 〈선녀와 나무꾼〉은 서로 다른 남녀가 결합하여 가정을 이루는 서사다. 특이하게도 한국만이 노모가 등장하고 노모로 파생되는 서사가 매우 중요하기에 이러한 서사를 토대로 한국의 가족 문화를 문화 키워드로 선정한 것이다. 이처럼 문화 키워드 선정은 설화의 원형을 바탕으로 하는 것이 제1원칙이다. 그러나 이외에도 중심 사건, 주요 인물 분석 등이 선정 기준으로 작용할 수 있다.

을 실천해야 한다. 표에서처럼 문화 키워드를 중심으로 설화를 이해하고 학습하는 과정이 매우 중요한 것이다.

①	세계의 광포 설화인 〈선녀와 나무꾼〉에는 선녀와 나무꾼 그리고 아이들만 등장합니다. 그런데 한국의 설화 〈선녀와 나무꾼〉에만 등장하는 인물이 있습니다. 누구인가요? 그리고 등장하는 이유는 무엇일까요?
②	한국의 설화 〈선녀와 나무꾼〉 속 선녀는 왜 천상으로 아이들을 데리고 갔을까요?
③	나무꾼은 천상에서 살 수 있었습니다. 그런데 왜 다시 노모에게 돌아왔을까요? 그 행동의 의미는 무엇일까요?

2단계- 질문과 토론

설화 〈선녀와 나무꾼〉을 한국의 가족 문화를 위한 설화로 선정한 데에는 〈선녀와 나무꾼〉이 중국, 일본, 몽골 등에서 전승되어 온 세계 광포 설화라는 점 때문이다. 설화 〈선녀와 나무꾼〉은 한국뿐 아니라 중국, 일본, 몽골, 동남아시아에 이르기까지 널리 분포된 설화로, 다양한 국적의 유학생이 배경 지식을 활용하여 자기 주도적으로 문화를 이해하고 학습하기에 용이하다. 이를 증명하듯 이미 설화 〈선녀와 나무꾼〉은 문화 교육을 위한 텍스트로써 주목 받아왔다.[2] 또한 다국적에서 널리 전승되고 있다는 특성 외에도 특히 내용적인 면에서 설화 〈선녀와 나무꾼〉은 보편적이면서도 특수한 한국의 가족 문화를 소개하기에 효과적이다(오정미, 2008b). 본 연구가 주목한 한국의 '수탉 유래담' 형의 〈선녀와 나무꾼〉을 세계의 〈선녀와 나무꾼〉과 비교해보면 다음의 공통 서사와 특수 서사를 찾아볼 수 있다.

	세계의 〈선녀와 나무꾼〉	한국의 '수탉 유래담' 형 〈선녀와 나무꾼〉
1	남자가 선녀의 날개옷을 훔침.	나무꾼이 선녀의 날개옷을 훔침.
2	남자와 선녀는 결혼하여 아이들을 낳고 살아감.	나무꾼과 선녀는 결혼하여 아이들을 낳고 살아감.
3	선녀가 날개옷을 되찾음.	선녀가 날개옷을 되찾음.
4	선녀가 홀로 천상으로 날아감. (선녀가 아이들을 데리고 천상으로 날아감.)	선녀가 아이들을 데리고 천상으로 날아감.
5	-	사슴의 도움으로 천상으로 간 나무꾼이 가족과 재회함.
6	-	노모가 걱정된 나무꾼이 천마를 타고 지상으로 내려감.
7	-	나무꾼이 노모가 준 호박죽을 먹다 금기를 깸.
8	-	지상에 남게 된 나무꾼은 지붕 위에서 울다 수탉이 됨.

설화〈선녀와 나무꾼〉의 서사 비교

　　한국의 설화〈선녀와 나무꾼〉에만 존재하는 첫 번째 특수함은 '노모'다(오정미, 2015). 노모는 한국의 〈선녀와 나무꾼〉에만 등장하는 인물로 전통 사회에서의 한국 가족 구조를 상징하는 인물이면서 동시에 한국의 모자 관계를 상징하는 인물이다. 나무꾼이 다시 지상으로 돌아와 천상으로 돌아가지 못하게 한 결정적 인물이 노모라는 점은 한국의 가족 문화를 이해하기 위한 중요한 단서기 때문이다. 두 번째 특수함은 선녀와 아이들의 관계에서 찾을 수 있다. 아이들을 모두 천상으로 데리고 가는 선녀의 모습에도 한국인들이 생각하는 어머니와 자녀의 관계, 즉 모자 관계의 특별한 정서가 깃들어 있다. 흥미롭게도 세계 선녀의 대부분이 아이들을 지상에 두고 홀로 천상으로 가버린다. 물론 아이들을 천상으로 데리고 가는 선녀도 동남아시아 혹은 중국에서 간헐적으로 발견되기도 하지만, 한국의 선녀는 이본에 관계없이 대부분이 아이들을 품에 안고 천상으로 날아간다. 아이를 둘 혹은 셋 낳을 때까지 날개옷을 보여주지 말라는 금기는 그저 금기일 뿐 마치 숙명처럼 한국의 〈선녀와 나무꾼〉 속 선녀들은 아이들을 천상으로 데리고 간다. 물론 이러한 서사의 차이가 신화 혹은 민담과 같은 형태론적 차이에서 연유를 찾을 수 있지만, 그보다는 민중의 문화적 사고, 즉 민중이 공감하는 가치 문화를 토대로 서사

2 설화 〈선녀와 나무꾼〉을 문화 교육을 위한 텍스트로써 분석한 선행 연구는 다음과 같다. 오정미(2008). 「이주 여성의 문화 적응과 설화의 활용: 설화 〈선녀와 나무꾼〉과 설화 〈우렁각시〉를 중심으로」, 『구비문학연구』, 27. 한국구비문학회. 안미영(2008). 「한국어 교육에서 설화 문학을 활용한 문화 교육: '선녀와 나무꾼'을 통해 본 한국의 문화」, 『정신문화 연구』, 31-4, 한국학중앙연구원. 양지선(2009). 「전래동화를 활용한 한국 문화 교육 방안: 〈선녀와 나무꾼〉을 이용한 표현교육 중심으로」, 『정신문화 연구』, 32-4, 한국학중앙연구원. 박선애(2011). 「〈선녀와 나무꾼〉 설화를 활용한 한국 문화 읽기 수업의 실제 중국인 학습자를 대상으로」, 『한국언어문화』, 44집, 한국언어문화학회. 양민정(2012). 「〈나무꾼과 선녀〉형 설화를 비교를 통한 다문화 가정의 가족의식 교육 연구」, 『국제지역연구』, 한국외국어대학교 국제지역 연구센터. 하은하(2017). 「한국어교육을 위한 동아시아 설화 비교 연구: 한국, 베트남, 태국의 〈나무꾼과 선녀〉를 중심으로」, 『인문논총』, 31, 서울여자대학교 인문과학연구소.

가 형성되었을 가능성이 높다.

한국 가족 문화의 관점에서 설화 〈선녀와 나무꾼〉을 살펴보도록 하자. 한국에서 노모의 존재가 없는 〈선녀와 나무꾼〉 혹은 아이들을 지상에 남겨두고 홀로 날아가는 선녀가 등장하는 〈선녀와 나무꾼〉을 상상할 수 있을까? 그리고 노모를 지상에 홀로 남겨둔 채 선녀와 나무꾼이 천상에서 잘 살았다는 〈선녀와 나무꾼〉이 전승될 수 있었을까? 구비 문학이라는 설화의 특성을 고려해보면 한국의 〈선녀와 나무꾼〉 속 선녀와 아이들, 노모와 나무꾼의 관계는 문학적 상상력을 뛰어넘는 문화로 간주할 수 있다. 전통 사회에서 민중은 자녀를 버리고 가는 어머니를 상상할 수 없었고, 그것은 개인의 가치관에서 나아가 하나의 정서이자 문화로 설화 〈선녀와 나무꾼〉의 서사에 그대로 반영된 것이다. 그래서 지상으로 돌아온 나무꾼의 행위도 노모를 향한 효 사상일뿐 아니라 아이들과 선녀의 관계처럼 특별한 한국의 어머니와 자녀의 관계로 이해할 수 있다. 어린 자녀와 어머니의 관계뿐 아니라 성인이 된 자녀와 어머니의 관계에도 강력한 끈이 존재하고, 그것은 일종의 분리될 수 없는 모자 관계 나아가 부모와 자녀의 관계를 상징하며 '수탉 유래담'형의 설화를 한국 사회에 전승하게 만든 것이다(오정미, 2015). 즉 선녀가 아이들을 두고 가면 안 되는 것처럼 민중은 외아들인 나무꾼과 노모를 떨어트릴 수 없었던 것이다. 그리고 이러한 〈선녀와 나무꾼〉 속 특수한 모자 관계는 현재 한국의 가족 문화 속에도 존재하고 다양한 사회 문화적 현상을 통해 확인할 수 있다.

이처럼 설화 〈선녀와 나무꾼〉이 보편 서사이면서도 동시에 세계 속에서 한국의 특수한 서사를 가질 수 있었던 것은 민족의 문화적 배경이 그 원인으로 작용했기 때문이다. 주지하다시피 설화는 많은 사람에 의해 오랜 세월 입에서 입으로 전승되어온 구비 문학이다. 그러다 보니 어느 한 개인이 아닌 민족의 가치관, 특성과 같은 문화가 시공간을 초월해 형상화되어 있을 수밖에 없다. 그래서 문화 교육 연구자들이 설화로 문화 교육을 하는 교육의 효용성에 대하여 끊임없이 설파하였던 것이고 이제 그 교육의 효과를 실제로 확인할 필요가 있는 것이다.

마지막으로 3단계에서는 2단계까지 이루어진 문화 교육을 최종적으로 정리한 후 본격적인 문화적 글쓰기를 한다. 본격적으로 문화적 글쓰기 전에 마지막으로 문화와 관련한 설화의 서사를 가족 문화와 관련하여 문장 확장하기로 정리하며, 서사가 제시하는 한국의 문화에 대하여 최종 정리를 한다.

	세계의 〈선녀와 나무꾼〉	한국의 '수탉 유래담' 형 〈선녀와 나무꾼〉
①	선녀가 떠났다.	나무꾼이 돌아왔다.
②	선녀가 (나무꾼을) 떠났다.	나무꾼이 (지상으로) 돌아왔다.
③	선녀가 (지상의) 나무꾼을 떠났다.	나무꾼이 (노모 때문에) 지상으로 돌아왔다.
④	선녀가 (지상에 나무꾼만 두고 아이들과 함께) 떠났다.	나무꾼이 노모 때문에 지상으로 돌아와서 (선녀와 아이들과) 헤어졌다.

3단계- 핵심 서사 문장 확장하기

문장 확장하기란 문화와 관련한 핵심 서사를 채워나가는 방식이다. ①번의 기본 문장을 확장해나가며 점차적으로 주인공의 행동이 어떠한 문화적 배경 아래 이루어진 것인지를 인지하는 문장 쓰기다. 유학생들은 문장을 확장해나가며, 설화의 서사를 정확하게 인지하고 그 속에 포함된 문화에 대하여 종합적으로 학습한다.

　　마지막으로 유학생들은 본격적으로 문화적 글쓰기를 한다. 이 지점이 문화 교육 후의 글쓰기다. 〈선녀와 나무꾼〉이라는 설화를 통해 한국의 가족 문화에 대하여 고찰한 후 자유롭게 한국의 가족 문화에 대하여 문화적 글쓰기를 하는 것이다. 사실 문화적 글쓰기는 유학생의 쓰기 실력 향상에도 큰 도움이 되었다. 문화 키워드와 관련하여 어휘가 확장되면서 유학생들은 좀 더 다양하게 자신의 생각을 표현할 수 있었고, 무엇보다도 설화가 다양한 사고의 확장을 도우면서 쓰기 실력까지 향상시켰다. 그러나 문화적 글쓰기를 통해 확인할 수 있는 최고의 교육적 변화는 피상적으로 알고 있는 한국 문화에 대하여 구체화하여 이해했다는 점이다. 특히 'A는 B이다.' 식의 정보 전달 형태의 문화 교육에서 비판적 사고로 한국의 문화를 고찰하는 형태의 문화 교육 효과를 가질 수 있었다. '이것은 김치이다.'와 같은 정보 제공 차원의 문화 교육에서 나아가 다양한 측면에서 생각하고 수용하게 만드는 효과를 설화를 통한 문화적 글쓰기에서 확인할 수 있었던 것이다.

3. 설화를 통한 문화 교육의 실제적 효과

　　유학생 대상의 글쓰기 수업에는 감상문과 자기 성찰적 글쓰기(원진숙, 2010; 이수미, 2010; 김혜진, 2011) 혹은 학문 목적의 쓰기 수업(손다정·장미정, 2013)에 관한 연구들이 있다. 이외에도 한국 문화를 습득하고 문장력을 강화할 수 있는 문화 활용 한국어 쓰기 교육을 제안하는 연구도 있었다(전동진·조경순, 2013). 전동진·조경순의 연구는 설화 텍스트를 활용한 쓰기 교육에 대한 연구로 본 연구와 가장 밀접한 관련성이 있었다. 그러나 전동진·조경순의 연구도 다른 연구와 마찬가지로 쓰기의 향상이 최종 목표고, 많은 연구가 쓰기의 향상을 위해 혹은 통합 교육 차원에서 문화를 활용하고 있었다. 즉 대부분의 연구들이 문화를 도구로 활용하여 쓰기의 향상을 최종 목표로 두고 있었다. 본 연구는 이러한 기존의 연구와 반대 방향을 지향한다. 쓰기가 아닌 문화 교육이 최종 목표고, 문화 교육의 실제적인 효과를 확인하고자 오히려 쓰기를 도구로 활용한 것이다. 물론 문화적 글쓰기를 통해 향상된 쓰기 능력도 확인할 수 있었지만, 이 연구의 최종 목표가 유학생의 쓰기를 통해 문화 교육의 효과를 확인하고자 한 것으로, 문화를 활용하여 쓰기를 하는 것과는 그 지향점이 상반된다.

유학생들의 '문화 교육 전의 글쓰기'와 '문화 교육 후의 글쓰기'를 비교하여 설화를 통한 문화 교육의 효과에 대하여 구체적으로 제시하면 다음과 같다.

1) 현대와 전통 문화에 대한 폭넓은 이해

문화는 현실의 삶 속에서 경험하는 것들을 통해 학습하고 습득하는 경우가 대부분이다. 책, 드라마, 영화 같은 미디어와 함께 삶의 현장에서 체득하며, 한국 문화에 대하여 학습하게 되는 것이다. 그러다 보니 표면적으로 보이는 것만을 한국 문화로 규정하고, 전통적으로 뿌리 깊은 한국의 가치 문화에 대하여 오해와 편견을 가지기도 한다.

카자흐스탄 국적의 김빅토리아 유학생이 쓴 가족 문화에 대한 '문화 교육 전 글쓰기'의 일부다.

> 카자흐스탄 가정에 남성의 역할은 가장이다. 여성이 보통 가사에 치중한다. 게다가 카자흐스탄 사회에서 가족주의가 강하다. 가족이 무조건 우선이고 아주 중요하다고 생각하는 경향이 있다. (중략) 한국 같은 경우에는 가부장제가 심하다고 본다. 한국 가족에 아버지는 리더이고 아버지의 의견이 항상 맞다. 한국 어머니들이 카자흐스탄 어머니들과 달리 가사에 치중하지 않는데다가 남편처럼 취직하며 돈을 번다. (생략)

문화 교육 전의 글쓰기

다음은 설화 〈선녀와 나무꾼〉을 통해 한국 가족 문화를 학습한 후의 '문화 교육 후의 글쓰기'의 일부다.

해당 부분에 한국 가족 내에서 친밀한 사이를 엿볼 수 있다. 특히 어머니와 자녀의 뗄 수 없는 관계가 보인다. 또한 노모를 보러 내려온 나무꾼 또한 그 예로 볼 수 있다. 즉 한국 사회에서 어머니와 자녀 관계의 소중함과 중요함은 가장 눈에 띄는 한국 가족 문화의 특징이다. 한국과 카자흐스탄의 문화와 사람들의 사고방식이 상당히 다르다. 그런데도 두 나라의 가족 문화를 비교해보면 공통점을 찾을 수 있다. (생략)

문화 교육 후의 글쓰기

카자흐스탄은 가족 중심의 국가로, 현재에도 대가족제도가 한국에 비해 잘 유지되는 국가다. 그러다 보니 카자흐스탄 국적의 김빅토리아 양은 한국의 여성 문화, 특히 어머니의 삶에 대하여 매우 서구 문화와 닮아 있다고 생각하며, 카자흐스탄과 한국의 가족 문화가 다른 경향을 띤다고 이해하고 있었다. 그러나 설화를 통한 문화 교육 후에 김빅토리아 양은 한국의 가족 문화에 대한 인식의 변화를 경험하였고, 이에 대하여 문화적 글쓰기를 한 후 다음과 같이 변화를 분석하였다.[3]

문화 교육 전	문화 교육 후
가족주의보다 개인주의가 더 심각하다.	가족주의 현상이 강하다.
부모와 자식의 관계가 친하지 않다.	실제로 부모와 자녀의 관계가 아주 끈끈하다.
가족에 대한 어휘가 부족했다.	가부장제, 노모, 색시 등 가족과 관련된 어휘를 알게 되었다.
아는 한국 옛이야기가 하나도 없었다.	유명한 설화 〈선녀와 나무꾼〉에 대해서 알게 되었다. 더불어 이야기를 통해서 한국 가족의 특성을 알아보았다.

문화 교육 후의 글쓰기

'현대와 전통 문화에 대한 폭넓은 이해'라는 문화 교육의 효과는 전통적으로 근접한 거리에 있는 중국과 같은 국가보다 역사적·사회적으로 거리가 먼 국가에서 그 효과가 확인되었다. 본 연구의 대상자가 된 유학생들은 총 35명으로, 그중 카자흐스탄 2명, 말레이시아 1명, 일본 1명, 노르웨이 1명, 나머지 30명은 중국 국적의 유학생들이다. 특히 카자흐스탄 유학생 2명과 말레이시아 국적의 유학생은 '한국의 전통 문화(가치 문화)에 대한 새로운 이해'라는 문화 교육 효과가 두드러지게 나타났다. 예를 들면 말레이시아 국적의 다니아 양은 설화를 통한 문화 교육 전후의 차이에 대하여 다음과 같이 밝혔다.

문화 교육 전	문화 교육 후
설화 〈선녀와 나무꾼〉에 대해 공부하기 전에 한국 가족 문화의 현대적인 면만 알고 있었다.	설화 〈선녀와 나무꾼〉에 대해 공부하고 나서 한국의 가족 문화가 말레이시아의 가족 문화와 공통점이 있는 것을 깨달았다.
현대적인 가족 문화를 보면 자식이 부모랑 떨어져 살더라도 큰 문제가 아니라고 생각했다.	가족 문화 속의 자식에게 큰 책임과 부담이 있는 것을 느꼈다.
늙은 부모들은 시골에서 계시고 싶을 수도 있어도 자식과 다른 것을 원하면 괜찮다고 생각했다.	아무리 나이가 들어도 부모님 때문에 존재할 수 있어서 항상 부모님에 대해 생각해야 된다고 생각했다.

유학생의 문화 교육에 대한 소감

3 카자흐스탄의 다른 유학생(김일랴)도 김빅토리아 양과 매우 유사한 글을 썼다. 한국의 가족 문화가 서양과 비슷할 줄 알았다며, 한국에서 아내가 남편보다 더 중요한 역할을 하는 것이 흔한 일이라고 한국의 가족 문화에 대하여 썼다. 그러나 문화 교육 후에는 요양원을 찾기 어려운 카자흐스탄과 비교하며, 한국의 가족 문화에 대하여 새로운 인식의 변화를 보였다.

말레이시아 국적의 다니아 양은 이슬람 종교 배경을 토대로 어릴 때부터 어머니를 모든 것에 우선순위로 둬야 하는 가르침 속에 성장하였고, 이러한 문화적 배경은 나무꾼의 선택에 집중하여 전통 사회 속 한국의 가족 문화에 대하여 더욱 관심을 가지게 만들었다.

2) 상호 문화 교육 차원의 한국 문화의 이해

대학에서 진행되는 문화 교육은 'A는 B이다.' 식의 정보 제공 차원을 넘어서 상호 문화 교육 차원의 문화 교육을 지향해야 한다. 단순하게 한국의 문화를 소개하는 차원보다 문화에 대한 폭넓은 사고와 다양한 문화에 대한 열린 시각을 제공하는 상호 문화 교육적 차원의 문화 교육이 대학의 유학생을 위한 문화 수업의 목표여야 한다. 한국 문화를 통해 모국의 문화를 되돌아보고, 동시에 한국 문화에 대하여 깊이 있는 성찰을 하게 만드는 것이 젊은 대학생인 유학생들에게 필요한 문화 교육일 것이다. 이러한 점 때문에 상호 문화적 문화 교육을 가능하게 하는 설화의 문화 교육의 효과는 더욱 의미가 크다. 중국 국적의 유학생 원이 양은 실제로 설화 〈선녀와 나무꾼〉을 통해 중국과 한국의 새로운 가족 문화 형태에 대한 비판적 고찰을 하였고, 그 내용은 문화 교육 후의 글쓰기를 통해 확인할 수 있다.

문화 교육 후
(생략) 한국은 특히 부모와 자식 간이 끈끈한 관계로 이루어져 아이를 위해서라면 부부가 서로 떨어져 생활하는 것도 감수할 수 있다. 예를 들면 한국에서 기러기 아빠라는 단어가 있다. 이는 생활과 아이의 교육을 위해 엄마는 아이 옆에 있고 아빠가 외국에 가서 돈을 버는 경우를 얘기한다. 또는 반대로 엄마가 애들 데리고 외국에 가서 조기교육을 받게 하고 아빠는 한국에 남아 돈을 벌어 대는 경우를 말하기도 한다. (중략) 중국의 가족 관계를 보면 이런 경우는 적다. 있어도 한곳에 있고 함께 있는 경우가 많다. 비록 버는 돈이 적어도 함께 생활하는 경우가 많다. 하지만 지금은 조금 변화가 있다. 특히 농촌에서는 "유수아동"이라는 단어가 있다. 이는 부모가 돈 벌기 위해 큰 도시로 가고 할머니, 할아버지와 생활하는 어린이들을 얘기하는 말이다. 경제적인 이유가 크다. (중략) 이는 다 자녀를 사랑하고 자녀를 위한다는 이유라고 하지만, 결과는 많은 문제가 생기고 있다. 부부가 이혼하는 경우도 생기고 유수아동이 할머니, 할아버지의 보호를 제대로 받지 못해 사고를 당하는 경우 또는 잘못 자라는 경우도 있다. 좋은 예도 있지만, 안 좋은 예가 더 많다. 개인적인 생각으로는 전통적인 그런 끈끈한 가족 관계들이 회복되었으면 좋겠다.

문화 교육 후의 글쓰기

문화적 글쓰기를 통해 설화 〈선녀와 나무꾼〉이 한국과 중국의 현대 가족 문화에 대한 인식의 변화를 가지게 하였음을 확인할 수 있다. 한국과 중국이 공통으로 가부장제 사회라고 간단히 기술한 문화 교육 전의 글쓰기와 달리, 문화 교육 후에는 '한국의 기러기 아빠'와 '중국의 유수아동'에 대하여 기술하며 두 국가 간의 가족 문화에 대하여 상호 문화 교육의 관점에서 비판적 사고의 확장을 보여준 것이다.[4] 설화 〈선녀와 나무꾼〉은 분리되지 않는 한국의 특별한 모자 관계에 대한 화두를 유학생에게 던

졌고, 유학생들은 이와 관련하여 자녀의 유학길에 동행하는 어머니와 홀로 한국에 남겨지는 아버지들, 즉 한국의 기러기 아빠에 대한 조사를 하였다. 다시 기러기 아빠는 돈을 벌기 위해 도시로 떠나는 부모와 시골에 남겨둔 아이들을 의미하는 중국의 유수아동에 대한 비판적 사고로 확장되었고, 한국의 가족 문화에 대한 문화 교육이 상호 문화 교육적 사고로 연결되는 과정과 결과를 가져온 것이다. 사실 문화란 좋고 나쁨이 분명하거나, 한 마디로 정의를 내려 쉽게 규정할 수 있는 성질의 것이 아니다. 오히려 문화란 시대에 따라 끊임없이 변화하고, 문화 교육이란 변화를 인지하고 고찰하게 만드는 것이 중요하다. 이러한 점에서 설화는 문화 교육을 위한 탁월한 텍스트다. 설화가 문화를 하나로 규정하지 않고 다양한 측면에서 상호 문화 관점에서 비판적 사고를 하도록 만들기 때문이다.

3) 서사를 통한 자기 주도적 문화 교육

학습자의 국적과 가치관 등 문화적 배경에 따라 같은 한국의 문화여도 개방적 혹은 보수적으로 학습자에게 다르게 전달될 수 있다. 또는 학습자에 따라 긍정적 혹은 부정적으로 판단될 수

---

4 중국의 유수아동에 대한 글은 다른 중국 학습자들에게서도 발견되었다. 추지영(5급) 유학생도 유수아동에 대하여 언급하며 문제점에 대하여 글쓰기를 하였고, 라인혜(5급) 유학생도 'left behind children'이라 표현하며 부모와 자녀가 분리되는 중국의 가족 관계를 비판하였다.

있는 것이 문화다. 조금 극단적인 예를 들자면 인간의 도리고 지향해야 하는 효 문화도 긍정적인 것이라고 단정하여 규정하는 문화 교육은 재고되어야 한다. 효가 인류애를 바탕으로 한 세계 보편의 문화지만, 일방적으로 정의하고 규정하는 문화 교육은 위험하기 때문이다. 그래서 서사를 통해 문화를 소개하고 다양한 측면에서 문화를 생각하고 비판하게 만드는 설화, 즉 설화를 통해 소통하고 그 속에서 파생되는 문화 교육은 지식을 전달 받는 일방적 교육이 아닌 자기 주도적인 방향의 교육이다. 다음은 다니아 양이 쓴 문화 교육 후의 글쓰기다.

문화 교육 후
한국 사람을 비롯해서 부모와 자녀의 관계를 매우 중요하다고 생각하는 나라가 많다. 어머니가 자식을 낳고 사랑스럽게 열심히 돌보는 것은 옛날부터 정상적인 현상이다. 그래서 이 현상으로 자식과 헤어질 때는 힘든 것이다. 하지만 자식의 관점으로 보면 이 현상이 부당한 것이기도 하다. 부모와 자기의 자녀 중에 선택해야 하는 문제는 부당한 것이라고 생각한다. (중략) 그러나 나이가 들수록 성인이 되고, 자녀를 낳게 되면 자녀가 전 책임을 져야 한다는 것도 강조되었다. 부모님들이 가정을 꾸리는 것을 경험했기 때문에 자녀의 선택권을 존중해야 한다고 생각한다. (생략)

문화 교육 후의 글쓰기

다니아 양은 설화 〈선녀와 나무꾼〉에서 나무꾼이 자신의 아내를 포함한 자녀들과 노모 사이에서 삶의 방향을 선택해야 하는 지점에 주목한다. 그리고 나무꾼이 노모와의 삶을 선택하는 서사에 대하여 비판한다. 실제로 위의 내용은 한국인들조차도 딜레마처럼 고민하는 부분이다.

비단 나무꾼만의 문제일까. 현대 사회에서도 어머니와 아내 사이에서 갈등하는 수많은 나무꾼을 만날 수 있다. 선녀가 사는 천상과 노모가 사는 지상 사이에서 결국 괴로움을 견디지 못해 수탉으로 변하는 나무꾼을 21세기 현재에도 만날 수 있고, 이러한 갈등과 고민은 한국의 효와 가족 문화에서 기인한다. 한국만의 매우 특수한 서사인 '수탉 유래담' 형의 〈선녀와 나무꾼〉은 한국의 가족 문화와 한국의 효 문화 속에서 전승된 것이고, 다문화 사회에서 설화는 무조건적인 긍정과 순응 대신 문화의 양면적 모습을 보여주며 학습자가 스스로 그 문화에 대한 평가와 선택을 하여 자기 주도적 문화 교육을 하게 만든다.

만약 효 문화에 대하여 규정하고 설명하는 형태의 문화 교육이었다면 어땠을까. 유학생은 단편적이고 제한적인 효 문화에 대한 이해에서 벗어나지 못했을 것이다. 그러나 설화는 서사를 제공하고, 서사 속에서 유학생들은 다양한 한국의 문화를 자신의 가치관에 따라 깊이 있게 고찰하고 비판하며 수용하는 자기 주도적 문화 교육을 경험한다. 다양한 국적만큼 다양한 사고방식을 가진 유학생에게 설화는 일방적으로 규정하는 문화 교육 대신 서사를 통해 그 문화가 가진 다양한 스펙트럼을 자연스럽게 전달하며 학습자가 생각하고 비판할 수 있는, 즉 자기 주도적 문화 교육을 실천하고 있었고, 이러한 교육 효과를 문화적 글쓰기를 통해 확인할 수 있었다.

4. 결론

    설화를 통한 문화 교육의 당위성과 효용성은 그동안 충분히 논의되어 왔다. 그러나 실제적인 문화 교육의 효과에 대해서는 구체적으로 제시된 바가 없었던 상황에서 설화의 문화 교육의 효과가 정말 존재하는 것인지, 그리고 존재한다면 어떠한 문화 교육 효과가 있는지를 구체적이고 실제적으로 확인하고자 유학생을 대상으로 한 문화적 글쓰기를 통해 설화의 문화 교육 효과를 검증하였다. 문화 키워드를 바탕으로 문화 교육 전과 후의 글쓰기를 비교한 결과, 문화 교육 전의 글이 한국 문화에 대하여 추상적이고 단편적이었던 반면, 문화 교육 후의 글쓰기에서는 한국 문화에 대하여 구체적이며 다양한 관점으로 수용한 사실을 확인할 수 있었다. 특히 결혼 이주성과 달리 한국의 가족 문화에 대한 직접 경험이 없는 유학생들은 한국의 가족 문화에 대하여 단편적이고 제한적인 차원의 글을 쓸 수밖에 없었다. 예컨대 중국 국적의 유학생들은 문화 교육 전의 글쓰기에서 한국 가족 문화의 핵심 어휘로 '대가족', '가부장제', '효'라는 단어를 가장 빈번하게 사용하였으며, 중국과 한국이 별반 다르지 않다고 기술하였다. 그리고 상대적으로 역사적·사회적으로 한국과 동떨어져 있는 카자흐스탄과 말레이시아 국적의 유학생들은 한국 문화를 서양처럼 개인주의와 개방적이라고 판단하며 한국의 가족 문화에 대하여 글쓰기를 하였다. 즉 문화 교육 전에 유학생들은 자신의 문화적 배경을 바탕으로 한국의 가족 문화에 대하여 단편적이고 제한적으로 기술하는 공통점을 보였다.

그러나 설화 〈선녀와 나무꾼〉을 통해 한국의 가족 문화를 학습한 후의 문화적 글쓰기에서는 매우 구체적인 교육 효과를 확인할 수 있었다. 설화를 통해 가족 문화에 대하여 학습한 후 천편일률적인 주제에서 벗어나 다양한 시각으로 한국의 가족 문화에 대하여 기술하는 공통점을 보인 것이다. 문화 교육의 효과를 문화적 글쓰기에서 확인한 것이다. 구체적인 설화의 문화 교육 효과는 다음과 같다.

첫째, '현대와 전통 문화에 대한 폭넓은 이해'다. 미디어와 직접 체험 등을 통해 현대 문화만 경험한 유학생들이 설화를 통해 한국의 전통 문화까지 이해하는 문화 교육의 효과를 보였다. 유학생들은 아이들을 모두 천상으로 데리고 가는 선녀의 모습과 지상에 남는 나무꾼과 노모의 관계에서 보편적이지만 특수한 한국의 부모 자식 관계를 이해하고 현상적으로 보이는 한국 가족 문화의 근원이 되는 전통 문화 차원의 한국 가족 문화를 학습할 수 있었다. 이러한 현대와 전통 문화에 대한 폭넓은 이해는 설화가 실천한 문화 교육의 첫 번째 효과다.

둘째, '상호 문화 교육 차원의 한국 문화의 이해'다. 'A는 B이다.'와 같은 정보 제공 차원의 문화 교육에서 나아가 설화는 문화에 대한 폭넓은 사고와 다양한 문화에 대한 열린 시각을 제공하였다. 특히 설화의 서사 속 한국 문화를 통해 유학생들은 한국과 모국의 문화 비교를 통해 양국의 문화를 비판적으로 인지하며 상호 문화 교육 차원에서 한국 문화를 학습하였다. 예컨대 중국 유학생들은 〈선녀와 나무꾼〉을 통해 한국의 '기러기 아빠'와 중국의 '유수아동' 현상을 비교하며 양국의 가족 문화에 대한 비판적 고찰을 하였다.

마지막으로 '서사를 통한 자기 주도적 문화 교육'이다. 일방적으로 규정하는 문화 교육은 위험하다. 설화는 서사를 통해 하나의 문화를 소개할 뿐 그것에 대한 평가와 분석은 학습자의 몫으로 열어둔다. 예컨대 말레시아 국적의 유학생은 노모를 위해 다시 지상으로 돌아온 나무꾼의 모습을 '효'라 규정하면서도 '효' 문화가 가진 문제점에 대하여 비판하는 문화적 글쓰기를 하였다. 즉 설화는 학습자가 자신의 가치관에 따라 한국 문화를 고찰하고 비판하며 수용하는 과정을 경험하게 하는 자기 주도적 문화 교육을 실천하였다.

문화적 글쓰기를 통해 설화의 문화 교육 효과를 분석한 본 연구는 질적 연구를 토대로 설화가 실천하는 문화 교육의 효과를 확인한 것이다. 그러다 보니 이론으로 정립할 만큼 많은 학습자를 대상으로 교육 효과를 분석하지 못한 한계를 가지고 있다. 그러나 유학생을 대상으로 설화 문화 교육의 효과를 분석한 이 글은 다문화 문학으로서 설화의 교육적 가치와 의미를 실제로 확인하고 검증했다는 점에서 유의미한 가치를 가진다.

참고 문헌

강영안 외(1996). 문화철학: 문화 개념의 철학적 배경. 철학과현실사.

게랄트 휘터, 박여명 옮김(2019). 존엄하게 산다는 것, 인플루엔셜.

구인환·박인기·우한용·최병우(2017). 문학교육론, 삼지원.

권사우(2006). 밥 안 먹는 색시. 길벗어린이.

권순희(2010). 다문화 사회의 국어수업: 다문화시대 문화간 의사소통 능력 향상을 위한 교육 자료.
　　　국어교육학연구, 38, 33~70.

김대숙(1988). 여인발복 설화의 연구. 이화여자대학교 박사 학위 논문.

김미나(2009). 다문화 사회의 진행 단계와 정책의 관점: 주요국과 한국의 다문화정책 비교 연구.
　　　행정논집, 47(4), 193~223.

김민경(2012). 국제결혼한 한국남성의 사회부적응 우울 및 자아탄력성과 일상생활만족에 대한 연구.
　　　한국생활과학회지, 21(4), 679~693.

김병모(1998). 금관의 비밀 – 한국 고대사와 김씨의 원류를 찾아서, 푸른역사.

김봉섭(2009). 재외동포가 희망이다, 엠–애드.

김봉섭(2011). 재외동포 강국을 꿈꾼다, 엠–애드.

김상태(2012). 엉터리 사학자 가짜 고대사, 책보세.

김성길(2003). 다문화 개념 재정립과 소통의 배움 원리, Andragogy Today, 16(1), 1~20.

김성민(2020). 재외동포 이해 교육 제고 전문가 워크숍.

김소연(2019). 중국인 학습자의 한국 현대시 읽기 반응 연구, 서울대학교 석사 학위 논문.

김순임·민춘기(2014). '상호 문화능력' 학습을 위한 교양 교과목 개발을 위하여. 교양교육 연구,
　　　8(5), 517~555.

김애령(2020). 듣기의 윤리, 봄날의 박씨.

김영란(2014). KSL 한국어 교육과정에 대한 비판적 고찰. 국어교육학연구, 49(3), 60~92.

김영순 외(2017). 학습자 변인과 한국언어·문화 교육. 언어와 문화,13(2), 217~234.

김영순(2021). 시민을 위한 사회·문화 리터러시, 박이정.

김영순·최승은(2014). 상호 문화학습의 실천적 내용에 관한 탐색적 연구, 언어와 문화, 12(2), 1~27.

김영순·최승은·황해영·정경희·김기화(2019). 결혼이주여성의 주체적 삶에 관한 생애담 연구,
　　　북코리아.

김영순·최유성(2019). 문화 번역 개념을 통한 상호 문화 한국어 교육 패러다임 탐색, 언어와 문화,
　　　15(1), 1~24.

김용권·김우창·유종호·이상옥 공역(1994). 현대문학비평론, 한신문화사.

김용섭(2020). 문화 격변의 방아쇠 된 코로나 19, 新東亞 6월호.

김유정 외(2012). 중국동포 커뮤니티 형성과 에스닉미디어의 역할: 커뮤니케이션하부 구조의 관점에서,

한국언론학보, 56(3), 347~375.

김정현(2009). 언어 번역에서 문화 번역으로: 폴 리쾨르 번역론 연구를 통한 상호 문화성 성찰, 철학논총, 57, 95~120.

김진희 외(2014). 다문화 사회에서 편견의 문제와 다양성관리, 민족연구, 57, 92~111.

김채현(2020). 코로나 19가 강제한 이탈과 변동, 춤웹진, 6월호.

김태식(2008). 임재해, 『신라 금관의 기원을 밝힌다』를 읽고, 단군학 연구, 18, 97~497.

김향미(2020). 비통한 스페인 마드리드…슬픈 드라이브 스루 장례식, 경향신문(4월 7일)

김헌선(2004). 〈밥 안 먹는 마누라〉 설화 유형의 동아시아적 분포와 변이, (미발표 논문).

김현미(2005). 글로벌 시대의 문화 번역, 또 하나의 문화.

김혜진(2011). 설화를 활용한 자기 성찰적 글쓰기 교육 연구, 고전문학교육, 22, 249~278.

김혜진(2017). 한국어 학습자의 문화적 문식력 신장을 위한 고전소설 교육 연구, 서울대학교 대학원 한국어교육 전공 박사 학위 논문.

김호웅(2013). 디아스포라의 시학, 연변인민출판사.

나경철(2020). 마스크 쓸 때 '안경 김 서림' 해결법 인기, 뉴스투데이(3월 25일).

노명완·박영목(2008). 문식성 교육연구, 한국문화사.

뉴턴프레스(2019). Newton Highlight 121권 인공지능, (주)아이뉴턴.

니클라스 카, 최지향 옮김(2019). 생각하지 않는 사람들, 청림출판.

더글러스 로빈스, 정혜욱 옮김(2002). 번역과 제국, 동문선.

뒤르켐, 황보종우 옮김(2019). 자살론, 청아출판사.

랄프 린튼, 전경수 옮김(1984). 문화와 인성, 현음사.

로렌스 베누티, 임호경 옮김(2006). 번역의 윤리, 열린책들.

류방란 외(2018). 제4차 산업혁명 시대의 교육: 학교의 미래, 한국교육개발원.

르몽드 디플로마티크(2014). 르몽드 인문학, 휴먼큐브.

마르코 마르티니엘로, 윤진 옮김(2002). 현대사회와 다문화주의, 한울.

마르틴 압달라 프릿세이, 장한업 옮김(2017). 유럽의 상호 문화 교육, 한울.

마정미(2014). 문화 번역, 커뮤니케이션북스.

민춘기(2015). 외국어교육에서의 문화학습에 대한 대학생들의 인식과 요구 평가, 한국연구재단 연구보고서.

민현식(2006). 한국어교육에서 문화 교육의 방향과 방법, 한국언어문화학, 3-2, 국제한국언어문화학회.

민현식(2008). 한국어교육에서 소위 다문화 교육의 문제점에 대해, 한국언어문화학, 5(2), 115~150.

박갑수(2010). 한국어교육(韓國語敎育)의 현실과 미래(未來): 한국어교육이 앞으로 나아가야 할 방향, 국학연구론총, 6, 37~72.

박갑수(2015). 언어·문학·문화, 그리고 교육 이야기, 역락.

박명진(2013). 이미지 문화와 시대 쟁점, 문학과지성사.

박병기(2003). 우리 시대의 문화와 사회윤리, 인간사랑.

박병기(2013). 의미의 시대와 불교윤리, 씨아이알.

박병기(2016). 딸과 함께 철학자의 길을 걷다: 화쟁과 소통의 비교윤리학, 작가와비평.

박병기(2017). 한국사회의 변화와 미래, 도덕교육의 과제, 한국도덕윤리교육학회

　　　　연차학술대회 기조강연문(미간행). 1~15.

박병기 외(2018). 대학생의 인성과 인성역량 함양, 교육과학사.

박상천(2007). 문화콘텐츠학의 학문 영역과 연구 분야 설정에 관한 연구, 인문콘텐츠, 10, 59~83.

박선웅(2011). 여성결혼이민자 수기(手記)에 나타난 문화 변용 양상 연구, 다문화콘텐츠연구,

　　　　11, 107~139.

박선희(2006). 은합우(銀合杅) 명문의 연대 재검토에 따른 서봉총 금관의 주체 해명,

　　　　백산학보, 74, 83~116.

박선희(2011). 고조선 복식문화의 발견, 지식산업사.

박선희(2013). 고구려 금관의 정치사, 경인문화사.

박소연(2015). 문화 번역 및 번역된 젠더에서 바라 본 식민 여성: 1938년작 조선영화 〈어화〉를

　　　　중심으로, 여성문학연구, 35, 283~321.

박인기(2019). 문학의 생태 변화와 문학의 생활화, 미주 PEN문학, 17, 국제PEN 한국본부

　　　　미주서부지역위원회.

박인기(2020). 문화융합시대의 학습생태와 융합교육, 국어교육연구. 72, 275~306.

박인기·박창균(2010). 한국인의 말, 한국인의 문화, 학지사.

박진임(2004). 문학 번역과 문화 번역: 한국 문학 작품의 영어 번역에 나타나는 문제점 연구,

　　　　번역학연구, 5(1), 97~111.

배현숙(2002). 한국어 교육에서 문화 교육 현황 및 문제점, 이중언어학, 21, 178~199.

새뮤얼 헌팅턴, 이희재 옮김(1997). 문명의 충돌, 김영사.

서경식(2012). 역사의 증인 재일조선인, 반비.

서대석(2001). 한국 신화의 연구, 집문당.

서병곤·손수도(1998). 중국지역문화대계, 상해원동출판사.

서정희(2021). 동백꽃, PEN문학(1·2월호), 국제PEN한국본부.

성일권 옮김(2020a). 코로나 바이러스 이후가 더 우려되는 이유, 르몽드 디플로마티크 한국어판.

성일권 옮김(2020b). 언택트 사회에서 안녕하신가요, 르몽드 디플로마티크 한국어판.

손다정·장미정(2013). 쓰기 지식을 중심으로 한 학문 목적 한국어 쓰기 교육의 연구 경향,

어문논집, 56, 431~457.

송호정(2004). 단군, 만들어진 신화, 산처럼.

슬라보예 지젝(2000). 급진성으로 세계를 변화시켜야, 르몽드 디플로마티크 한국어판.

슬라보예 지젝(2020). 우리 모두는 코로나 호에 함께 타고 있다, 르몽드 디플로마티크 한국어판.

신용하(2005). 한국 원민족 형성과 역사적 전통, 나남출판.

신용하(2017). 한국 민족의 기원과 형성 연구, 서울대학교출판문화원.

신지선(2016). 사무실이 사라진다…생산성 높이는 자율적 원격근무, 뉴스토마토(7월 20일).

신지은(2014). 문화 번역과 로컬리티 연구: 타자에 대한 번역가의 과제를 중심으로, 인문연구,
    71, 1~34.

심규선(2019). 재외동포들에게 조국의 품격이란, 재외동포의 창(11월호), 재외동포재단.

아서 버거, 김기애 옮김(2000). 문화비평 : 주요 개념의 이해, 한신문화사.

안미영(2008). 한국어 교육에서 설화 문학을 활용한 문화 교육: '선녀와 나무꾼'을 통해 본
    한국의 문화, 정신문화 연구, 31(4), 107~130.

안희은(2015). 상호 문화주의에 기반한 한국어 교육 정책 연구, 부산대학교 대학원 박사 학위 논문.

알렉상드르 기유모즈(1975). 韓國의 思想構造, 삼성출판사.

양민정(2012). 〈나무꾼과 선녀〉형 설화를 비교를 통한 다문화 가정의 가족의식 교육 연구,
    국제지역연구, 15(4), 45~65.

양민종(2003). 샤먼 이야기, 정신세계사.

양승민(2008). 한국적 다문화상담의 모색을 위한 농촌지역 결혼이민여성들의 스트레스 요인과
    반응에 관한 연구, 연세대학교 대학원 박사 학위 논문.

얼 쇼리스, 이병곤 외 옮김(2006). 희망의 인문학, 이매진.

에마뉘엘 레비나스, 김도형 외 옮김(2020). 타자성과 초월, 그린비.

여용준(2020). 'K-드라마' OTT 중심 재편…패권 잡은 넷플릭스, 추격하는 웨이브,
    이뉴스투데이(11월4일).

오정미(2008a). 한국어교육에서 문학 작품 선정에 관한 문제, 한말연구, 221~250.

오정미(2008b). 이주여성의 문화적응과 설화의 활용: 설화 〈선녀와 나무꾼〉과 설화 〈우렁각시〉를
    중심으로, 구비문학연구, 27, 177~210.

오정미(2012). 설화에 대한 다문화적 접근과 문화 교육, 건국대학교 대학원 박사 학위 논문.

오정미(2015). 다문화 사회에서의 한국의 옛이야기와 문화 교육, 한국문화사.

오정미(2020). 상호 문화 교육을 위한 아시아 설화에 대한 새로운 접근과 이해:
    베트남 설화를 중심으로, 교육문화 연구, 26(5), 1281~1298.

오정미(2021a). 아시아트릭스터담을 활용한 상호문호교육에서의 공감교육: '다름'이 아닌

'같음'을 바탕으로, 우리문학연구, 69, 133~162.

오정미(2021b). 상호문화교육을 위한 문학교육의 방법론 연구: 다국적의 구비문학 자료를
　　　바탕으로, 언어와 문화, 17(1), 109~129.

오정미(2021c). 다문화동화로서의 아시아 전래동화집 연구, 동화와 번역, 41, 225~248.

왕한석 엮음(2011). 한국어 한국문화 한국사회, 교문사.

왕한석(2016). 한국의 언어 민속지-충청남북도 편, 서울대학교출판문화원.

우실하(2007). 고대에도 한류가 있었다, 지식산업사.

우에다 아츠오 저, 남상진 역(2007). 만인을 위한 제왕학, 지평.

우한용(2020). 한글 문학 배경의 세계', PEN문학(11·12월호), 국제PEN한국본부.

원진숙(2010). 삶을 주제로 한 자기 표현적 쓰기 경험이 이주 여성의 자아 정체성 형성에
　　　미치는 영향에 관한 한국어 쓰기 교육 사례 연구, 작문연구, 11, 137~164.

원진숙(2014). 다문화 배경 학습자를 위한 한국어 교육의 과제, 국어교육, 144, 1~36.

유발 하리리, 전병근 옮김(2018). 21세기를 위한 21가지 제언: 더 나은 오늘은 어떻게 가능한가,
　　　김영사.

유석재(2006). 논쟁합시다: 금관의 비밀, 조선일보(1월 17일).

윤내현 외(2006). 고조선의 강역을 밝힌다, 지식산업사.

윤내현(1994). 고조선 연구, 일지사.

윤내현(1998). 한국열국사연구, 지식산업사.

윤성우(2007). 발터 벤야민의 번역론에 관한 소고, 번역학연구, 8(1), 175~191.

윤여탁(2007). 외국어로서의 한국문학 교육, 한국문화사.

윤여탁(2014). 문화 교육이란 무엇인가, 태학사.

윤여탁(2021). 문학성이란 무엇인가, 태학사.

윤영(2016). 국외 한국어 학습자를 위한 문화교재 개발 방향, 인문사회과학연구, 50, 5~27.

윤형숙(2005). 외국인 출신 농촌주부들의 갈등과 적응 - 필리핀 여성을 중심으로,
　　　지방사와 지방문화, 8(2), 299~229.

이근무 외(2009). 국제 결혼한 남성들의 생애사 연구, 한국사회복지학, 61(1), 135~162.

이도흠(2003). 제주에 대한 재현의 폭력과 저항의 역학관계, 기호학연구, 32, 44~59.

이미경(2015). 이주를 사유하다, 시방아트 http://seebangart.com/archives/914

이미림(1991). 이산문학: 한국민족문화대백과사전, 한국학중앙연구원.

이상돈(2020). 재외동포 이해 교육 제고 전문가 워크숍.

이성범(2013). 음식과 언어: 식문화에 대한 대조언어학적 연구, 서강대학교 출판부.

이송란(2008). 김알지 건국신화 속에서 탄생한 신라금관, 신라사학보, 14, 319~330.

이승재(2012). 문화층위와 문화소: 번역에 대한 문화적 접근, 번역학연구, 13(1), 137~166.

이어령(1992). 문화상징어 사전, 동아출판사.

이연옥 외(2014). 다문화 사회에서의 에스닉미디어의 역할: 미국 북가주지역 한인미디어를
        중심으로, 민족연구, 58, 90~115.

이지성(2019). 에이트: 인공지능에게 대체되지 않는 나를 만드는 법, 차이정원.

이진아(2012). 문화 번역으로서의 민족무용: 최승희의 경우, 사회와 역사, 95, 57~200.

이한상(2004). 황금의 나라 신라, 김영사.

이해영(2010). 근대 동아시아인의 이산과 정착, 경진.

이형진(2016). 한국문학 번역의 문화 번역: 한국문학의 문화 번역 지점을 중심으로, 번역학연구,
        17(3), 139~164.

이호준(2010). 다문화 가정 한국인남편의 결혼적응 과정, 아시아교육연구, 11(4), 119~143.

이희은(2014). 문화 번역의 이론적 의미와 전지구화 시대의 영상번역, 미디어, 젠더 & 문화, 29(2),
        187~223.

일레인볼드윈 외, 조애리 외 옮김(2017). 문화 코드를 어떻게 읽을 것인가, 한울아카데미.

일아 옮김(2014). 담마빠다, 불광출판사.

임석재(1991). 한국구전설화 전 12권, 서울:평민사.

임재우(2018). 방탄소년단의 티셔츠는 과연 애국심의 상징일까, 한겨레신문(11월 18일).

임재해 외(2007). 고대에도 한류가 있었다. 지식산업사.

임재해 외(2009b). 마을 만들기 어떻게 할 것인가, 민속원.

임재해(1995). 민족신화와 건국영웅들, 천재교육.

임재해(2006a). 디지털 시대의 고전문학과 구비문학 재인식, 국어국문학, 143, 37.

임재해(2006b). 굿 문화사 연구의 성찰과 역사적 인식지평의 확대, 한국무속학, 11, 67~146.

임재해(2008a). 골계전 설화의 다문화 읽기와 다문화 사회 만들기, 구비문학연구, 26, 65~78.

임재해(2008b). 신라 금관의 기원을 밝힌다. 지식산업사.

임재해(2008c). 민속예술 비교연구의 준거와 비교모형 설정, 비교민속학, 36, 비교민속학회, 15~76.

임재해(2009a). 고조선 '본풀이'의 역사인식과 본풀이사관의 수립, 단군학연구, 21, 351~408.

임재해(2009b). 다문화주의로 보는 농촌의 혼입여성 문제와 마을 만들기 구상: 마을 만들기
        어떻게 할 것인가, 민속원.

임재해(2011). 아시아 문화공동체를 겨냥한 다문화 공유의 민속축제 연구, 남도민속연구,
        23, 297~348.

임재해(2012a). 민속에서 '판'문화의 인식과 인문학문의 길찾기, 민족미학, 11(1), 15~68.

임재해(2012b). 페이스북 공동체의 소통 기능과 정치적 변혁성, 한국민속학, 55, 145~188.

임재해(2013). 세계화 시대 한국 민속학의 현실적 과제와 자각적 전망, 비교민속학, 50, 168.

임재해(2015a). 민속학의 생활사료 인식과 역사학의 통섭, 한국민속학, 61, 7~53.

임재해(2015b). 고조선문화의 높이와 깊이, 경인문화사.

임재해(2018). 고조선 문명과 신시문화, 지식산업사.

임재해(2019). 공동체문화의 두 얼굴, 마을공동체와 가상공동체의 길, 미래학으로서 공동체문화
　　　연구의 패러다임 정립과 활용, 안동대학교 민속학과 학술대회 자료집.

장윤수(2011). 노마디즘과 코리안 디아스포라 문학, 북코리아.

장윤수(2011). 코리안 디아스포라 문학의 정체성 연구, 재외한인연구, 25, 7~40.

장혜진(2020). BTS 팬 플랫폼 '위버스' 원조 네이버 넘본다…엔터플랫폼 무한경쟁시대,
　　　서울경제(12월 9일).

재레드 다이아몬드, 강주헌 옮김(2016). 나와 세계: 인류의 미래에 관한 중대한 질문, 김영사.

재외동포재단(2019). 제21회 제외동포문학상 수상작품집, 재외동포 문학의 창.

재외동포재단(2019.6-2021.8). 재외동포의 창, 월간 저널.

재외동포재단(2020). 재외동포 이해 제고와 학교교육 연계, 전문가워크숍 자료집.

재외동포재단(2020). 제22회 제외동포문학상 수상작품집, 재외동포 문학의 창.

전동진·조경수(2013). 다문화 이주 학습자를 위한 문화 활용 한국어 쓰기 교육에 대한 제언,
　　　우리말 글, 59, 253~278.

전영선(2017). 통일문제의 생태주의적 인식과 문화 번역의 가능성, 통일인문학, 70, 71~97.

전재성 역주(2011). 숫타니파타-개정본, 한국빠알리성전협회.

전재성 역주(2014). 마하박가-율장대품, 한국빠알리성전협회.

전치형·홍성욱(2019). 미래는 오지 않는다, 문학과지성사.

정운채(1995). 선화공주를 중심으로 본 무왕설화의 특성과 서동요 출현의 계기, 겨레어문학, 19,
　　　333~355.

정윤길(2010). 브라이언 프리엘의 식민주체구성과 혼종성: Translations를 중심으로,
　　　현대영미드라마, 23(2), 109~138.

정윤길(2012). 문화 번역의 관점에서 포스트콜로니얼 텍스트 읽기: 벤야민과 바바의 번역론을
　　　중심으로, 영어권문화 연구, 5(1), 241~263.

정혜욱(2011). 문화 번역의 사적 전개 양상과 의의, 세계의 문학, 36(3), 343~357.

정혜욱(2015). 주디스 버틀러와 문화 번역의 과제, 비평과 이론, 20(1), 141~174.

조영철(2018). 공립 다문화 대안학교 교사의 상호 문화 교육 경험에 관한 내러티브 탐색,
　　　인하대학교 대학원 박사 학위 논문.

존 듀이, 홍남기 옮김(2010). 현대 민주주의와 정치 주체의 문제, 씨아이알.

존 메이너드 케인즈, 정명진 옮김(2016). 평화의 경제적 결과. 부글북스.

존 스토리, 박만준 옮김(2021). 대중문화와 문화이론. 경문사.

존 폴 레더락, 김가연 옮김(2016). 도덕적 상상력. 글항아리.

지눌(2002). 권수정혜결사문. 한국불교전서 4책. 동국대출판부.

지현숙(2010). 한국어교육에서 문화 교육과정 연구의 새로운 탐색: 소위 다문화 교육을 넘어. 한국언어문화학. 7(1), 261-290.

진달용(2022). 한류신화에 관한 10가지 논쟁. 한울.

천소영(2005). 한국어와 한국문화. 우리책.

최돈형 외(2020). 행복한 세상을 꿈꾸는 지속가능한발전 교육: KEDI에 두고 온 시간들. 학지사.

최병우(2019). 조선족 소설 연구. 푸른사상.

최영준(2018). 다문화 교육 정책의 변화와 개선방안. 평생교육 · HRD연구. 14(2), 55~75.

최정윤 외(2018). 한국 고등교육 체제 노동시장 성과분석 및 개선과제. 한국교육개발원.

최준식(2009). 무교- 권력에 밀린 한국인의 근본신앙. 모시는 사람들.

클라우스 슈밥, 송경진 옮김(2016). 제4차 산업혁명. 메가스터디북스.

클리퍼드 기어츠, 문옥표 옮김(1998). 문화의 해석. 까치.

테리 이글턴, 이강선 옮김(2021). 문화란 무엇인가. 문예출판사.

표정옥(2009). 놀이와 축제의 신화성. 서강대학교출판부.

프레데릭 로르동(2020). 코로나는 신자유주의 체제를 '파탄'낼 수 있을까?. 르몽드 디플로마티크. 한국어판.

피어스 비텝스키 지음, 김성례 · 홍석준 옮김(2005). 샤먼 -영혼의 여정 · 트랜스, 액스터시, 치유 · 시베리아에서 아마존까지. 창해.

피에르 부르디외, 최종철 옮김(2005). 구별짓기 - 문화와 취향의 사회학 上. 새물결.

필립 스미스, 한국문화사회학회 옮김(2009). 문화이론 : 사회학적 접근. 이학사.

하비 콕스, 유강은 옮김(2018). 신이 된 시장. 문예출판사.

하윤수(2009). 미국 다문화 교육의 동향과 사회과 교육과정. 사회과교육. 48(3), 117~132.

한국콘텐츠진흥원(2018). 2019 콘텐츠산업예측. 한국콘텐츠진흥원.

한국콘텐츠진흥원(2019). 2018 콘텐츠산업결산및 2019 예측. 한국콘텐츠진흥원.

한국정신문화 연구원(1980-1988). 한국구비문학대계 전 82권. 한국정신문화 연구원.

한미애(2011). 문화 번역에 대한 인지시학적 접근: 황순원의 『학』을 중심으로. 번역학연구. 12(4), 205~229.

한병철(2017). 선불교의 철학. 이학사.

헬레나 노르베리-호지, 김종철 외 옮김(2001). 오래된 미래. 녹색평론사.

호미바바, 나병철 옮김(2012). 문화의 위치, 소명출판.

홍기원 외(2006). 다문화정책의 방향과 문화적 지원 방안 연구, 서울: 한국문화관광정책연구원.

홍미정(2015). 디아스포라: 역사용어사전, 서울대학교 역사연구소.

홍성민(2000). 문화와 아비투스, 나남출판.

홍성민(2004). 피에르 부르디외와 한국사회, 살림.

홍찬숙(2015). 개인화-해방과 위험의 양면성, 서울대학교 출판문화원.

황정미(2010). 다문화시민 없는 다문화 교육: 한국의 다문화 교육 아젠다에 대한 고찰,
      담론201, 13(2), 93~123.

Abdallah-Pretceille, M. (1999). Diagonales de la communickation Anthropos Research &
      Publications.

Anderson, B. (1983). Imagined communities : reflections on the origin and spread of
      nationalism. New York: NY: Verso.

André Lefevere. (2002). Translation, History and Culture, London: Routledge.

Arasaratnam, L. A. (2006). Further testing of a new model of intercultural communication
      competence. Communication Research Reports, 23(2), 93~99.

Baldwin, E. et al. (1999). Introducing Cultural Studies, London: Prentice Hall.

Banks, J. A. (2008). Diversity, Group Identity, and Citizenship Education in a Global Age.
      Educational Researcher, 37(3). 129~139

Bennett, M. J. (1986). A developmental approach to training for intercultural sensitivity.
      International journal of intercultural relations, 10(2), 179~196.

Bhabha, H. K. (2004). The Location of Culture. London: Routledge Classics.

Bhabha, Homi. (1994). The location of culture. New York, NY: Routledge.

Bloom, D. (1987). Literacy and schooling. University of Michigan. 37.

Byram, M. (1997). Teaching and assessing intercultural communicative competence.
      Clevedon, UK: Multilingual Matters.

Chen, G. M., & Starosta, W. J. (1999). A review of the concept of intercultural awareness.
      Human Communication, 2, 27~54.

Choi, S.A. & Kim, M. J. (2021). An Exploring Study on the Linkage Possibility of the
      Support Policies in Multicultural Family and Multicultural Education for Social
      Integration. Journal of Multiculture and Education, 6(1), 117~143.

Cohen, Robin & Fischer, Carolin.(by edited 2108). 'Routledge Handbook of Diaspora Studies',

Routledge.

Council of Europe. (2007). From Linguistic Diversity to Plurilingual Education: Guide for the Development of Language Education Policies in Europe, Language Policy Division DGIV, Strasbourg.

Deardorff, D. K. (2004). The identification and assessment of intercultural competence as a student outcome of international education at institutions of higher education in the United States. Unpublished dissertation, North Carolina State University.

Deardorff, D. K. (2006). Identification and assesment of intercultural competence as a student of internationalization. Journal Studies in Intercultural Education, 10(3), 241~266.

Deardorff, D. K. (2009). The Sage Handbook of Intercultural Competence. California: Sage.

Edwards, V. & Corson, D. (1997). Functional literacy, Encyclopedia of language and education. Volume 2.

Eisler, R. (2004). "Education for a culture of peace", R. Eisler & R. Miller(ed.), Educating for a culture of peace, Portsmouth: Heinemann.

Fantini A. E. (2000). A central concern: Developing intercultural competence. About our institution, 25~42.

Fantini A. E. (2005). About intercultural communicative competence: A construct. SIT Occasional Papers Series, 1~4.

Fantini A. E. (2006). Assessment tools of intercultural communicative competence. Retrieved on, 12, 2015.

FilipinosinCanada.(2019). Rhea Santos joins OMNI Television to report from Canada. http://filipinosincanada.com/2019/10/18/rhea-santos/

Geertz, C. (1973). The interpretation of culture, New York: Basic Books.

Geertz, C. (1983). Found in translation: on the social history of the moral imagination. Local Knowledge: Further Essays in Interpretive Anthropology. New York: Basic Books.

Gellner, E. (2006). Nations and nationalism, 2nd ed. Ithaca, NY: Cornell University Press.

Gollnick, Donna M.· Chinn,Philip C. (2013). Multicultural Education in a Pluralistic Society, Pearson.

Gowans, C. W. (2015). Buddhist Moral Philosophy, New York & London: Routledge.

Gudykunst, W. B. (1993). Toward a theory of effective interpersonal and intergroup communication: An anxiety/uncertainty management(AUM) perspective. In R. L.

Wiseman & J. Koester (Eds.), Intercultural communication theory. 72~111.

    Interkulturelle Herausforderung. Frankfurt am Main: IKO.

Gudykunst, W. B. (1995). Building bridges: Interpersonal skills for a changing world. London: Pearson.

Gudykunst, W. B. (2002). Intercultural communication theories. Handbook of international and Intercultural Communication, 2, 179~182.

Hall, S. (1996). Cultural Studies: Two Paradigms, in What is Cultural Studies?: A Reader, ed. John Storey, London: Arnold, 31~48.

Han, B. (2017). Ethnic/Diasporic/ Transnational: The Rise and Fall of ImaginAsian TV. Television and New Media. 19(3): 274~290.

Han, G.S. (2015). K-Pop nationalism: Celebrities and acting blackface in the Korean Media. Continuum: Journal of Media & Cultural Studies 29(1): 2~16.

Hayes, A. (2006). The ethnic press for people of color: A short-lived goldeera. In G. T. Meiss & A. A. Tait (Eds.), Ethnic media in America: Building a system of their own 41~79. Dubuque, IA: Kendall/Hunt Publishing.

Herbrand, F. (2002). Fit für fremde Kulturen. Interkulturelles Training für Führungskräfte. Bern: Paul Haupt Verlag.

Hirsch, E.D., Jr., Kett, Josph F. and Trefil, James. (2002). The New Dictionary of Cultural Literacy, Houghton Miffilin Harcourt Publishing Company.

International Communication Gazette 82(1): 26~41.

Iwabuchi, Koichi. (2008). "When the Korean Wave meets Residents Koreans in Japan: intersections of the Transnational, the Postcolonial and the Multicultural." In East Asian Pop Culture: analyzing the Korean Wave, eds. C.B. Huat and Koichi Iwabuchi, 243-264. Hong Kong: Hong Kong University Press.

Jakobson, R. (1959). On linguistic aspects of translation. in Pomorska, K., & Rudy, S. (eds.). (1987). Language in Literature. Cambridge, MA: Harvard University Press.

James A. Banks & Cherry A. McGee Banks. (2010). Multicultural Education 7th Edition, Wiley.

Jason B. Ohler. (2013). Digital Storytelling in The Classroom 2nd Edition, orwin.

Jenkins, Henry, Sam Ford, and Joshua Green. (2013). Spreadable Media: Creating Value and Meaning in a Networked Culture. New York: New York University Press.

Jin, Dal Yong. (2016). New Korean Wave: transnational cultural power in the age of social media. Urbana, IL: University of Illinois Press.

Jin, Dal Yong. (2021). "The BTS sphere : Adoreable Representative M.C. for Youth's transnational cyber - nationalism on social media." communication and the Public : 6(1-4): 33∼47.

Jin, Dal Yong and Kyong Yoon. (2016). "The social mediascape of transnational Korean pop culture: Hallyu 2.0 as spreadable media practice." New Media and Society 18(7): 1277∼1292.

Jin, Dal Yong and Soochul Kim. (2011). "Sociocultural Analysis of the Commodification Ethnic Media and Asian Consumers in Canada." International Journal of Communication 5: 552∼569.

Jin, Dal Yong, Kyong Yoon, and Wonjung Min. (2021). Transnational Hallyu: The Globalization of Korean Digital and Popular Culture. London: Rowman & Littlefield.

Ju, H.J. (2007). The Nature of Nationalism in the Korean Wave: A Framing Analysis of News Coverage about Korean Pop Culture. Paper Presented at the Annual Meeting of the National Communication Association Convention. 14 November.

Kraidy, Marwan. (2005). Hybridity or the Cultural Logic of Globalization. Philadelphia: Temple University Press.

Lasswell, Harold D. (2006), The Structure and Function of Communication in Society, Communication Theories, critical concepts in media and cultural studies (vol1, edited Paul Cobley), Routledge.

Lu, Amy Shirong. (2008). "The Many Faces of Internationalization in Japanese Anime." Animation: an indisplinary journal 3(2): 169∼187.

M. Mahtani, 'Integrating the Hyphen-Nation: Canadian multicultural policy and 'Mixed race' identities. Social Identities 8, 2002, 67∼90.

McLaren, Courtney and Dal Yong Jin. (2020). 'You Can't Help But Love Them: BTS, Transcultural Fandom, and Affective Identities. Korea Journal 60(1): 100∼127.

Min, P.G. (2017). "Transnational Cultural Events among Korean Immigrants in the New York-New Jersey Area." Sociological Perspective, 60(6): 1136∼1159.

Ministry of Immigration, Refugees, and Citizenship. (2020). Government of Canada announces plan to support economic recovery through immigration. News Release. 30 October.

Ministry of Immigration, Refugees, and Citizenship. (2021). Wages for Immigrants to Canada

Rising, But Still Below Those of Canadians. News Release. 2 February.

Murray, C., Yu, S., & Ahadi, D. (2007). Cultural diversity and ethnic media in BC: Report to Canadian Heritage.

Ojo, T. (2006). Ethnic print media in the multicultural nation of Canada: A case study of the black newspaper in Montreal. Journalism, 7(3), 343~361.

Paige, R. M., Jacobs-Cassuto, M., Yershova, Y. A., & DeJaeghere, J. (2003). Assessing intercultural sensitivity: An empirical analysis of the Hammer and Bennett Intercultural Development Inventory. International journal of intercultural relation, 27(4), 467~486.

Pieterse, Jan Nederveen. (2009). Globalization and Culture: Global Mélange. 2nd ed. ML: Rowman & Littlefield Publishers.

Pratt, M.L. (1991). Arts of the Contact Zone. Profession, 91.

Ronald Hutton, Shamans-Siberian Spirituality and the Western Imagination, Hambledon Continuum, 2007, 45~110.

Shi, Y. (2009). Re-evaluating the alternative role of ethnic media in the U.S.: The case of Chinese language press and working-class women readers. Media, Culture and Society, 31(4), 597~606.

Singer, P. (2015). The Most Good You Can Do-How Effective Altruism Is Changing Ideas About Living Ethically, New Haven & London: Yale University Press.

Spitzberg, B. H. (1997). A model of intercultural communication competence. Intercultural communication: A reader, 9, 375~387.

Stephan, W., Stephan, C., & Gudykunst, W.B. (1999). Anxiety in intergroup relations: a comparison of anxiety/uncertainty management theory and integrated threat theory. International Journal of Intercultural Relations, 23(4), 613~628.

Straubhaar, J. (2021). Cultural Proximity. In Jin, D.Y. (ed.). The Routledge Handbook of Digital Media and Globalization, 24-33. London: Routledge.

The Korea Times. (2020). Should K-pop stars speak out about social issues?. 15 June.

Thomas, A. (2003). Interkulturelle Kompetenz – Grundlagen, Probleme und Konzepte. Arneot, 2(15), 114~125.

Ting-Toomey, S. (1993). Communicative resourcefulness: An identity negotiation perspective.

In R.I Wiseman & J. Koester (Eds.), International and intercultural communication annual(Vol. 17), Intercultural communication competence. 72~111. California: Sage.

UNESCO. (2013). Intercultural Competence. Paris: Place Fontenoy.

Vancouver Sun. (2019). Snow, cold doesn't dampen spirits at Chinatown's 46th annual Lunar New Year parade. 2 February.

Willians, Raymond. (1983), keywords, London: Fontana.

Yoon, T-J. & Kang, B. (2017). Emergence, evolution, and extension of "Hallyu Studies": What Have scholars found from Korean pop culture in the last twenty years?. In T-J. Yoon, & D. Y. Jin (Eds.). The Korean Wave: Evolution, fandom, and transnationality. Lanham, MD: Lexington Books.

Yu, S. (2018). Conceptualizing Media in a Multicultural Society. In Diasporic Media beyond the Diaspora: Korean Media in Vancouver and Los Angeles. Vancouver, BC: UBC Press.

Zeng, W. and C. Sparks. (2020). Popular nationalism: Global Times and the USChina trade war.

**다문화
인문학
총서02**

다문화 현상의
인문학적 탐구

초판 1쇄 발행 2022년 3월 28일

글   김영순, 박병기, 진달용, 임재해, 박인기, 오정미

편집   김유정
디자인   피크픽(peekpick)

펴낸이   김유정
펴낸곳   yeondoo
등록   2017년 5월 22일 제300-2017-69호
주소   서울시 종로구 부암동 208-13
팩스   02-6338-7580
메일   11lily@daum.net
ISBN   979-11-91840-27-8 03300